Hannsferdinand Döbler Nie wieder Hölderlin

Hannsferdinand Döbler
Nie wieder Hölderlin
Roman einer Rückkehr

Für Maren

Wer glaubt, sich auf diesen Seiten wiederzuerkennen, täuscht sich: Er ist nicht gemeint. Dennoch wünsche ich mir, daß jeder in diesem Buch etwas wiedererkennt. Denn was jemals geschah, geschieht immer wieder, und wir alle sind es, die es geschehen lassen.

Rückblick
im Hofgarten

Wer hub es an? wer brachte den Fluch? von heut
Ists nicht und nicht von gestern, und die zuerst
Das Maß verloren, unsre Väter
Wußten es nicht, und es trieb ihr Geist sie.

Friedrich Hölderlin
Der Frieden

Es ist empfindlich kühl an diesem 10. Oktober 1981. Ich bin zum Hofgarten gegangen und habe mich auf eine Bank gestellt, um über die Menge sehen zu können. Mein Pappschild habe ich an einen Baum gelehnt. Ich habe es den ganzen Morgen lang durch die Straßen getragen: Das Pappschild, auf das ich mit großen roten Buchstaben gemalt habe KEIN ALIBI FÜR DEN OVERKILL! Ich habe es gemalt, an eine Latte genagelt und mitgenommen nach Bonn, zur großen Friedensdemonstration. Immer neue Menschenmassen ziehen jetzt aus den Seitenstraßen auf den riesigen freien Platz. Oben auf der Tribüne wird der Lautsprecher ausprobiert, Stimmen, jemand zählt bis 10, nun röhrt einer ins Mikro: „Wir begrüßen die Ostermarschierer der 60er Jahre!" Beifall rauscht zögernd auf, er gilt dem Trupp, der jetzt am anderen Ende des Hofgartens hereinkommt. Ich bin damals in München dabei gewesen, auch hier also schon historischer Rückblick, Veteranentum?

Ich sehe, wie die roten Transparente über den Köpfen der Massen im Rhythmus des Marschierens auf und nieder gehen, und während aus allen Nebenstraßen immer neue Menschenmassen strömen, ist mir, als hätte ich das Bild schon gesehen – und mir fällt ein, was ich längst vergessen zu haben glaubte: die blutroten Hakenkreuzfahnen, die sich im Marschtritt der Kolonnen auf und nieder hoben, die Lautsprecherdurchsage auf dem Parteitag 1938 in Nürnberg, als die „Männer der Ostmark" einmarschierten, als die „Kameraden aus Südtirol" begrüßt

wurden. Die waren gerade erst heimgeholt ins „Reich", rechtzeitig genug für den Krieg, an den niemand glaubte, denn Chamberlain hatte Frieden verkündet für unsere Epoche und Hitler feierlich auf alle Gebietsansprüche in Europa verzichtet: ich bin in Nürnberg dabei gewesen, als „Arbeitsmann".
Als ich begriff, mit welchen Erinnerungen ich da am Rande des Hofgartens stand, ein mündiger Bürger bei wohlwollender Betrachtung, war ich mir selbst unheimlich: wer war ich? Wer bin ich? Ich dachte nicht mehr an den Frieden und den Sinn dieser Kundgebung, ich fühlte nur die erdrückende Gewalt der Massen, eine fast physische Gewalt, und wurde das Bild der braunen Kolonnen, der roten Fahnen nicht los – plötzlich hielt ich es nicht mehr aus zwischen all diesen Menschen, mit diesen Erinnerungen: ich verließ die Kundgebung, ehe sie begonnen hatte. Diesmal hatte ich nicht schweigen wollen, wenn politische Entscheidungen eine Katastrophe vorzubereiten schienen. Aber war ich nicht schon wieder nur Teil einer Masse? War ich schon wieder Mitläufer, obwohl ich doch glaubte, als urteilsfähiger, endlich politisch reifer Mensch an diesem kalten Morgen in Bonn zu demonstrieren?
Dieser Mensch, der guten Willens mit einer selbstgefertigten Tafel durch Bonn zieht – wie kommt er dazu? Und wo ist er vierzig Jahre vorher gewesen? Hat er wirklich dazugelernt, seit er als junger Kompanieoffizier an der Newa südlich Leningrad durchs Scherenfernrohr sah, ob die Bomben der Stukas

richtig lagen? Als er einen russischen Oberst aushob, der sich in den Wäldern versteckt hatte, und zum Verhör an den Divisionsstab weiterleitete, unbeirrbar und ohne Selbstzweifel? Hat er seitdem politisch zu denken gelernt?

Wie ist das eigentlich, bin ich oft gefragt worden, wenn man früher Nazi war: wann hat man sich geändert, und wie? Eine peinliche Frage für jemand, der sich nicht als „Nazi" verstanden hat, nur als „Pflichterfüller", nach dem Motto: „Ich sterb als ein Soldat und brav" (Faust I). Also: überlebt – und nicht brav? Und was geworden seitdem? Demokrat, versteht sich, Wahlberechtigter, auch Steuerzahler, was für Wege, was für Wandlungen, und wieviele offene Fragen.

„Was heißt, er hat geglaubt? Es war ihm nicht möglich, schon 1933 zu erkennen, was sich anbahnte? Es war ihm nicht möglich, nach der Reichskristallnacht aufzuhören? Es war ihm nicht möglich, sich wenigstens der 20.-Juli-Bewegung anzuschließen?" Rainer in „Ich war's nicht, verdammt nochmal".
(Wie Nazi-Kinder mit der Vergangenheit ihrer Eltern leben. Aufgezeichnet von Peter Sichrovsky. DER SPIEGEL Nr. 7, 41. Jg. vom 9. 2. 1987)

„Finstere Gestalten sind es, die uns bewachen, nachdem unsere Flucht durch die lettischen Wälder im Mai 1945 mißlungen ist" – diesen Satz habe ich niedergeschrieben, als ich schildern wollte, was ich erlebt habe, und habe sie vor mir gesehen, diese Männer: unrasiert, in verschlissenen Wattejacken, verwegene Mützen schief auf dem Kopf – finstere Gestalten? Litauische Freiheitskämpfer, Milizionäre, Männer, deren Heimat verwüstet worden war. Sie haben sich an diesem Morgen, an dem sie uns auf der Flucht gestellt hatten, lange gestritten, ob sie uns „umlegen" sollten oder nicht. Der Balte Paul, der sie verstand, hat uns später erzählt, sie wären sich fast einig gewesen: Faschisten? Warum nicht?

Sie haben dann doch auf ihren Leutnant gewartet, den russischen Juden, hochdekoriert, ein großgewachsener Mann in tadelloser Uniform, der uns angewidert betrachtete und mit der Fußspitze anstieß wie tote Ratten, als wir gefesselt auf dem Boden hockten und ihn anstarrten.

Gefangene werden nicht erschossen, hat er gesagt, Befehl aus Moskau. Zum ersten Mal ein anderer höchster Befehl, nicht mehr der Führerbefehl. Moskau also – und wir wurden nicht erschossen in einer Zeit, in der so viele zu Tode kamen. Ein Glück für uns? Ein Glück zum Schämen.

Kein Gedanke an Auschwitz, noch ist der Name weithin unbekannt. Kein Gedanke an die Millionen russischer Gefangener, die in den deutschen Lagern buchstäblich verreckt sind. Kein Gedanke an Stukenbrock, das Todeslager in Westfalen: das alles liegt für uns im Nebel der Vergangenheit, im Nebel der Zukunft, Sommer 1945.

Wir stehen im Lager Wilna III auf dem Appellplatz zwischen den Baracken: Zählung. Das Ritual in allen Lagern des Kontinents, es wird gezählt, die Zahl entscheidet: Belegung, Verpflegung, Arbeitseinsatz. Alles hängt von Zahlen ab. Einzelne interessieren nicht mehr, falls sie nicht sozial nützlich sind. Friseure schneiden die Gefangenen kahl, der Kopfläuse wegen. Die Gefangenen erleben das als pure Schikane. Sie wissen noch nicht, auf welche Stufen des Elends sie selbst sinken werden. Und noch viel weniger erinnern sie sich, wie kaltherzig sie selber gewesen sind, als sie noch Uniform trugen und sich als Herren Europas fühlten – Macht wirft lange Schatten: Arroganz, Kälte, Brutalität. Und sie wissen auch nicht, welche Leiden alle die Menschen erdulden mußten, die „ins Reich" verschleppt worden sind. Als Arbeitssklaven.

Wir stehen auf dem Appellplatz zwischen den Baracken und frieren, zum dritten Mal wird gezählt, „dawai, dawai"! Wir werden nicht geschlagen, nicht in den Elektrozaun gestoßen, nicht „selektiert" außer für die Heimtransporte der Entkräfteten und Kranken, wir ahnen nicht einmal, wie gut wir es haben, verglichen mit dem Russenlager Bergen-Belsen, und wie schlecht, verglichen mit Lagern in Arizona oder Cumberland. Wir haben nur einen Gedanken: wann werden wir entlassen, denn nach dem Völkerrecht sind Kriegsgefangene unverzüglich in ihre Heimat zu entlassen.

Wir sind eine Masse heruntergekommener, abgemagerter, verzweifelter Männer und erleben die Gefangenschaft als ein äußerstes Elend. Das klingt heute wie Hohn, denkt man an die Flüchtlingslager in Asien, Afrika. Es heißt, wir werden zwanzig Jahre in Rußland arbeiten müssen, um wieder aufzubauen, was wir Deutschen zerstört haben. Es heißt aber auch, wir würden bald entlassen. Langsam verfällt, was wir Haltung nennen, groß ist der Hunger, und das Selbstmitleid wächst.

Wilna: das Kloster oben auf den Hügeln, der Fluß. Die barocke Kirche, unzerstört. Es hieß, in einer der Orgelpfeifen sei das Herz Pilsudskis beigesetzt. Ich verstand nichts. Es gab Litauer in Wilna und Polen, es gab die russischen Befreier. Und es gab einzelne Juden, die im Troß der Roten Armee aus Sibirien zurückgekehrt waren nach Westen. Es gab Trümmer und erste Baustellen. Es gab Arbeitskommandos: Flugplatz, Straßenbau, Brauerei, Transportbrigade.
Befremdliche Verhältnisse: es gab Polen, die uns auf den Außenkommandos Brot zusteckten, weil sie die Litauer und Russen haßten. Es gab Litauer, die mit uns Deutschen sympathisierten, weil sie die Polen und Russen haßten: Ihre Geschichte hätte man kennen müssen, nicht nur die Geschichte Preußens! Es gab Menschen, die uns grinsend versicherten, einen Haufen Juden umgebracht zu haben, und die mir auf die Schulter schlugen, weil ich für sie als Offizier wohl ein Judenmörder war – ich verstand überhaupt nichts mehr. Allerdings, an einen warmen Sommertag des Jahres 1946 erinnere ich mich genau, als ich mit einem stämmigen Feldwebel eine selbstgedrehte

Zigarette aus Machorka rauchte: die Tüte aus Zeitungspapier mußte etwas angeknickt werden, damit der Machorka nicht herausfiel. Man hatte mir im Lagerbüro der NKWD* ein paar Zeitungsfotos gezeigt, wie man einem Mörder Beweisstücke vorlegt, mich dabei beobachtet und höhnisch gerufen: „Da – kennst du Auschwitz? Maidanek? Birkenau?" Als ich sagte, solche Fotos kennte ich sehr wohl – aber es hätte Katyn daruntergestanden, hätte man mich fast verprügelt. Bemerkenswert: ich bekam keine Prügel, wurde menschlich behandelt und fand es selbstverständlich.

Ich habe diese Geschichte dem Feldwebel erzählt und im Brustton der Überzeugung erklärt, ich legte meine Hand dafür ins Feuer, daß das Fälschungen gewesen seien und daß Deutsche zu solchen Mordtaten nicht fähig seien. Da sah mich der Mann an und sagte, ich solle da lieber vorsichtig sein. Er selbst sei einmal durch Zufall, angelockt durch Schüsse, bis an ein Wäldchen ganz hier in der Nähe geraten, da hätte man reihenweise Zivilisten erschossen, Juden oder Polen. Vor einem Graben hätten sie gestanden und seien gleich hineingefallen. Frauen seien auch dabei gewesen. Es sei entsetzlich gewesen, und er hätte schleunigst gemacht, daß er wegkam. Das sei ja auch geheim gewesen.

Es gibt Dinge, die zu glauben der Verstand sich hartnäckig weigert. Ich muß so etwas gedacht haben wie „Übergriffe". Oder daß im Krieg eben alles möglich

* Volkskommissariat für Innere Angelegenheiten, Vorgängerin des KGB

sei. Oder daß es sich um Partisanen gehandelt haben müsse – Partisanen waren für mich Kämpfer in Zivil, die nach den Genfer Konventionen keinen sogenannten Kombattantenstatus hatten, also standrechtlich zu erschießen waren wie jeder, der in Notwehr erschossen wird, und das Notwehrrecht war allgemeines Recht. Gehört, vergessen – bis später dieses Gespräch lange Schatten warf: hatte ich gewußt? Was hatte ich gewußt?

Wilna: russische Familien, die von irgendwoher kamen und in leere Häuser zogen. Wir schleppten ein Klavier aus einem Haus in die neue Wohnung, der Mann war „Natschalnik", also Direktor in der Brauerei. Markt: die Bauersfrauen sahen uns an und murmelten Mitleid, sie steckten uns Brot zu. Züge, die bei Nacht und Nebel fuhren. Polen wurden eingesammelt und in die neuen Westgebiete deportiert. Andererseits hieß es, die Züge gingen nach Sibirien. Fluchtversuche von Kameraden. Die Zelle mit Dunkelhaft, die überbelegt war, ein Holzkommando – das war mein Wilna.

Am 1. Mai 1946 standen wir frierend auf dem Appellplatz und sangen „Brüder, zur Sonne, zur Freiheit". Ein mitreißendes Lied, wenn wir nicht ringsum den Stacheldraht gesehen hätten und die Postentürme, wenn wir nicht überall die Parolen gesehen hätten, die Stalin feierten, den großen Lehrer der Völker. Stalin? Da blieben Zweifel. In Holzpantinen schlurften wir zur Arbeit, den Brotbeutel mit dem Kochgeschirr über der Schulter, wir begriffen nichts: noch hatte sich aus den tausend einzelnen Brutalitäten, deren Zeuge, ja deren Täter wir gewesen waren, kein klares Bild geformt. Noch als ich 1949 zurückgekehrt war aus Rußland, habe ich nichts anderes über Wilna gewußt als das, was ich im Lager und auf der Baustelle gesehen und gehört hatte.

Für das Judentum hatte sich Wilna seit dem 19. Jh. zu einem der wichtigsten kulturellen Zentren entwickelt, zum ‚litauischen Jerusalem'. 1940 waren von ca. 200 000 Einwohnern Wilnas ca. 80 000 Juden. Nach dem Einmarsch der Deutschen in Wilna am 24. Juni 1941 wurde von den Juden verlangt, innerhalb von 24 Stunden einen sogen. Judenrat zu bilden. Sie sträubten sich zunächst, beugten sich aber dem Druck der Deutschen in der Hoffnung, durch Entgegenkommen und Verhandlungsbereitschaft ‚das Schlimmste verhindern zu können'.
Noch im Juli, sowie Anfang September erschießen die Deutschen im nahe bei Wilna gelegenen Ponary annähernd 10 000 Juden. Am 6. September werden auf dem Gebiet des historischen Judenviertels zwei Ghettos errichtet, die Wilnaer Juden dort in unbewohnten, z. T. baufälligen Häusern auf engstem Raum zusammengepfercht und der Kontrolle und Willkürherrschaft des SS-Standartenführers Franz Maurer unterstellt. Dieser ist bis zu seiner Abkommandierung an die Front am 1. 7. 43 im Stab des deutschen Gebietskommissars Hingst für die Terrorisierung und Vernichtung der Juden Wilnas und der Umgebung verantwortlich. In Ghetto I leben anfänglich etwa 29 000 Menschen, in Ghetto II etwa 11 000, die von den Deutschen als nicht arbeitsfähig eingestuft wurden. Wenige Wochen später, im Oktober 41, wird Ghetto II ‚aufgelöst': 6500

Bewohner werden erschossen, 1700 verschleppt und etwa 2500 ins Ghetto I überführt.
Bei der Auflösung und völligen Zerstörung des Wilnaer Ghettos am 23. September 43 lebten noch etwa 10 000 Menschen dort; davon suchten 2000 Zuflucht in Verstecken, die übrigen wurden erschossen, nach Majdanek oder in die estnischen Konzentrationslager deportiert. Insgesamt haben etwa 3000 Wilnaer Juden Ghetto und Krieg überlebt, davon im Ghetto selbst etwa 800.
(Maria Kühn-Ludewig: Das Buch verbindet uns mit der Zukunft und mit der Welt. Die Bibliothek des Wilnaer Ghettos LAURENTIUS. 3. Jg. H 3–4)

Du mußt politisch denken lernen, sagt der gut genährte ANTIFA-Mann. Du mußt die Klassenlage analysieren. Die Geschichte ist nichts als ein einziger Klassenkampf, die Besitzenden versuchen die Massen zu manipulieren. Er zählt mir Beispiele auf von den Kreuzzügen bis zu den Befreiungskriegen. Das Ziel der Geschichte sei die klassenlose Gesellschaft: da könne jeder praktisch frei sein. Mir kommen Zweifel, mir werden immer Zweifel kommen, ich werde belehrt, daß dies nun einmal mein bürgerliches Bewußtsein sei, das ich zu überwinden hätte. Aber es gibt doch auch Dinge, wende ich ein, die nicht politisch sind? Und Kunst? Und Musik? Und was ich so in meinem Privatleben mache?

Selbst wenn du dir eine Zigarette drehst, sagt mein Gewährsmann, hat das was mit Politik zu tun. Deine Bedürfnisse bestimmen den Markt. Du brauchst Papier und Tabak, du mußt kaufen und verkaufen. Alles ist Politik. Das leuchtet mir ein, aber es gefällt mir nicht so recht. Ich bin unpolitisch, ich bin Soldat, so jedenfalls sehe ich es, habe keinen Begriff von politischem Handeln, auch sind mir Thomas Manns „Betrachtungen eines Unpolitischen" unbekannt. Allerdings, einen Satz von ihm kenne ich, der an die Brandmauer des Hauses neben dem Lager gepinselt ist: „Der Antikommunismus ist die Grundtorheit unserer Epoche" – ich hoffe, ich habe ihn richtig zitiert. Ob das stimmt? Wenn ein so großer Geist wie der Verfasser der „Buddenbrooks" so etwas sagt? Auch dieser Slogan hat mich damals beeindruckt: „Die Hitler kommen und gehen, das deutsche Volk bleibt bestehen. Stalin." Dazu das überlebensgroße Portrait des GROSSEN LENKERS DER VÖLKER. Der schräge Blick, der Schnurrbart, die Marschalluniform: ein Generalissimus, der in der deutschen Presse als Bankräuber aus Tiflis bezeichnet worden war, während Hitler uns jetzt als Anstreicher, als Teppichbeißer geschildert wird. Ich lerne trotzdem politisch zu denken, das heißt, ich lerne langsam zu überlegen, was wohl Wahrheit ist und was Lüge. Vor allem lerne ich, die wichtigste Frage zu stellen: wem nützt das, was gesagt wird? Wessen Interessen dient es? Das ist nicht wenig für einen, der eben noch blindlings jeden Befehl auszuführen gewöhnt war, weil es ja immer „um Deutschland ging".

„Wanderer, tritt still herein / Schmerz versteinerte die Schwelle / Da erglänzt in reiner Helle / Auf dem Tische Brot und Wein" – er hatte mir den Vers mit brüchiger Stimme vorgetragen, als schenke er mir eine Kostbarkeit. Von Trakl, dem Dichter, von dem ich noch nie gehört hatte, sprach er wie von jemandem, dessen vorzeitigen Verlust er beklage und nicht verwinden könne. All das war Teil seiner Versuche, mir, dem wissensdurstigen Kameraden, von seinen Schätzen etwas mitzuteilen. Dieser Dr. K., ein kleiner aufrechter Mann mit schwarzer Augenklappe, Professor der Philologie, Sohn eines österreichischen Lokomotivführers, war ein fanatischer Nazi, was ich zunächst kaum wahrnahm, und homosexuell: von griechischer Knabenliebe erzählte er, von Shakespeares Sonetten, von Michelangelo und anderen prominenten Homos. Und, sagte er, wenn du wirklich weiterkommen willst, wenn du in der Kunst etwas werden willst, mußt du diese Schwelle überschreiten – mir blieb das fremd, denn mit zu schrecklichen Tabus war das Schwulsein belegt, obwohl manches denkbar gewesen wäre im Lager mit Tausenden von Männern. Ob Josef K. mehr gewußt hat von Trakl als die Verse, die nach außen sichtbare Biographie? Hat er Trakls Verhältnis zur Schwester gekannt, der „Fremdlingin", hat er die verdeckte Homophilie des Dichters, der selbst als Person „frei war von entsprechender Disposition" (Rolf Schneider) gekannt? Seine eigenen Verse maß er an denen Trakls, erzählte mir, wenn wir nach einem langen Tag auf der Baustelle – endlose Gräben waren auszuschaufeln – auf der Pritsche hockten, was Expressionismus sei und was

Impressionismus, und führte mich ein in die europäische Literatur.

Mit sechsundzwanzig Jahren war angeblich er der jüngste Professor der „Ostmark" gewesen. Wohl jeder junge Mensch begegnet auf seinem Bildungsweg einem solchen Mentor. Der meine war so etwas wie ein österreichischer Poet, aber er war auch ein wilder Antisemit, ein Paranoiker. Wenn ein Russe die Baracke betrat, wußte er sich vor Aggressivität kaum zu halten und fluchte wie ein Bierfahrer. Aber wenn ein Jude kam, sprang er auf und zischte vor Wut – zum Glück verstand ihn keiner. Mir war das so unbehaglich, wie einem der absurde Tick eines Freundes unbehaglich sein kann, noch hatte ich nichts begriffen. Das Gebrüll Hitlers gegen den jüdischen Weltfeind, es war vergangen, aber das Verbrechen des „Holocaust" hatte mein Bewußtsein noch nicht erreicht.

Daß der Untergang des sogenannten „Großdeutschland" schrecklich werden würde und in seinen Dimensionen über „Versailles" hinausgehen würde, war uns allen klar. Ich selbst rechnete für den Rest meiner Zeit mit einem Leben in Trümmern, fühlte mich als ehemaliger „Nazi-Offizier" als Paria und konnte mir unter solchen Bedingungen meine Existenz überhaupt nicht vorstellen. Aber als dieser K. eines Abends sagte: „Nichts werden sie uns so sehr übelnehmen wie die Sache mit den Juden!", verstand ich ihn nicht. Er hatte Andeutungen gemacht, er sei auf dem Balkan gewesen. Er hatte durchblicken lassen, er habe Schreckliches gesehen. Nein, ich fragte nicht, ich befragte niemanden im Lager nach seiner Vergangenheit, auch habe ich nie erfahren, was Josef K. für eine Vergangenheit hatte. Sein Haß jedenfalls, eine Marotte, störte mich nur, weil sie ihn auffällig machte. Er ist lange vor mir entlassen worden.

Eine andere Geschichte, ein anderes Gespräch im Lager Wilna. Mein Gesprächspartner ist einer der Offiziere in der Baracke gewesen, ein Arzt, wie sich herausstellte: ein untersetzter Mann mit einem kleinen dunklen Schnurrbart, freundlich und praktisch, der aus der Gegend von Ulm stammte. Da muß es um Urteile gegangen sein, um Bewertungen von Menschen, ich werde schroff reagiert haben, wie es gelegentlich meine Art ist, und er fragte mich: „Haben Sie noch nie etwas von Albert Schweitzer gehört?" Wir schrieben das Jahr 1946. Mit neunzehn Jahren war ich Soldat geworden, das war im Jahre 1938, Albert Schweitzer war damals schon 17 Jahre in Lambarene und hatte sein Lebenswerk als Theologe, als Bachforscher hinter sich, Bach und das Leben Jesu. Das alles war an mir vorbeigegangen. Nein, sagte ich, nie gehört.
Der habe, sagte der Arzt, sein Leben der Menschlichkeit gewidmet, so wie er selbst auch seinen Arztberuf verstünde.
Menschlichkeit? Ich ahnte, daß dies etwas anderes war als bloße Anständigkeit gegenüber Schwächeren, die ich Ritterlichkeit zu nennen gewohnt war.
Dieser Doktor hat mir dann von Lambarene erzählt,

und zum ersten Mal hatte ich das Gefühl, ein Barbar zu sein. Barbaren, das waren ja nicht wir gewesen, das waren die, die unsere Gefallenen verstümmelt, Verwundete erschossen hatten, Russen zum Beispiel.

Daß Russen Menschen waren wie wir, zivilisierte Menschen, habe ich als junger Offizier nicht wahrgenommen und erst mühsam begreifen gelernt. Russen? Das war „Feind". Zielscheibe für Maschinengewehre, wenn sie plötzlich hinter einer Bodenwelle auftauchten und mit rauhem „Hurräh" in immer neuen Wellen gegen die eigenen Linien stürmten. Winzige, lehmbraune Figuren, die stolperten und fielen, wie wir auch „fielen". Russen waren Gegner. Grausam, verschlagen, primitiv, schmutzig – der Feind ist immer verschlagen, grausam, primitiv, schmutzig, jedenfalls bösartiger als man selbst ist. Schon die Römer fanden die Numidier grausam und verschlagen, die Deutschen die Hereros, die Preußen die französischen Franktireurs der Revolutionsarmee: inzwischen wissen wir, was ein Feindbild ist. Und die Russen? Verlauste Gefangene. Untermenschen. Nicht, daß wir gerade diesen Begriff ständig im Munde geführt hätten, wir haben ihn schon kaum mehr gedacht. Er hatte wie Gift das Denken durchsetzt: wer einen Russen sah, erkannte in ihm zunächst einmal den Slawen. Keine Spur von Erbarmen, gelobt sei, was hart macht. Mir graust vor mir selber, und ich frage mich: wann hat das begonnen, sich zu verselbständigen, wann habe ich das ganze Geschwätz der Zeit verinnerlicht und wann habe ich mich endlich davon befreit?

„Mein Fanatismus verhindert einen neuen Faschismus, nicht deine Ohnmacht oder dein sogenanntes Verständnis. Ja, ich führe einen Krieg gegen die deutsche Vergangenheit. Ich sehne mich nach dem Tag, an dem der letzte Überlebende des Dritten Reiches tot ist. Sie sollen endlich alle aussterben. Vielleicht haben wir dann die Chance für ein neues Deutschland." Rainer in „Ich war's nicht, verdammt nochmal".
(Wie Nazi-Kinder mit der Vergangenheit ihrer Eltern leben. Aufgezeichnet von Peter Sichrovsky. DER SPIEGEL Nr. 7, 41. Jg. vom 9. 2. 1987)

Angekohlte Bücher. Bücher, in denen Seiten fehlten, Bücher ohne Einband, Bücher mit Goldschnitt, mit Stempeln „Volksbücherei Litzmannstadt", mit Zugangsnummer und Signatur. Oder mit Widmung: „Meinem lieben Bruder zum 65. Geburtstag. Elfriede". In Lastwagen herangekarrte Bücher, weil die Lagerleitung diese faschistischen Mordbrenner zur Kultur bekehren wollte, zur Humanität. Und ich las, trotz Erschöpfung, wahllos. Und las Gorki und Wassermann und Alfred Neumann und Ricarda Huch. Ich las Bakunin. Und ich las Sätze wie diesen „Die Mächtigen der Erde belohnen diejenigen, die für sie gearbeitet haben, mit Reichtum, Gütern und Titeln; wer für die Armen kämpft, hat nichts zu erwarten als Armut und vielleicht einen schmählichen Untergang." Ich las: „Der Sieg der Reaktion war ihm widerwärtig; aber bitterer war ihm die Erfahrung, daß die Arbeiterbewegung überwiegend eine andere

Richtung nahm, als er gewünscht hatte. Sie nahm mehr Staatsgedanken und Kapitalismus in sich auf, eben die Mächte, die sie so leidenschaftlich bekämpft hatte." Ich las: „Es schien Bakunin zuweilen so, als sei die Herrschsucht der Menschen so groß, daß, wie er zu einem Freunde sagte, wo drei beieinander wären, zwei sich zusammentäten, um den dritten zu unterdrücken. Das hätte nur aufgewogen werden können durch ein gemeinsames Ideal, den gemeinsamen Glauben an das Recht und die Brüderlichkeit, an die Freiheit, die keiner genießen kann, wo nicht alle frei sind."
Ringsum die zweistöckigen hölzernen Pritschen, auf denen wir lagen, zugedeckt mit unseren Wattejacken oder Uniformmänteln. Draußen die eisige Kälte, die Arbeitskommandos, die frierend vor dem Lagertor standen, den Rücken zum Wind gedreht, und auf die Baustellen hinausmarschierten, bis das Thermometer unter 20 Grad sank. Die Trupps derer, die Suppe holten und Brot, die mauerten und zimmerten, schleppten und hackten, und überall einer, der sich auf Kosten anderer durchzusetzen versuchte.
Eine ganze Menschenwelt unter den erbärmlichen Verhältnissen von Baracke und Stacheldraht, den Signaturen unseres Jahrhunderts: wie sollten diese Sätze mich nicht bewegen! Ich las Tolstois „Auferstehung", die Geschichte des jungen Adligen, der mit der Geliebten nach Sibirien geht, und ich begriff, daß viel von dem, was wir Kriegsgefangenen für „bolschewistisch" hielten, aus dem Zarenreich

stammte: Deportation und Lager, Etappe und Zwangsarbeit, Brutalität und Gutmütigkeit, und ich las Alexander Herzens Satz, der wie Bakunin Anarchist gewesen ist, und gesagt hatte: „Rußland ist ein Gefängnis, aber es wird von Menschen bewohnt. Der Westen ist frei, aber er kennt nur noch Geschäftsleute" – ein Satz aus der Mitte des 19. Jahrhunderts!

Es war der ANTIFA-Gruppenleiter, ein Schwabe, der mir aus der Bücherkiste der ANTIFA-Gruppe das „Kommunistische Manifest" in die Hand gedrückt hat. Vielleicht hatte ich gerade meinen „Nachschlag" geholt, den Rest aus dem großen Kessel, der verteilt wurde, wenn in der Baracke jeder einen Schlag Kohlsuppe in sein Kochgeschirr bekommen hatte. Vermutlich habe ich, ab und an meine Läusebisse kratzend, auf dem oberen Bett gelegen. Ich mußte zwar nachts – denn die trübe Birne brannte die ganze Nacht, während die Männer zur Nachtschicht schlurften oder zur „Toilette" – den Arm über die Augen legen, um zu schlafen, aber ich konnte lesen. Nun las ich: „Ein Gespenst geht um in Europa, das Gespenst des Kommunismus", ein Satz wie eine Fanfare. Ich las die rund zwanzig Seiten in einem Zuge, durcheilte das geschichtliche Panorama, das einen anderen Charakter hatte als der im Lager Wilna gelesene „Untergang des Abendlandes" von Oswald Spengler, und begriff zum ersten Mal die historischen Dimensionen des Sozialismus, wie Marx und Engels ihn interpretierten. Mit einem Schlage ordnete sich das verworrene Bild der Kämpfe und Schlachten, der Epochen und Revolutionen zu einem einzigen Muster von rationaler Klarheit. Mir leuchtete ein, was da über die Leistungen der Bourgeoisie stand und über die Zukunft des Proletariats, und an Stelle meiner wirren Ideologie, gemischt aus preußischen und humanistischen Brocken, aus Herrenmenschentum und deutscher Arroganz trat die Vision von der Zwangsläufigkeit der Entwicklung auf der Grundlage des „historischen Materialismus". Mit anderen Worten, ich nahm auf niedrigstem Niveau eine Auseinandersetzung vorweg, zu der viele meines Jahrgangs, die in Tripolis oder Kanada, in der Normandie oder in Schleswig-Holstein hinter Stacheldraht saßen, nie gezwungen worden sind. Erst die 68er Jahre haben später diese Konfrontation nachgeholt. Vor dieser Vision einer sozialistischen Welt, in der alle Klassengegensätze überwunden sein würden, verblaßten die Schrecken der Gegenwart. Mir leuchtete ein, daß ich wohl zu einer untergehenden Klasse, zu einer von der Geschichte verurteilten Kaste gehörte. Nicht mit meinem moralischen, sondern mit meinem politischen Versagen wurde ich konfrontiert, und ich las: „Die politische Gewalt im eigentlichen Sinne ist die organisierte Gewalt einer Klasse zur Unterdrückung einer anderen. Wenn das Proletariat im Kampfe gegen die Bourgeoisie sich notwendig zur Klasse vereint, durch eine Revolution sich zur herrschenden Klasse macht und

als herrschende Klasse die alten Produktionsverhältnisse gewaltsam aufhebt, so hebt es mit diesen Produktionsverhältnissen die Existenzbedingungen des Klassengegensatzes, der Klasse überhaupt, und damit seine eigene Herrschaft als Klasse auf."
Kompliziert zu lesen, nicht leicht zu verstehen, dieser Abstraktionsgrad, ein Ton, der nicht mehr verschwinden wird, eine Politiksprache, die mich begleiten wird bis zu den Bekennerbriefen der RAF. Und ich las: „An die Stelle der alten bürgerlichen Gesellschaft mit ihren Klassen und Gegensätzen tritt eine Assoziation, worin die freie Entwicklung eines jeden die Bedingung für die freie Entwicklung aller ist."
Wenn das kein politisches Ziel war, was dann? Wenn der Kampf für ein solches Ziel keinen Sinn ergab, welcher dann?
Nun, nach der Lektüre des Kommunistischen Manifests, glaubte ich zu begreifen: mit dem Instrument des wissenschaftlichen Marxismus schien es möglich, nicht nur eine politische Situation zu analysieren, sondern Entwicklungen vorauszusagen. Die Welt erschien mir plötzlich nicht mehr als rätselhafte Schöpfung, schon gar nicht vom Willen eines Gottes gelenkt, an den ich längst zu glauben verlernt hatte, sondern als Schauplatz gewaltiger Klassenkämpfe, aus denen eine sozialistische und schließlich kommunistische Gesellschaft zwangsläufig hervorgehen mußte. Nun sah ich auch die ANTIFA-Leute in anderem Licht, aber ebenso meine eigenen Kamera-

den, und mit dem Eifer des Bekehrten versuchte ich zu begreifen, was sich mir da auftat. Heute frage ich mich, wie mein Leben verlaufen wäre, wenn ich in Leipzig oder Jena, Cottbus oder Borna zu Hause gewesen wäre: das Sein bestimmt das Bewußtsein – oder etwa nicht?

Demokratie, die klassische Idee von der Volksherrschaft? In Athen allemal, da wußte der Gymnasiast D. manches Angelernte, schließlich hatte er Xenophons „Anabasis" übersetzt, mühsam genug an den Satzperioden entlang, und der weißhaarige Dr. Böhm hatte Plato interpretiert, da war dann freilich mehr von Ideen die Rede. Und Brutus, der böse Verschwörer? Caesar? Spartakus? All das Lehrstoff, nicht Gegenwart, Vokabeln wurden nachgeschlagen, während draußen im Wedding und in Kreuzberg Saalschlachten geschlagen wurden zwischen Rotfront und SA. Auch auf dem Kasernenhof war von Demokratie nicht mehr die Rede, und mit dem „unbekannten Gefreiten des Ersten Weltkrieges" hatte im deutschen Reich das militärische Prinzip „Befehlundgehorsam" gesiegt. Das Führerprinzip. Ein paar Jahre später steht der junge D., Kriegsgefangener im Lager Lublino bei Moskau, neben seiner Pritsche und soll wählen lernen. Es gibt eine Liste für das Lageraktiv der ANTIFA, auf der sind zwölf Namen genannt. Zwei oder drei Namen kennt er, die übrigen sind ihm als Zuträger, als Funktionäre bekannt. In der Kantine soll er seinen Stimmzettel in eine Urne werfen. Was für ein Unsinn, sagt D., wozu wählen, wenn die Leute von oben bestimmt werden! Wenn ich nur die Auswahl habe zwischen solchen, die mir aufgezwungen sind! Ich will Männer wählen können, zu denen ich Vertrauen habe. Nicht diese Figuren.

Da dreht sich ein Kriegsgefangener, ein „Kamerad" um, der ihm zugehört hat, ein älterer Mann in zerschlissener Wattejacke, ein wenig einfältig, wie es D. scheint, kein großes Kirchenlicht, und sagt: „Du wirst es nicht glauben, das gibt es! Komm nur erst nach Hause, dann wirst du es sehen. Du kannst da auch Sozialisten wählen. In geheimer Wahl, man nennt das Sozialdemokratie: Sozialismus in Freiheit, verstehst du?« Er sprach leise, der Mann, und sah sich um, ob ihn auch niemand hörte. Diesen Augenblick hat D. nicht vergessen können.

„Ich bin froh, daß er mich mit den Geschichten von früher in Ruhe gelassen hatte. Ich wußte, was damals passierte, und wußte auch, was die Rolle von Vater war. Was sollte er mir da noch erzählen? Und einen Vater, der vor mir sitzt und seine Schuld bekennt? Ein schrecklicher Gedanke. Auf so einen Vater kann ich verzichten. Ein Vater, der sich ausweint und sich selber bedauert? Ein Vater, der mir vorjammert, was er alles falsch gemacht hat? Um Gottes willen. So etwas nennst du eine historische Chance? Ich bin froh, daß Vater nicht so war. Sonst hätte ich jede Achtung vor ihm verloren. Er hat das mit sich selbst ausgemacht, und das war sicher nicht einfach für ihn. Nach der Niederlage in der Gefangenschaft hatte er vier Jahre Zeit, darüber nachzudenken, was er falsch gemacht hatte. Uns hat er damit Gottseidank in Ruhe gelassen. Und damit uns das Leben nicht erschwert, sondern erleichtert."

Brigitte, Schwester von Rainer in „Ich war's nicht, verdammt nochmal".
(Wie Nazi-Kinder mit der Vergangenheit ihrer Eltern leben. Aufgezeichnet von Peter Sichrovsky. DER SPIEGEL Nr. 7, 41. Jg. vom 9. 2. 1987)

Lageralltag. Schwerarbeit draußen auf dem Güterbahnhof oder auf dem Holzplatz. Ich als Offizier brauche nicht zu arbeiten, was mich, solange ich körperlich noch dazu fähig war, nicht gehindert hat, mit denen zusammen zuzupacken, die ich „meine Männer" nannte: Top gun, die Armee braucht solche Männer, ich war kein besonders guter und gewiß kein erstklassiger Offizier, da gab es ganz andere Leute, ich galt als „sensibel", in Kriegszeiten eine sehr verdächtige Tugend.

Man hat sich gewöhnt, wir schreiben Mai 1946, Anpassung als Überlebenstaktik. Die ersten Rotkreuzkarten (hier in der UdSSR „türkischer Halbmond", weil die Sowjets dem bourgeoisen Roten Kreuz nicht beigetreten waren) sind verteilt, fünfundzwanzig Worte ins Ungewisse, an Frau und Kind. Ich stehe vor der ANTIFA-Baracke im Gespräch mit einem jungen Leutnant aus dem Oberschlesischen und dem Leiter der ANTIFA-Gruppe, einem Gewerkschafter aus Schwaben. Zum ersten Mal hat ein wirklich politischer Gedankengang Zugang zu meinem militärischen Hirnsperrgebiet.

Von den neu gegründeten Parteien ist die Rede, Zeitungsberichte über „Trizonesien" – so nannte man das Gebiet der heutigen Bundesrepublik Deutsch-

land – gaben Stoff zum Denken: Parteien? Das schon 1930 „abgewirtschaftete System"? Rückkehr zur „Schwatzbude", dem Reichstag, in dem die Abgeordneten schließlich mit Fäusten aufeinander losgegangen waren? Der Schwabe sah den Leutnant an: „Was Sie wählen werden, wenn Sie wieder zu Hause sind, weiß ich schon jetzt!"
Der war erstaunt: „Woher wollen Sie das wissen?"
Der Schwabe grinste. „Sie wählen FDP. Und wenn es eine Partei rechts von der FDP gäbe, würden Sie die wählen, auf Grund Ihrer Klassenzugehörigkeit. Da gehe ich jede Wette ein."
Das gab es also, ein Denken, das erlaubte, die politische Reaktion von Menschen einzuordnen, vorherzusehen? Klassenlage? Nicht mehr Volksgemeinschaft, die abgeleitet war von der „Gleichheit" in den Schützengräben vor Verdun, Weltkrieg Eins?
Ich staunte, ohne Staunen keine Fragen. Aber dieses Gespräch ist mir noch aus einem anderen Grunde in deutlicher Erinnerung. Denn es ist auch von den Polen die Rede gewesen.

Polen? Was wußte ich von Polen! Die drei polnischen Teilungen, Schulstoff aus der preußischen Geschichte. Im Krieg waren die Polen „Zivilbevölkerung". Zum Beispiel Menschen, die zwischen den Linien umherirrten, zu flüchten versuchten mit Sack und Pack, die voller Angst in den Kellern hockten und zu Gott beteten, der Krieg möge sie verschonen. Als Soldat habe ich mir über Zivilisten kaum Gedan-

ken gemacht – sie hatten für mich den gleichen Stellenwert wie für den Polizeibeamten „Störer". Ihr Federvieh interessierte, ihre Kühe und Schweine, ihre Häuser, alle Fahrzeuge – sie selbst gingen mich nichts an. Ich weiß nicht, ob in anderen Armeen mittlerweile anders gedacht wird.
Im Osten waren die Zivilisten Polen. Oder Ukrainer. Oder Russen. Daß Zivilisten ihre Häuser zu räumen hatten, damit wir Schußfeld hatten, war mir selbstverständlich. Die Szenerie der Flucht, des Elends, das kärgliche Überleben – „s'ist Krieg, und ich begehre, nicht schuld daran zu sein" ...
Über Polen habe ich mir keine Gedanken gemacht. Polen, Juden und Zigeuner, das war die Wertskala, in dieser Reihenfolge. Drei, vier Jahre später also im Gefangenenlager, im Gespräch mit diesem jungen Offizier aus Oberschlesien und dem ANTIFA-Mann aus Schwaben. Der sagt, wir müßten Wiedergutmachung leisten.
Wiedergutmachung? Es war Krieg, wir sind Soldaten gewesen – was heißt hier Wiedergutmachung!
Für das, was die faschistischen Armeen in der UdSSR zerstört haben, sagt er, der ANTIFA-Mann. Ich muß mich erregt haben, ich muß erklärt haben, daß wir uns immer anständig benommen hätten, soweit die Lage das zuließ. Und, sage ich, was haben die Russen mit uns gemacht? Da sieht mich der Leutnant an und sagt: „Wenn die Russen mit uns machen, was wir Deutschen mit dem polnischen Volk gemacht haben, dann gnade uns Gott!"

Er habe polnische Verwandte. Er wisse, wovon er rede.

Ich habe keine rechte Vorstellung gehabt, was wir denn mit dem polnischen Volk gemacht haben, mit diesen Elendsgestalten. Polnische Wirtschaft. Polnischer Dreck. Ostarbeiter. Mehr fällt mir nicht ein zu diesem Stichwort. Ich habe andere Sorgen.

Wann habe ich Dr. D. zum letzten Mal gesehen: vor dreißig Jahren? Oder noch früher, vor vierzig Jahren? Er kam heute unverhofft die Treppe herauf, stand vor mir und sah mich mit diesem eigenartig leuchtenden Blick an, der mich schon damals anzog – ein Blick, der Kraft vermittelt, aber auch prüft, der Blick eines Mannes, der ein Leben lang junge Menschen geformt, erzogen hat. Weißhaarig inzwischen, nicht mehr abgemagert bis auf die Knochen, ein Pensionär, ein Überlebender – war er es, mit dem ich über den Gedanken der Rasse gesprochen habe? Möglich ist alles. Wir haben auf den riesigen Feldern südlich Tula bei glühender Hitze, nebeneinander kriechend, Unkraut gerodet, oder war es, nachdem wir Ziegel ausgeladen hatten, Tausende von Ziegeln mit bloßen Händen? Es waren Gespräche von hoher Intensität – nur ein Mensch, der hungert, also fastet, erlebt ein solches Gefühl durchdringender Leichtigkeit des Geistes, einen Zustand, in dem alles durchsichtig zu werden scheint. Wir reden also, wie man sagt, über Gott und die Welt, der Freund hat in Marburg studiert und über Kant gearbeitet, er zitiert die

Duineser Elegien, oder war es nicht doch Hölderlin?

Und wir sprechen über unser Jahrhundert. Der Rassegedanke, sage ich, ich höre mich sprechen, ist der große Gedanke dieses Jahrhunderts: Houston Stewart Chamberlain, Moeller van den Bruck, die Rasse als Substrat menschlicher Kultur, das Nordische im frühen Hellas, im frühen Rom – wußtest du, daß das heilige Feuer der Vestalinnen mit Eichenholz genährt werden mußte? Normannen und Wikinger, so hatten wir unsere Gruppen im Bund genannt. Hitler mochte ein Zerrütteter, ein Verrückter gewesen sein, aber der Rassegedanke, der würde weiterleben, eine tiefe Erkenntnis aus deutschem Wesen.

Der helle Wahnsinn hat da phantasiert, und doch erinnere ich mich, mit welcher Leidenschaft ich diese Ideen verfocht, das Bild der Uta von Naumburg vor Augen oder der Venus von Botticelli, als schön galt alles, was „nordisch" war, hell und stark – kein Gedanke an die Opfer des Rassenwahns.

Der Rassegedanke sei unwichtig gewesen? Jeder von uns hat damals als Kind geprüft, zu welcher Rasse er denn gehöre: mehr fälisch, mit grobem Körperbau, oder mehr dinarisch, mit scharfgeschnittener Nase wie ein Alpenbauer, lebhaft und brünett – oder gar nordisch? Auf jeden Fall nicht ostisch, also breit und stumpf, gefühlvoll und eher träge, allenfalls musisch begabt – musisch! – und gewiß keine Führernatur, was immer das war. Wer aber semitische Züge trug, blaßgesichtig war, dunkelhaarig und unsportlich, der zählte nicht recht in der Gemeinschaft, der trug die Beweislast zu zeigen, daß er ein ganzer Kerl war: das hatte der junge Blonde nicht nötig, die Lichtgestalt. Es ist wahr, auch Gewissenserforschung kann übertrieben werden: noch nie haben die Überlebenden einer auch von ihnen verschuldeten politischen Katastrophe mit größerer Gründlichkeit ihren eigenen Anteil am Unheil erforscht. Seit Jahrzehnten verfolgen uns unsere Unterlassungen mehr noch als unsere Taten, und ich wüßte nicht, daß irgendwo auf der Welt mit größerem Entsetzen, mit größerer Genauigkeit ermittelt würde, was denn eigentlich geschehen ist. Es ist, als stände, was Deutsche verbrochen haben, für das Böse in der Welt, das ungesühnt bleibt – ein Gedanke, schwer zu ertragen. Und doch wird es noch lange unsere Sache bleiben, das Unglaubliche zu erforschen, einfach, weil es bei uns möglich war.

Heimkehr, was für ein Vorgang. Die von uns Deutschen verschleppten Menschen sind als erste zurückgekehrt. Franzosen und Polen, Ukrainer und Russen, Letten und Italiener, die aus den KZ befreit wurden, sie sind zurückgekehrt aus dem Grauen der Lager. Auch aus den sowjetischen Kriegsgefangenenlagern sind Krankentransporte nach Deutschland gegangen, noch hat keiner die Dimensionen dessen begriffen, was er erlebt hat, das wird Jahre dauern – jeder macht einfach dort weiter, wo er vor dem Krieg aufgehört hat zu leben. Als habe man nichts selbst bewirkt, als habe eine riesige Faust einen herausgenommen aus dem bisherigen Leben und müsse einen nun zurückbringen, wird alles verdrängt. Aber über die Heimkehr wird ständig geredet. Auf der Pritsche, wenn man nach einem langen Tag sein Kochgeschirr auslöffelt. Auf der Baustelle. Beim Essenfassen, auf der Latrine, wo die Gefangenen nebeneinander sitzen und reden, abends in der Baracke. Da will einer von den Russen gehört haben, daß sechzig neue Essenskübel angefertigt würden. Ein anderer weiß, daß neue Sachen ausgegeben werden, Wattejacken und Hosen, für den Transport. Von der Schreibstube hört man, es würden Listen zusammengestellt. Mit der Akribie geschulter Nachrichtenoffiziere drehen die Gefangenen jedes Gerücht hin und her: wo Rauch ist, ist auch Feuer. Von nichts kommt nichts. So gerinnen Vermutungen zu Fakten, Hoffnung entsteht: Wenn es nun wirklich in die Heimat geht, was dann? Ins zerbombte Köln? Ins Ruhrgebiet? Nach Berlin, aber in welchen Sektor? Nach Pommern, aber wer sitzt jetzt dort – Russen? Oder Polen? Jeder überlegt für sich, was dort sein wird, in dieser Heimat. Und immer wieder geht es um das winzige Stückchen Liebe: von den Frauen reden sie, diese Männer, die hohlwangig, zermürbt, ein Schatten ihrer selbst, beieinander hocken – werden die Frauen helfen? Und wenn nun im Ehebett ein anderer liegt? Wie soll die Frau es aushalten, all die Jahre, ohne Mann? Und sie reden, die Männer, über Vergewaltigung und Untreue, und jeder versichert, er kenne seine Frau, die ginge nicht fremd.

Weißt du, sagt ein Landwirt aus dem Münsterland, auf dem Hang hinter meinem Hof, da steht ein alter Birnbaum, am Rand des Obstgartens. Da setze ich mich erstmal einen Tag in die Krone und sehe, was so läuft auf dem Hof.
Wenn meine Alte fremd gegangen ist, sagt ein anderer, die schlage ich tot. Dafür habe ich nicht an der Front gelegen. Wenn eine Frau, sagt jemand, die Füße verschränkt, kann sie nicht vergewaltigt werden – nicht, wenn sie sich wirklich wehrt. Wehleidigkeiten, Sentimentalitäten, ein Knäuel von gemischten Gefühlen. Noch sind wir nicht auf dem Grund des Entsetzens angekommen. Erst in Jahrzehnten wird man erfahren, was unter Menschen möglich ist, von Primo Levi, von Jewgenia Ginsburg, von Hans Graf von Lehndorff, dem Arzt. Wie sind Sie behandelt worden in der Gefangenschaft, wird mich in Stynort ein polnischer Freund fragen. Gut, werde ich sagen müssen, gemessen an den Maßstäben von Stukenbrock, Treblinka und Bergen-Belsen.
Zerknitterte Fotos, Eheringe aus Gold, die von Dystrophikern gegen Brot verkauft werden: Dystrophiker, das waren erloschene Menschen mit unförmig geschwollenen Beinen, abgemagerten Körpern, zeitlupenhaften Bewegungen, ständig frierend. Die Heimat ist im Lager so weit entfernt wie der Mond. Ein nicht mehr erreichbarer Ort.
Wenn ich nach Hause komme, sagt einer, werde ich jeden Monat einmal auf dem Fußboden schlafen.

Und 500 Gramm Brot am Tag essen und einen halben Liter Kohlsuppe. Oder besser einmal in der Woche? Diese Wonne, sich vorzustellen, daß man wieder satt sein wird. Brot und Wurst. Butter und Käse. Kuchen, Schokolade. Und dann – wie man sich als Kind die Augen zugehalten hat, um auszuprobieren, wie es ist, blind zu sein, bis man die Hände wieder herunter nimmt –: mitten in der Fülle ein Fastentag, die Vergewisserung, daß man wirklich dem Elend entronnen ist.

In Friedland, sagt das Gerücht, bekäme man gleich nach der Ankunft Marmeladenstullen. Und Kakao gibt es, stell dir das vor! Phantasien, wieviel Brote ein Mann essen kann, ohne sich damit umzubringen. Berichte, daß die völlig erschöpften Gefangenen in der Heimat plötzlich alles aßen, was ihnen in die Hände fiel, Wurst, Fleisch, Fett, und an Fettdurchfall starben: stell dir das vor, da kommt einer nach fünf Jahren nach Hause und stirbt. Wir sehen uns nicht, wir Gefangenen, als Soldaten, deren Niederlage Europa von einem Alptraum befreit hat – wir sehen uns als Opfer.

Viele im Lager haben vor der Freiheit Angst, ohne es zu wissen. Seit bekannt ist, daß bis Ende 1949 alle Kriegsgefangenen nach Hause entlassen werden sollen, reißt die Diskussion darüber, was wir vorfinden werden, nicht ab. Die sowjetischen Politmenschen raten uns gelegentlich, nicht in den Westen zu gehen – man hört Schlimmes von schlechter Ernährung, Kälte und Demontagen in den Westzonen – sondern für die UdSSR zu optieren. Hier gäbe es eine Zukunft: Aufbau des Sozialismus.

Wie also wird es aussehen in den zerbombten Städten? Wie in Häusern und Wohnungen, die vollgestopft sind mit Menschen, Flüchtlingen aus dem Osten? Wie mit der beruflichen Zukunft?

Endlich ist es soweit, draußen in der Steppe, südlich Tula, in jenem Lager, in dem die Dystrophiker über die leeren Äcker stolpern und Unkraut raufen oder Mohrrüben, die wie Unkraut aussehen, daß beim Zählappell Namen aufgerufen werden für einen Transport, mein Name ist dabei. Skora damoi, grinsen die Posten, grinst der Sergeant, der uns zählt, nickt der Politoffizier, der die Liste persönlich vorliest – und das heißt: BALD NACH HAUSE! Noch kann es niemand glauben, jemals wieder in einem eigenen Leben zu Hause zu sein.

Stell dir vor, sagt jemand, im Frieden standen bei uns in Berlin-Wilmersdorf morgens vor jeder Tür Milchflaschen, und der weiße Beutel mit frischen Brötchen hing an der Türklinke. Und keiner klaute sie, stell dir das vor. Glaubst du, das kommt wieder? Nein, keiner glaubt es.

„Ein anderes Beispiel bietet das Stalag Bergen-Belsen. Dieses Lager, das später als ‚Aufenthaltslager‘ der SS berüchtigt wurde, war 1941 ein ‚normales‘ Lager für sowjetische Kriegsgefangene. Anfang November lebten dort etwa 14 000 Kriegsgefangene in Laubhütten. Anfang des Monats starben täglich 80 Gefangene (0,6%), Ende des Monats waren es 150

(1,1%). Ende des Winters war das Lager fast ganz ausgestorben."
(Christian Streit: Keine Kameraden. Die Wehrmacht und die sowjetischen Kriegsgefangenen 1941–1945. Stuttgart 1978)

Zum letzten Mal in der Kolonne, fünf Mann nebeneinander. Es sind keine hundert Meter bis zur Grenze. Noch einmal die Angst an diesem 30. August 1949, im letzten Augenblick zurückgehalten zu werden. Die Schritte werden schneller – vergessen die bleierne Zeit in den Lagern, die Toten. Jeder hat ein Papier unterschrieben, daß er nie mehr mit der Waffe in der Hand gegen die UdSSR kämpfen werde: was für eine absurde Vorstellung! Noch einmal die rauhen Stimmen der russischen Offiziere, die zu zweit zählen „ras dwa tri tschitiri": die Männer hasten an ihnen vorbei, nun sind sie im Niemandsland zwischen Ost und West, und schließlich ist alles vorbei – ich kann mich nicht erinnern, was ich gefühlt, gedacht habe, der Augenblick ist zu groß für mich. Erleichterung? Ja, das bestimmt. Ein fast wahnwitziges Gefühl, noch einmal davongekommen zu sein. Ich werde mich jahrelang weigern, anders als mit dem Flugzeug nach Berlin zu kommen. Ich werde allzuoft davon träumen, wieder in Gefangenschaft zu sein, und schweißgebadet aufwachen, und noch jetzt, während ich dies schreibe, bin ich im Grunde meines Herzens nicht ganz sicher, ob ich nicht doch eines Tages –
Neben mir hebt einer seinen Holzkoffer, in dem er

seine paar Habseligkeiten hat, hoch in die Luft und schmettert ihn mit einem Aufschrei in den Straßengraben, andere brüllen irgend etwas vor sich hin, die Kolonne löst sich auf, uns kommt eine schwarze Gestalt entgegen mit flatterndem Rock, die Hände ausgestreckt, ein Geistlicher – exotisch wie ein Cowboy, an dieser Stelle, er ruft uns etwas zu, man versteht ihn schlecht – also was, vielleicht ist es wichtig?
Brüder, ruft er, jetzt könnt ihr reden! Jetzt seid ihr frei!
Vielleicht ist er nicht ganz richtig im Kopf, wir beachten ihn nicht, ich habe nur einen Gedanken: ins Lager, und dann die Nachricht an meine Mutter, meine Frau, daß ich wieder in Deutschland bin. Was das bedeutet, begreife ich noch nicht, auch nicht, was Freiheit heißt.

Familienalbum

„Und unstät wehn und irren, dem Chaos gleich,
Dem gärenden Geschlechte die Wünsche noch
Umher und wild ist und verzagt und kalt von
Sorgen das Leben der Armen immer."

Friedrich Hölderlin
Der Frieden

Niemand hat die Szene fotografiert: Da sitzt er, der Spätheimkehrer D., laut Bescheinigung des Flüchtlingsdurchgangslagers Friedland Nr. 29238 eben noch berechtigt zum Empfang von Morgenkost, was immer das gewesen sein mag. Er sitzt zwischen Menschen, die man Angehörige nennt, ein seltsames Wort.
Neben ihm seine Mutter, diese energische Frau mit Schmuck, auf der anderen Seite seine Frau, die den Blick nicht von ihm lassen kann, und an sie geschmiegt, mit großen Augen, das Kind. Dann die behäbige Schwiegermutter, ganz in Schwarz, in Trauer um den gefallenen Sohn, und der Schwiegervater, der Ingenieur, mit seiner Familie aus Pommern geflohen unter Panzerbeschuß, jetzt Werksleiter im Sauerland. Alle schauen sie ihn an, den Sohn, den Mann. Nein, er ist nicht gezeichnet, kein hagerer Mensch in verschlissener Uniform. Aber schweigsam. Nach dem Abendessen, als ein Glas Bier vor ihm auf dem Tisch steht, als er die erste richtige Zigarette raucht, und der Schwiegervater seine Zigarre angezündet hat, erwarten sie etwas: Erzähl doch mal! Wie war es denn in der Gefangenschaft!
Wie soll es gewesen sein? Schlimm war es.
Der Hunger?
Ja, der Hunger.
Haben sie dich geschlagen.
Nein, Prügel hat er nicht bekommen.
Also bei uns in Berlin, sagt die Mutter, das war

auch furchtbar, erst die Russen, dann die Luftbrücke. Was meinst du, was wir ausgehalten haben.
Ja, sagt D., ich kann's mir denken. Er erinnert sich. In den Lagerzeitungen ist irgendwann die Rede davon gewesen, daß Berlin zur Sowjetzone gehöre. Daß der Sumpf des Kapitalismus ausgetrocknet werden müsse. Es schien, als sei die Eingliederung in die Sowjetzone nur ein Frage von Tagen, dann wurde es still. Luftbrücke? Nie gehört. Er hat damals noch in der Maschinenfabrik in Moskau gearbeitet. Auf Nachtschicht.
Nun erzähl doch mal, sagt die Mutter. Hast du denn überhaupt arbeiten müssen?
Nach der Haager Landkriegsordnung dürfen Offiziere nicht arbeiten, sagt der Schwiegervater. Aber die haben die Russen ja nicht unterschrieben.
Der Mann hat recht, aber es ging um Rubel. In der Kantine konnte man sich Tabak kaufen, seit 1949. Oder die Zuckerration von den Kameraden. Was soll er erzählen? Der Holzplatz fällt ihm ein, wo sie zu vier Mann mit Knüppeln Langholz geschichtet und transportiert haben. Schwerarbeit. Die Waggons mit Asbest, die sie in Rekordzeit ausgeladen haben. Man schaufelte tagelang wie in Watte, das war 1949 im Sommer, an seinem Geburtstag. Die Nächte in der Fabrik, mit geschwollenen Beinen und Hungerphantasien. Der ständige Druck, man könne umkommen, man könne irgendwo im Lager verrecken. Er sieht sich als Opfer. Opfer eines geschichtlichen Prozesses. So etwa, wie die Soldaten der Großen Armee

nach dem Rückzug aus Moskau Opfer waren. Verlierer. Darüber grämt er sich: was soll er erzählen? Und der Krieg? Der ist vorbei.
Nun iß doch noch, sagt seine Mutter, du hast viel nachzuholen. Seine Frau greift liebevoll nach seiner Hand: sie liebt ihn noch, nach all den Jahren im Flüchtlingslager. Nie werden sie darüber sprechen, wie es im Lager gewesen ist. Schon gar nicht darüber, wer nun ein Nazi war. Ihr Bruder ist Studentenführer in Danzig gewesen, im NS-Studentenbund, er ist schon in Polen gefallen.
Weißt du schon, was du anfangen willst? fragt der Schwiegervater.
Nein, das weiß er nicht.
Laß dir Zeit, sagt er, es wird sich schon finden.
Am nächsten Tag gehen sie in das kleine Textilgeschäft am Ort, der Schwiegervater kauft ihm eine Hose, ein Hemd und neue Schuhe. Ein Jackett und Krawatten hat er noch von früher.

Ein Festzelt? Oder der Saal einer Gastwirtschaft? Diesmal sind die beiden Männer allein, D. und sein Schwiegervater, ein stämmiger Mann mit einem Schnurrbart, der ihn forschend ansieht. Beide haben ein Bierglas vor sich, wie auch die Männer rechts und links von ihnen. Frauen sitzen nicht am Tisch, damals noch nicht. Die Bildunterschrift für das Foto würde besagen: „Schützenfest 1949, 4. 9. 49". Dieses Schützenfest müßte wohl in der Chronik des Ortes – ein Straßendorf zwischen Arnsberg und Brilon – als das erste Schützenfest nach dem Kriege verzeichnet sein. Außerhalb des Fotos: die Bedienungen. Die Kinder, die am Eingang herumstehen. Plötzlich kommt Bewegung in die Leute, man hört Trommeln und Pfeifen, ein Spielmannszug, die Kinder am Eingang sind verschwunden, sie rennen der Schützenkapelle entgegen, D. trinkt aus seinem Bierglas, noch ist ihm alles hier recht fremd, er trinkt einen langen Schluck, eine Geste der Verlegenheit, der Schwiegervater prostet ihm zu, der war im Krieg als Betriebsführer „u. k. gestellt", das heißt „unabkömmlich", für seine Tochter hätte er sich eine bessere Partie gewünscht als diesen mittellosen, wenn auch freundlichen jungen Offizier, nun macht er gute Miene zum bösen Spiel, ...

Was willst du machen? hat er ihn neulich gefragt, du hast ja schließlich eine Familie, du mußt bald eine Arbeit finden, du hast jetzt ja eine Verantwortung – Verantwortung. Das ist ein Wort, das leuchtet D. sofort ein. Ein Mann hat einen Charakter. Eine Familie, eine Verantwortung – lauter Sätze mit „haben", sehr gradlinige Sätze.

Die Musik kommt näher, sie kommt mit Pauken und Trompeten, mit Schellenbaum und Beckenschlag, umschwärmt von Kindern, den Frauen – wie damals in Stettin, wenn die Soldaten nach langen Übungen durch den Vorort Kreckow marschierten. Und jetzt? Tatsächlich, die langen Holztische sind im Hufeisen so aufgestellt, daß ein Spielmannszug in der Mitte Platz hat, und mit schmetterndem, klingenden Spiel marschieren diese Schützen der Kapelle, damals noch nicht in feinem Tuch, eher in abgewetztem Rock ins Zelt, sie spielen „Oh Deutschland hoch in Ehren", den Jubelmarsch, den nationalen Herzensrausch, und D. wird ganz elend zu Mute, weil er nicht versteht, wieso der hier gespielt wird, ist das HEIMAT? Nicht seine Heimat. Er will keine Märsche mehr. Aber es greift ihm ans Herz – die Flöte des Rattenfängers vergißt man nie, und wenn man ihm hundertmal entronnen ist. Nein, er mag keine Märsche mehr.

Seit er achtzehn Jahre alt geworden ist, hat ihm immer jemand gesagt, was er zu tun und zu lassen habe. Er ist durch den Staub gekrochen, hat sich wie eine Marionette bewegt und noch dazu den Ehrgeiz entwickelt, nicht schlecht zu sein, er hat fast zwölf Jahre lang das Gebell der Befehle gehört und hat dann selbst Befehle gegeben: was nun? Er ist jetzt dreißig Jahre alt. Sein Gesicht ist ungesund geschwollen. Er schwitzt allzu leicht, in seinen Beinen sammelt sich noch Wasser. Er hat die starren Bewegungen des ehemaligen Offiziers und die Langsamkeit des ehemaligen „woina plenny", des Heimkehrers aus russischer Gefangenschaft, er ist nicht der „Beckmann" aus dem Stück „Draußen vor der Tür" – aber weiß er, wer er ist? Gewesener Soldat? Gewesener Mitschüler? Gewesener Nazi? Jeden Tag 450 Gramm Brot und einen Schlag Suppe, ein bißchen Fett, ein bißchen Zucker, ein bißchen Tabak und eine Arbeit, die er sich nicht ausgesucht hat – und jetzt? Der sogenannte „Wehrsold" sammelte sich im Krieg auf einem Postscheckkonto, Geld spielte im Krieg keine Rolle, er kämpfte ja für Deutschland undsoweiter – Geld? Er hatte es nicht gelernt, mit Geld umzugehen. Sich Arbeit zu beschaffen. Eines Tages hat man ihm den Entnazifizierungsbescheid ins Haus geschickt: was sollte ihm der Wisch? Er war kein „Goldfasan", kein Funktionär mit „Mein Kampf" unter dem Arm, er ist Offizier in einem alten preußischen Regiment gewesen, nicht mehr und nicht weniger. Kein Ritterkreuz, kein Eichenlaub, ein paar Verwundungen und die üblichen Auszeichnungen. Die politischen Torheiten waren abgegolten hinter Stacheldraht, die Sühne war angenommen, noch galt D. – mit leichten Einschränkungen – als Mensch, wenn auch mit dem Makel des Militarismus behaftet, noch fragten die Kinder nicht: WAS HAST DU GETAN? Eine Frage, die immer riesiger wuchs und wie ein langer Schatten schließlich das ganze Leben zu verschlingen drohte.

Das Foto zeigt D., wie er über die Straße geht. Lange Hosen, unten mit breitem Schlag. Im zweireihigen Jackett. Darunter ein Nylonhemd, man kann es tropfnaß aufhängen, bügeln überflüssig. Der Haarschnitt? Kurz, wie es sich gehört. Scheitel rechts – man achtet nicht auf das, was man damals „Äußerlichkeiten" nennt. Rechts und links der Straße Trümmergrundstücke, ordentlich aufgeräumt. Niemand denkt an die Toten, die unter diesen Trümmern liegen, außer denen, die es angeht. Rückblick ist nicht gefragt, nur Ausblick: wie bekommt man die Trümmer weg? Wie bekommt man eine Wohnung? D. achtet kaum auf seine Umgebung, nimmt sie kaum wahr, noch kann er nicht begreifen, daß er bei hellem Tageslicht unbewacht über die Straße geht. Ein Auto kommt ihm entgegen und biegt vor ihm ein. An der Frontseite pulsiert ein Lämpchen: seltsam. Der junge Mann sieht dem Auto nach – erst später begreift er, daß es diesen Winker nicht mehr gibt, mit dem der Autofahrer früher seinen Richtungswechsel anzeigte: der wurde wie ein Zeiger ausgeklappt. Jetzt ist das also ein Blinker? Man muß sich erst daran gewöhnen.

Sie trägt Zöpfchen und lacht. Und ein selbstgeschneidertes Röckchen und lange Strümpfe. Die Füße in den kleinen Schuhen hat sie etwas einwärts gestellt. Im Hintergrund sieht man den steinernen Kirchturm mit dem Turmhelm, aus Schiefer. Auch ein kahler Baum steht da, es ist Herbst. Und Fachwerkhäuser sieht man auf dem Foto und im Hintergrund die Anhöhen des Sauerlandes.
Ich bin in Polen geboren, wird sie später sagen, diese Tochter. Und eine erwachsene Frau sein und darunter gelitten haben, daß da schon bald kein Vater mehr war. Der verläßt ihr Leben, fängt neu an, ein Mensch ohne Wurzeln. Jetzt steht er neben der kleinen Tochter, ein junger Mann, dem viele Möglich-

keiten offenstehen, nur weiß er es nicht. Er lacht, aber er fühlt sich alt, zu alt: selbst Vater zu sein, muß er erst lernen. Als seine Tochter geboren wurde, in einem Dorf zwischen Stettin und Cammin in Pommern, lag er in einer Kaserne bei Olmütz, die Hebamme hatte sich Sorgen gemacht, eine komplizierte Geburt. Vier Wochen später ist er dann gekommen, der Vater: ein ernster, junger Offizier, da stand die Front noch an der Weichsel, aber Ostpreußen war von russischen Truppen schon überrollt. Und er war auf dem Weg an die Front, zu seiner Truppe.
Manchmal spielt er mit seiner Tochter, aber er ist ungeschickt, er paßt nicht gut genug bei „Mühle" oder „Dame" auf. Manchmal gehen sie auch miteinander spazieren: die Höhenwege über dem Lennetal entlang und in die Wälder. Immer wieder überfallen ihn die Bilder. Szenen, die er nicht vergessen kann. Oder er sieht Bodenwellen, die Deckung bieten. Beherrschende Höhen, die besetzt werden müssen. Hinterhangstellungen. Der beißende Rauch der Kartoffelfeuer erinnert ihn an brennende Dörfer. Und an die Feuer, die sich die Gefangenen auf der Baustelle machten, um sich die frostklammen Hände zu wärmen. Oft fallen ihm die jungen Männer ein, die ihm Freunde waren. Bei jeder Gelegenheit fallen sie ihm ein, er idealisiert sie alle, noch ist ihm politisches Denken gänzlich fremd: Kriegsverbrechen gehen ihn nichts an. Ganz am Rand seines Bewußtseins existieren Abnormitäten: Menschen, die mitten im Krieg zu den Russen übergelaufen sind. Oder sadi-

stische Dienstgrade, wie es sie in jeder Armee gibt. Quäler und Folterer. Oder homosexuelle Offiziere. Nichts, was ihn angeht. Er hört Namen wie Auschwitz und Maidanek. Sachsenhausen und Mauthausen. Allerdings, die Namen Dachau und Oranienburg hat er gekannt, aber das ist lange her.
Seine Tochter wird ihn später fragen, weshalb er dafür war, daß die Juden vernichtet werden. War er dafür?
In der Zeitung liest er, daß in Bonn eine Bundesversammlung zusammengetreten ist. Ein Schwabe sei Bundespräsident geworden, ein FDP-Mann. Das Gespräch fällt ihm ein. Über Wahlen, im Lager Dolgobrudnaja. Oft grübelt er, er muß sich darüber klar werden, was er eigentlich will. Du solltest studieren, sagt seine Mutter. Du mit deiner pädagogischen Begabung. Studienrat, das ist das Richtige. Sieh mal zu, daß du bald was verdienst, sagt der Schwiegervater. Seine Frau lächelt und schweigt: sie läßt ihn gewähren, froh, daß er wieder da ist. Und er selbst? Mit seinem leeren Kopf, seiner Unruhe? Ohne Geld?

Er muß zufällig an dem Lokal vorbeigekommen sein, in dem die Versammlung stattfand. JUNGE UNION nannten sich diese Leute. Auf dem Plakat war von Demokratie und Freiheit die Rede. Er muß einfach hineingegangen sein, dieser D., um sich umzusehen: ein paar junge Leute wie er. Auch einige ältere Männer und Frauen.
Meine Damen, meine Herren, liebe Freunde, sagte

der Redner. Diese Anrede gefällt D. Und der Redner schildert die Situation Deutschlands, die Situation des zerstückelten Vaterlandes. Die Zoneneinteilung. Die drohenden Demontagen im Ruhrgebiet. Das kommunistische Regime in der Ostzone, das Demokraten einsperrt und die Kirche drangsaliert. Auch das überzeugt D., er kann sich das gut vorstellen. Und jetzt erläutere ich euch den Aufbau unserer Demokratie, sagt der Redner. Er spricht von der Bundesversammlung, die einen Schwaben zum Bundespräsidenten gewählt habe, einen Professor. Er spricht vom Deutschen Bundestag. Und vom Bundeskanzler Adenauer: der sei von der CDU, die für christliche Gesinnung sei und soziale Verantwortung. Der habe auch das Ressort des Auswärtigen. Dann nennt er die Minister für Wohnungsbau, Ernährung, Verkehr usw. Den mit der Zigarre, den kenne ja schon jeder: da gibt es Gelächter. Sie sollen nun fleißig Mitglieder werben, dann würden sie auch nach Bonn fahren dürfen, um den Bundestag bei der Arbeit zu sehen. Als er zurückkommt, trifft er den Schwiegervater auf der Straße. Er werde gewiß irgendwann nach Bonn fahren, sagt der junge D., mit der Jungen Union.

Der Schwiegervater mustert ihn mit einem schrägen Blick, nimmt seinen alten Filz ab und kratzt sich das graublonde Bürstenhaar: Was willst du denn bei denen! Das sind doch keine Christen, diese Christdemokraten! Das ist doch alles Propaganda! Für die Arbeiter tun sie nichts, aber für die Kirche, da tun sie

alles. Keine Waschkaue, keine Kantine, aber für ein Muttergottesbild an der Straße, da geben sie Tausende aus.
Und Adenauer?
Der Schwiegervater schnauft verächtlich und ruft seinen Hund, der schweifwedelnd herankommt, einen Schäferhund.
Der? Der war Separatist. Der wird Deutschland verraten, wenn es darauf ankommt. Das überleg dir man nochmal.

Das Wort „Kameraden" kann D. nicht mehr hören. Er will nichts mehr wissen von den „Ehemaligen". Ehemaligen Fünfern aus dem Panzergrenadier-Regiment Nr. 5. Ehemaligen Mitschülern aus dem stolzen Bismarck-Gymnasium in Berlin-Wilmersdorf. Ehemaligen Vorgesetzten. Untergebenen. Obersekundanern. Unteroffizieren – nichts mehr. Und er wird nie wieder ein Gewehr in die Hand nehmen: 36 Millionen Tote insgesamt, und wofür? DIR IST LIEBES NICHT EINER ZUVIEL GEFALLEN – Hölderlin. Nie wieder Hölderlin.
Der Hauptbahnhof von Köln, ein notdürftig geflicktes Gerippe aus Stahl und Stein. Er ist nach Köln gefahren, er will sich an einem Fachinstitut um einen Studienplatz bemühen. Noch ist ihm rätselhaft, wie man ein Leben organisiert. Für ein geisteswissenschaftliches Studium glaubt er ungeeignet zu sein und zu alt: nach sieben Jahren in Kasernen und im Krieg. Nach vier Jahren hinter Stacheldraht. Er ist

ehemaliger Offizier, „Militarist", wer wird ihn noch ernst nehmen! Er ist dreißig Jahre alt und lebt, als sei ihm die Zukunft gestohlen, dabei ist er gesund. Keines seiner Glieder ist amputiert. Er hat seine beiden Augen noch, seine beiden Arme. Er ist körperlich unverletzt, wenn man von ein paar längst verheilten Verwundungen absieht. Aber ist er wirklich unverletzt? Er bemüht sich, zu funktionieren, obwohl er weiß, daß in ihm so etwas wie Panik steckt. Eine Unruhe. Eine bleierne Erschöpftheit, die er niemandem zeigen darf, damit er nicht auseinanderfällt wie eine Puppe.
Er geht am Dom vorbei, diesem ungeheuerlichen Gebirge von Spitzen, Strebepfeilern, verwitterten Steinen, der schon ringsum eingerüstet ist für die Steinmetze und Bauarbeiter, die ihn wiederherstellen sollen.
Die Hohe Straße, eine Gasse, an der schnell hochgezogene Gebäude stehen, dazwischen Baracken und Ruinengrundstücke, Baumaschinen. Es ist ein grauer, nasser Februartag. D. in seinem dünnen Tuchmantel stemmt sich gegen den Wind. Ein Pfad führt über ein Trümmergrundstück, eine offensichtliche Abkürzung. D., gebürtig aus Berlin-Wilmersdorf, in Preußen, in Pommern zu Hause, ist noch nie in seinem Leben in Köln gewesen. Die Ruinen, die noch geschwärzten Fassaden, die Einschußlöcher an den Häuserwänden nimmt er kaum wahr, er kennt nicht St. Gereon und St. Pantaleon, nicht St. Aposteln und Gürzenich. Er sieht die Trümmer und sieht

sie doch nicht, schon längst nicht mehr: er kennt sie aus Minsk und Smolensk, aus Warschau und Berlin, fast erscheinen sie ihm normal. Wann hat er zuletzt eine lebendige Stadt gesehen, gebaut aus unversehrten Mauern, aus hellen, sauberen Häusern?
Es muß in der Nähe des Rathauses gewesen sein, auch hier Ruinen und Schutt, daß D. den Mann sieht: da stolpert einer über die Trümmer, ein Mensch mit einer bunten Kappe, an der Schellen bimmeln. Er hat ein rotweißes Wams an, aber ausgebeulte Hosen, die in Knobelbechern stecken. Er schwankt, dieser Mensch, offensichtlich angeheitert, und schwenkt in der rechten Hand eine Weinflasche. „Alaaf", schreit er, und noch einmal: „Alaaf"! Er starrt den D. an, diese ernste Gestalt, schüttelt den Kopf und schlingert weiter. Da ist der Oberleutnant a. D. und Spätheimkehrer empört, er wird die Geschichte zu Hause mit Zorn erzählen. Da liegen die Toten noch unter den Trümmern, wird er sagen. Hunderttausende sitzen noch in Rußland hinter Stacheldraht, und so einer spielt den Karnevalsnarren!
Daß er selbst in diesem Augenblick dem antiken, dem heidnischen Köln seltsam nahe gewesen ist, kann er nicht verstehen. Er weiß nicht, daß er selbst noch wie ein Schemen ist, obwohl er geht und steht wie andere lebendige Menschen.

Er ist auf dem Weg zur Leihbücherei: ein Kiosk an der Landstraße, die von Meschede nach Plettenberg führt. Fünfzig Pfennige pro Buch, ein Preis, der

Überlegung verlangt. Aber was soll er lesen? D. schlägt den Mantelkragen hoch, er trägt einen Hut. Er muß erst an der Kirche entlang. An einem eisernen Geländer hängt seine kleine Tochter, Zöpfchen nach unten, sie hat lange Strümpfe an, es ist noch kühl. Das Röckchen hängt ihr, vom Gürtel abwärts, fast auf die Nase. Eine alte Frau verläßt ihren Platz vorm Haus und zieht mit spitzen Fingern, um das Kind zur Schicklichkeit zu ermahnen, das Röckchen hoch, das wieder nach unten fällt.
Du mußt ein bißchen besser aufpassen, sagt die alte Frau, nicht einmal unfreundlich. Schicklich? Der Mann, der nun Vater ist, ohne die geringste Vorstellung, wie Väter sein sollten, nimmt seine Tochter an die Hand: er versteht den Vorgang noch nicht, er denkt nur: ein Kind? Was ist daran zu beanstanden, wenn ein Kind spielt?
Die Tochter wird später bei den Ursulinen auf die Mädchenoberschule gehen, oder sind es die Borromäerinnen? Aber da ist er schon kein richtiger, nur noch ein geschiedener Vater, den es umtreibt: er mißtraut festen Situationen, ohne es zu wissen. Häuser? Sie alle werden zu Trümmern werden. Geld? Geld löst sich auf, schneller als Holz brennt: gestern noch eine Zahl auf einem Blatt Papier, 12 345,65 RM, heute 123,46 DM. Er wird sein Leben lang nicht sparen lernen.
Er streichelt seiner Tochter die Wange und spielt mit ihren braunen Zöpfen, er liebt sie kummervoll. Sie staunt ihn an wie einen faszinierenden Onkel, in der

Familie findet er seine Rolle nicht, ungeduldig, wie er geworden ist. Alles muß schnell gehen, schnell wie ein Angriff, eine Flucht, das Antreten einer Kompanie, einer Brigade – ruckzuck, das mag er.
Dann schickt er sie zur Mutter zurück, die wahrscheinlich in der Küche steht und Bohnen putzt oder Mohrrüben. Sie war Krankenschwester. Für Krankenschwestern ist kein Bedarf mehr, jetzt wird sie Hausfrau sein. Hausfrau und Mutter – sie gehen scheu miteinander um, die beiden Eheleute. Und das ist schon viel.
Der Mensch am Kiosk, D. nennt ihn den „Zeitungsfritzen", steckt immer voller Gerüchte. Wenn es man bloß keinen Krieg gibt, sagt er.
Wie bitte, Krieg?
Na lesen Sie mal, der Herr, sagt der Kioskbesitzer, eine Spur zu höflich, denn ein Herr ist D. längst nicht mehr, und sie wissen es beide. Hier, die Schlagzeile – sehen Sie? Es geht schon wieder los!
Also kauft D. dieses Blatt, das sich „Westdeutsche Zeitung" nennt, und liest:
„Das Oberkommando der britischen Rheinarmee hat das Heimkehrerlager Friedland und das Gebiet um den Schlagbaum Besenhausen zum militärischen Sperrgebiet erklärt. Anlaß hierzu waren verschiedene Zwischenfälle, die zum Kugelwechsel mit sowjetischen Soldaten an der Zonengrenze führten."
3. Januar 1950.
D. steckt die Zeitung ein. Man liest jeden Tag solche Geschichten. Moskau erhebt Anklage gegen die

Westmächte, weil sie angeblich die Zurückhaltung deutscher Kriegsgefangener tarnen. Umkgekehrt heißt es: Alle deutschen Offiziere, die noch in Rußland sind, würden zurückgehalten, weil die Russen die Deutschen für den Krieg gegen die USA brauchten. Wie die Atomforscher. Ob er was von Schweigelagern wüßte, fragt der Kioskbesitzer. Der Mann seiner Cousine, der habe 1949 einmal geschrieben und dann nie wieder. Kameraden hätten den noch vor einem halben Jahr in einem Lager am Ural gesehen. Nein, D. weiß nichts von Schweigelagern.
Er sucht sich unter den zerlesenen Büchern ein Buch heraus, irgendein Buch, und zahlt.

Qualm von billigen Zigaretten. Qualm aus Pfeifenköpfen und ein Lärm, daß man sein eigenes Wort nicht versteht. Hölzerne Bänke, in die Generationen von Karzerinsassen ihre Sprüche eingekerbt haben. Weiß gekalkte Wände, bekritzelt mit Namen und Botschaften, und der ganze enge Raum dicht gedrängt mit jungen Menschen, Studenten der Alma Mater Heidelberg: die berühmte Heimkehrergeneration.
Als er in Wilna die Postkarte bekommen hat, auf nicht mehr erklärlichen Postwegen, hatte D. noch auf dem Holzplatz gearbeitet. Zwei oder drei Tage, bevor er sich im eisigen Fahrtwind auf dem LKW unterwegs zum Waldkommando die Nierenentzündung geholt hat. Nur ein Satz stand auf der Karte, abgeschickt in Heidelberg am 12. 9. 47: „Studieren

hier. Warten auf Dich." Dazu die Initialen von vier Namen, lauter ehemalige Offiziere, die wie er Lehroffiziere an der Fahnenjunkerschule gewesen waren. Dazu die Unterschrift seines Freundes Hollwein.
Jetzt saß er in der „Schnitzelbank", dem Studentenlokal in Heidelberg, neben ihm Hollwein und die anderen: ein Traum! Nur was sie von ihm wollten, verstand er nicht.
Vier Jahre Rußland? Da müsse er doch etwas erfahren haben!
Wie meinst du das?
Über den Menschen. Über das Leben. Gefangenschaft, das sei doch wie ein Experiment mit sich selbst, unter extremen Bedingungen.
Er wußte nichts zu antworten, woran dachte er? An die zerlumpten Schemen, die sich aus den Abfalltonnen des Schlachthofes von Klaipeda mit langen Stöcken die Nachgeburten herausfischten? An die fette Katze, die sie im Strafzug des Lagers III häuteten und brieten? An den zum Skelett abgemagerten alten Mann, er kann höchstens um die Vierzig gewesen sein, der sich neben ihm strampelnd gegen einen brutalen Pfleger wehrte, als der ihn am Bett festbinden wollte, weil er unruhig war: der gurgelte mit aufgerissenen Augen Worte wie FREIHEIT GEBT MIR FREIHEIT – und starb. Nein, er wußte nichts, was er hätte antworten können. Aber er selbst wollte wissen, was Menschen dachten, die hier studieren durften – sie hatten reden, lesen, denken können all die Jahre: was wußten sie? Was hatten sie gelernt?

Aber auch sie hatten keine Antworten. Hollwein berichtete, wie er sein Studium finanziert hatte. Über die CIA. Als Thüringer kenne er an der Grenze jeden Weg und Steg, da sei er immer wieder hinüber in die Zone und habe für die Amis herausfinden sollen, wo die Russen ihre Truppen stationiert hatten. Einmal sei er in einem Bahnhof einer Streife der Volkspolizei in die Hände geraten, mit gefälschten Papieren natürlich. Der Streifenführer, ein Feldwebel, sei früher Unteroffizier in seiner Kompanie gewesen, der habe ihn erkannt, die Papiere gründlich geprüft und dann – mein Lieber, ich habe vielleicht geschwitzt! – habe er ihm die Papiere zurückgegeben und nur drohend gesagt: Nicht noch einmal!
Und genau diesem Mann sei er nach sechs Wochen noch einmal in die Quere geraten, auch diesmal habe der Mann ihn laufen lassen – da habe er dann begriffen und aufgehört.
Von früheren Zeiten wird geredet, sie tauschen Namen aus: Der ist gefallen, noch ganz am Schluß, jener lebt in der Zone, und der lange Scherer? Der studiert Zahnarzt und übt jeden Tag vor dem Spiegel das „Grüßen durch Handanlegen an den Mützenrand", damit er noch zackig genug grüßen kann, wenn man wieder Soldaten braucht. Ein bißchen verrückt, aber harmlos, wer denkt schon so verquer!
Aber D. fühlte sich dennoch fremd hier: Sie haben einfach da weitergemacht, wo sie vor dem Krieg aufgehört haben. Ist das genug, nach so vielen Toten?
Eine Studentenbude in einer alten Villa: Hollweins

Zimmer liegt unterm Dach, ein Kanonenofen, ein Tisch, ein Bett, ein Himmel auf Erden: Bilder ringsum, Fotos, ein paar Drucke an der Wand. D. hat solche Bilder noch nie gesehen: Chagall, Kandinsky, Feininger. Die Freunde reden die Nacht hindurch: er erfährt, wie die Marokkaner in Freudenstadt gehaust haben und die Tschechen in Prag. Von der „Kampfgruppe gegen Unmenschlichkeit" des Rainer Hildebrandt in Berlin ist die Rede, vom Tod Himmlers und von den Reichsmarkzeiten, als jedermann Schwarzhandel trieb, der nur irgend dazu in der Lage war – und sonst?
Wir wollen ein einiges Europa, sagt Hollwein. Ein Europa ohne Grenzen. Man muß die Schlagbäume zerschlagen und ein freies Europa schaffen.
Das leuchtet ihm ein: wenn es schon nicht mehr um Deutschland geht, soll es wenigstens um Europa gehen.

Wie hätte D. schlafen können, in diesen Nächten am Neckar: Fliederduft durchs offene Fenster, aus den nahen Häusern Musik und Gelächter. Mondlicht auf den Dächern – zuviel für jemanden, der sich noch ständig vergewissert, daß er durchaus nicht träumt. D. hat sich in einen Rohrsessel geworfen, Hollwein sitzt ihm gegenüber an seinem Schreibtisch. Noch trägt er keine Prothese, der Ärmel ist festgeheftet. Am Fenster der lange, blonde von Mellenthin, Ritterkreuzträger, ehemals Panzerjäger, früher undenkbar ohne Knotenstock und Försterpfeife, heute raucht er Chesterfield, D. mag diese amerikanischen Tabake nicht. Er raucht Pfeife, ein uraltes Stück, das er schon im Lager Wilna III erworben hat. Hollwein erzählt die Geschichte, wie er in einer Nacht wie dieser Hilferufe gehört habe. Er habe hinausgesehen und in der Nachbarvilla eine weiße Gestalt gesehen, die sich aus dem Fenster beugte und um Hilfe schrie. Er ist, wie er war, in offenem Hemd und Sandalen, hinausgerannt zum Eingang des Hauses, es war eine sternklare Nacht. Plötzlich sei die Tür aufgesprungen und ein Mensch sei ihm entgegengerannt, in der Faust eine Pistole. Hollwein habe ihn angebrüllt und sich ihm entgegen geworfen, aber der Mann habe ihn angerempelt und sei weiter gerannt, Hollwein ihm nach – was sollte er machen, mit nur einem Arm. Der leere Ärmel muß geflattert haben, als Hollwein hinter dem Einbrecher her die Straße entlang stürmte. Der Flüchtende ist dann über die Mauer der nahen Schule gesprungen, die für Hollwein zu hoch war. In diesem Augenblick bog das Auto einer Polizeistreife um die Ecke: Hollwein erstattete Bericht, stieg ein, und während sie im Schatten der Häuser entlang rollten, sahen sie nach ein paar Minuten einen Mann, dessen betont langsamer Gang ihnen auffiel. Als der Wagen näher kam, fing der Mensch an zu rennen – der Rest war Routine. Die weggeworfene Pistole wurde im Schulhof gefunden.

Hollwein ist dann zurück zu der Villa gegangen, in der die Frau überfallen worden war. Die Tür stand

noch offen. Er ist hinaufgegangen und hat die alte Dame beruhigt, eine Jüdin aus Südafrika, offensichtlich wohlhabend, die wegen Regelung irgendwelcher Besitzverhältnisse in Heidelberg zu Besuch war. Der Mann mußte es auf ihren Schmuck abgesehen haben. Er hatte wohl durch das Hauspersonal davon erfahren. Nun bedankte sich die Dame überschwenglich bei ihrem Retter und versicherte ihm, sie werde sich erkenntlich zeigen. Er sei schließlich, obwohl unbewaffnet und armamputiert, einem bewaffneten Mann entgegengetreten!
Und, fragt D., kamen größere Summen?
Hollwein zündete sich eine neue Zigarette an: ich sollte mich bei ihrem Sohn in Frankfurt melden. Das war ein Jude, wie er im Buche steht. Eleganter Zweireiher, schwarze Hornbrille, ein Geschäftsmann. Als der hörte, daß ich ehemaliger Offizier sei, wurde er kühl: er werde von sich hören lassen. Mellenthin drückt seine Zigarette aus: Das war's?
Das war's.
Nicht daß sie bei soviel Undank „typisch jüdisch" denken, das würde keiner von ihnen sagen. Und doch bestätigt der Vorfall ein verschwiegenes Vorurteil: sie sind Antisemiten, ohne es zu wissen, vergiftet durch ein Denken, das ihnen selbst schon nicht mehr zum Bewußtsein kommt. Nur weil sie anständig sind, glauben sie, ihre Sache sei anständig gewesen. Vom Elend der Opfer ahnen sie wenig, noch haben sie nichts begriffen außer der eigenen unverständlichen Niederlage. Mit der Zukunft sind sie befaßt,

nicht mit der Vergangenheit, deshalb wird vom Krieg auch kaum mehr geredet. Ein paar Worte genügen zur Verständigung: Hollwein ist in Tripolis in Gefangenschaft geraten und als erster von den Dreien entlassen worden. Mellenthin wurde bei den Kämpfen um Berlin verwundet, er ist auf einem Minensucher nach Dänemark gebracht worden.
Nach Dänemark? Da ist meine Familie im Lager gewesen, sagt D. Bis zum Frühjahr 47 habe er keine Nachricht gehabt.
Dann sprechen sie darüber, ob die Putschisten des 20. Juli 44 den Eid gebrochen haben, den sie auf Hitler geschworen haben. Unbedingt, sagt Mellenthin. Auch Hollwein ist dieser Meinung. D. sagt, es sei feige gewesen, dieses Attentat mit der Bombe – weshalb nicht einer der Verschwörer, wenn Hitler schon beseitigt werden mußte, zur Pistole gegriffen hätte. Da sind sie sich wieder einig, und die zweite Flasche Wein wird entkorkt: so, wie es ist, kann es nicht bleiben. Wer weiß, ob es nicht bald wieder Krieg gibt!
Ohne mich, sagt D., er würde am liebsten das alles vergessen.

„Wir sind stumme Zeugen böser Taten gewesen, wir sind mit vielen Wassern gewaschen, wir haben die Künste der Verstellung und der mehrdeutigen Rede gelernt, wir sind durch Erfahrung mißtrauisch gegen die Menschen geworden und mußten ihnen die Wahrheit und das freie Wort oft schuldig bleiben, wir sind durch unerträgliche Konflikte mürbe oder vielleicht gar zynisch geworden – sind wir noch brauchbar? Nicht Genies, nicht Zyniker, nicht Menschenverächter, nicht

raffinierte Taktiker, sondern schlichte, einfache, gerade Menschen werden wir brauchen. Wird unsere innere Widerstandskraft gegen das uns Aufgezwungene stark genug und unsere Aufrichtigkeit gegen uns selbst schonungslos genug geblieben sein, daß wir den Weg zur Schlichtheit und Gradheit wiederfinden?"
(Dietrich Bonhoeffer, ermordet am 9. April 1945 im KZ Flossenbürg, in: Widerstand und Ergebung. Hrsg. Eberhard Bethge. München 1951)

Blühende Kirschbäume. Taufrischer Rasen. Fliederknospen, Goldregen, Apfelblüte entlang der Bergstraße, die ganze betörende Fülle ausgeschäumt über Hänge und Gärten. D. geht durch den Park, über die Neckarhöhen, ihm liefert die Lyrik manchen Ausdruck fürs Innerste. Er hält eine Mädchenhand, küßt er sie? Verspricht er ihr mehr, als er halten kann? Abends schreibt er eine knappe Karte an Frau und Kind, die nun schon wieder wie auf einen anderen Stern entrückt sind. Beklemmende Erinnerungen: die kleine Tochter rennt, ohne sich umzusehen, über die mäßig befahrene Hauptstraße, über die auch Fernverkehr läuft – Fernverkehr im Jahre 1950! Er entsetzt sich, sie könnte überfahren werden, er hat es ihr tausendmal gesagt, das sagt sich so, tausendmal, die Angst packt ihn, er winkt sie heran, legt sie übers Knie, WER SEINE KINDER LIEBT DER ZÜCHTIGT SIE, schlägt mit der flachen Hand auf den kleinen Hintern – und schon umringen ihn die Frauen: ob er denn kein Herz habe? Was ihm denn einfiele, das Kind so zu schlagen? Aber ist das nicht

Vaterpflicht – die Grenze ziehen, das Maß setzen, die Ordnung schaffen?
Verwirrt ist er hinausgegangen in die karge Landschaft, ringsum an den Hängen Kahlschlag. Die Engländer! hatte sein Schwiegervater bei einem solchen Spaziergang böse gesagt und auf die Hänge gezeigt. Sieh dir das an!
Noch bevor er angekommen ist, zu Hause, ist er aufgebrochen. Er hat gewußt, daß etwas nicht stimmt mit ihm. Er hat es seiner Frau auch gesagt: Ich weiß nicht, was mit mir wird. Ich kann nichts sagen, keine Sicherheit geben für mich –
Ein Mann spricht so nicht. Allenfalls ein junger Mensch, der keinen rechten Halt hat.
Dem Mädchen schüttet er sein Herz aus – wirre Gedanken, Lebensstückwerk ABER DIE LIEBE ZWINGT / ALLE UNS NIEDER. Dann trennen sie sich schnell, er vergißt schon ihren Namen, ihr Gesicht. Ob sie miteinander geschlafen haben? Wer mit einer Frau schläft, weiß D., muß auch dafür einstehen, eine verquere Kavaliersethik, die nirgends mehr stimmt. Hinter der Fassade dieses Chevalier versteckt sich die Angst vor der Weiblichkeit als Übermacht, er kennt diese Übermacht nur zu gut. Auch an seine Mutter schreibt er aus Heidelberg eine Karte: es gehe ihm gut.
Dann fährt er nach Köln. In den Neujahrsnächten vor dem Krieg hat er sie im Radio oft gehört, die „Deutsche Glocke vom Rhein" mit ihrem majestätischen Schlag. Colonia agrippinensis, das uralte

römisch-christliche Köln: als er aus dem notdürftig wiederaufgebauten Bahnhof kommt, geht er nicht über den Platz zum Dom, sondern zur Rheinbrücke mit dem geborstenen Reiterdenkmal.
Es ist ein strahlender Tag. D. sieht dem Strom nach, bis er hinter der fernen Biegung verschwindet. Ein Schleppzug arbeitet sich stromaufwärts. Er muß an die Steppe denken, an die riesigen Äcker, auf denen er geschuftet hat, noch vor einem guten halben Jahr. Einen Augenblick lang überwältigt ihn ein Gefühl, er atmet tief: also gut, ein neuer Anfang. In Köln.

Das Studium hatte noch nicht begonnen, da kam die Einladung, eine Einladung aus einer anderen Welt: die Geburtsanzeige ist auf Bütten gedruckt, Helvetica kursiv. Zur Taufe am 13. Februar 1950 sind nur Familienangehörige und die engsten Freunde geladen, u.A.w.g. Dunkler Anzug erbeten. Bevor D. sich entschlossen hat, abzusagen, hatte ihn der Freund aus Schultagen angerufen und ihm gesagt, er habe den Frack seines gefallenen Bruders im Schrank, der werde D. passen. Also gut. Die Gäste werden im Hotel untergebracht. Vorgesehen war die Taufe in der nahen Dreifaltigkeitskirche, dann das Taufessen an langer Tafel, die alten Tischtücher aus Seidendamast, das alte Tafelsilber der großmütterlichen Familie, sächsischer Adel, und die Blumendekoration vom ersten Floristen am Platze, dazu Tischporzellan aus Meißen, wenn auch nicht Kändler –
D. schätzt die Schwester des Freundes, eine kluge,

hochgewachsene Frau, ihren repräsentativen Mann, einen ehemaligen Generalstäbler, der in der Industrie Karriere zu machen im Begriff ist. Man trifft sich im Hotel, hat einander Jahre nicht gesehen, weiß nicht, wie jeder das Chaos überstanden hat – hier eine Flucht aus Schlesien, kurz bevor russische Panzerspitzen das Lager der „Arbeitsmaiden" erreicht hatten, dort die Gefangenschaft in Tunis, Zelte, Sterne und eine Lageruniversität. Und D.? Viel ist nicht erzählbar, das ist wahr. Die Hauptsache ist, man hat überlebt. Bald wendet sich das Gespräch familiären Fragen zu, das Protokoll wird erörtert: D. läßt sich beraten, er hat das Frackhemd anprobiert. Es paßt, auch der Frack.
Trägst du Orden, fragt der Schwager? Du hast doch beide Eiserne Kreuze. Oder hast du auch noch das „Deutsche Kreuz" bekommen? „Spiegelei", so hatte der Landser das „Deutsche Kreuz in Gold" genannt, diese pompöse Steigerung des im Großen Vaterländischen Krieg von 1813 gestifteten, von Schinkel entworfenen preußischen Ordens „Eisernes Kreuz", bekannt aus dem Ersten Weltkrieg, nun inflationiert: um das „Deutsche Kreuz" zu bekommen mit seinem unübersehbaren Hakenkreuz in der Mitte, mußte man sich mehrfach an der Front ausgezeichnet haben. Im Nahkampf, nicht in Stäben.
Nein, D. hatte diesen Orden nicht bekommen. Übermäßig tapfer ist er nicht gewesen, wenn auch nicht gerade furchtsam. An der Front ist er immer schnell verwundet worden. Ihm erscheint die Frage bizarr:

Orden? Er erinnert sich an den Augenblick auf der Latrine, als er sein Eisernes Kreuz I. Kl. voll Wut in die Tiefe hatte fallen lassen. An diesem Tag wurden im Lager alle Orden eingesammelt – wehe, wer dabei erwischt wurde, daß er seine Orden versteckte, vergrub! Und was sollte ihm dieser Orden noch, nachdem Hitler ein ganzes Volk ruiniert und sich, nach standesamtlicher Trauung mit der Dame seines Herzens, umgebracht hatte!

Er sei dagegen, sagt er. Er könne und wolle diese Orden mit dem Hakenkreuz nicht mehr tragen.

Aber wir waren Soldaten wie alle anderen, sagt der Schwager. Wir waren keine Kriegsverbrecher. Ich jedenfalls bin mir keiner Schuld bewußt. Wenn man das Hakenkreuz entfernt, warum nicht?

D. sieht seinen Freund an: Und was meinst du?

Ich denke nicht daran, sagt der, jetzt auch noch die Orden von diesem Verbrecher zu tragen.

Für mich ist nicht entscheidend, wer mir die Auszeichnung verliehen hat, sagt der Schwager, sondern wofür ich sie bekommen habe. Schließlich habe ich gegen die Bolschewiken gekämpft, gegen die Roten. Außerdem haben die Engländer und Amerikaner die Orden durchaus respektiert, in Tunis zum Beispiel. Oder im Raum Flensburg, nach der Kapitulation. Weshalb soll ich päpstlicher sein als der Papst! Das Eiserne Kreuz ist eine Tapferkeitsauszeichnung, ein alter preußischer Orden, kein Parteiabzeichen.

Aber du hast sie nun einmal von Hitler bekommen, nicht von Kaiser Wilhelm.

Soldat ist Soldat, sagt der Schwager. Und Tapferkeit ist Tapferkeit. Mit meinem Orden will ich den Täufling ehren.
D. schweigt. Er fühlt, daß er sich mit dem Schwager kaum mehr würde verständigen können.
Also, wie machen wir's?, fragt der Schwager.
Jeder wie er will, sagt der Freund. Ich selbst trage diesen Orden nicht.
Dann schenkt er den Cognac ein, er hat aus Vorkriegsbeständen zwei Flaschen gerettet. Sie trinken auf die Zukunft des Täuflings.

Student im herkömmlichen Sinne ist D. nicht, auch nicht Kommilitone. Er ist Studierender an einer Fachhochschule. Aber wie alle Studenten in Köln sitzt er in den Pausen auf dem Rasen hinter der Albertus-Magnus-Universität, raucht seine Pfeife und überlegt, wie er an die Bücher herankommt, die er lesen muß. Heute würde man sagen, er ist ein Sozialfall, als „Spätheimkehrer". Er selbst sieht sich anders. Noch immer staunt er, daß niemand von ihm mehr erwartet, als daß er studiert. Noch immer denkt er an Deutschland „sprache unser die wir dich sprechen in gnaden dunkle geliebte die wir dich schweigen in ehrfurcht heilige mutter" – heilig vaterland? Nein, das nun doch nicht mehr. Aber die Unruhe, die Gedanken – er schreibt an den Rundfunk, es müsse mehr an die noch in Rußland verbliebenen Kriegsgefangenen gemahnt werden. Er verschlingt Bücher wie „Es begann an der Weichsel" und „Das

Ende an der Elbe". Er will wissen, wie das alles gekommen ist. Auschwitz? Noch immer ist ihm das ein abartiger Name – ein Ort, der in Polen liegt, er spricht noch vom Generalgouvernement.
Eine alte Villa jenseits des Rheins in Köln Mülheim dient ein paar Studierenden als Unterkunft, genannt „Studentenheim". Hohe, alte Zimmer. Eine hölzerne Schiebetür. Kohleöfen. Eine mächtige Diele. In den Räumen, die früher herrschaftliches Leben gesehen haben müssen, einfache Bettgestelle, Wehrmachtsspinde, im Erdgeschoß eine Küche mit Gasanschluß. Einer erzählt von seinem Vater. Der habe als hoher Verwaltungsbeamter ehemals zur Botschaft in Warschau gehört, oder war es Posen? Der sei ohne Schuld gewesen und habe die Rote Armee mit reinem Gewissen erwartet – mein Gott! Er, der Sohn, glaube seinem Vater. Er wolle Jugendrichter werden, er habe als Flüchtling zu viele verwahrloste Jugendliche gesehen. Wo mag er geblieben sein? Ein anderer ist seit dreißig Jahren im öffentlichen Dienst. Bibliotheksdirektor in einer Großstadt am Rhein. Damals „organisierte" er mit Geschick Bratkartoffeln. Mit demselben Geschick, mit dem er vor Jahren die Umstellung seiner Einrichtung auf Datenverarbeitung organisiert hat.
Und D.? Auf die Idee, sich politisch zu organisieren, kommt er nicht. Zu tief sitzt in ihm die Scham, sich so furchtbar geirrt zu haben. Und im Kern dieser Scham die Angst, sich später wieder zu irren, wieder und wieder.

Verantwortung? In Ordnung, aber nur für einen überschaubaren Bereich, und den gibt es in der Politik nicht, da reicht alles ins Unüberschaubare. Ohne mich, sagt er sich, und sagt das auch anderen. Ohne mich. Nicht noch einmal – das Trauma seiner Generation.

Seinen Unterhalt bestreitet er von rund 190 DM im Monat. Materielle Fragen interessieren ihn kaum. Abends füllt er einen Teller mit Haferflocken und gießt Wasser darüber. Milch ist zu teuer. Morgens kommt ein bißchen Zucker drauf, Mittagessen gibt's in der Mensa. Manchmal kocht er sich Pellkartoffeln. Später wird er Tische lieben, auf denen Überfluß herrscht. Schüsseln, in denen die Gäste nicht abzählen können, wieviel Stücke zu nehmen schicklich ist. Kühlschränke, die mehr verfügbar halten, als er je brauchen wird. Jahrzehnte später erst wird ihm das zu Bewußtsein kommen. Da lernt er einen Professor der Musik kennen, der über dreißig Paar Schuhe besitzt. Der ist barfuß in die russische Gefangenschaft marschiert.

Mittags trifft man sich in der Mensa. Alle sind sie dort, von den Examenssemestern abgesehen. Auch D. sitzt dort, nicht gern, er haßt Kantinen aller Art, aber er gewöhnt sich, langsam verlassen ihn die Zwangsvorstellungen vom Lagerleben, man hört manches in der Mensa. Einer arbeitet als Nachtwächter in einer Möbelfabrik. Einer in einer Gaststätte. Mancher hat mehr erlebt, als Simplizissimus je erzählen könnte, auch die Mädchen. Nur wenige

sind es, die der Krieg kaum berührt hat: für sie ist der Einmarsch der Amerikaner mit ihren schwarzen Soldaten das größte Erlebnis gewesen. Weißt du, wie das bei uns war?, sagt ein Mädchen, an einem Tag im Mai 45 kam die Lehrerin zu uns in die Klasse und sagte: „Ab heute heißt es nicht mehr ‚Heil Hitler‘, sondern ‚Guten Tag‘!" Die Hitlerbilder hatten sie in der Schule schon vorher abgenommen.
Da also befindet sich D., ein Mensch von entnervender Wißbegier: in den Hörsälen der Albertus-Magnus-Universität, Parterre, und er kann nicht aufhören, zu fragen. Antworten? Die kreuzbraven, stets etwas beleidigt wirkenden Lehrkräfte, die irritiert Auskunft zu geben versuchen, wissen kaum, was gemeint ist. Sie beschreiben Bücher durch Inhaltsangaben, tragen Literatur nach „Leselisten" vor, die oft schon Jahrzehnte alt sind, und halten „Bauernromane" oder „Abenteuerromane" für eine relevante Kategorie, um Buchbestände zu ordnen. Ältere Damen, Praktikerinnen des bibliothekarischen Berufes, sprechen über klassische Lyrik. Ein Herr, der als SA-Führer durch Kölns Straßen marschiert sein soll, referiert über Büchereikunde. Nur eine von allen geliebte Dozentin, immer mit viel zuvielen Büchern unter dem Arm, die sie allen zeigen will, immer wieder von dem Dichter begeistert, über den sie gerade vorträgt, immer wieder den Faden verlierend und stets voll Wärme und Neugier für alle die jungen Menschen, nur sie läßt D. begreifen, daß er sich wirklich an einer Universität befindet. Daß sie selbst

emigriert war, daß sie Verwandte in aller Welt hat, erfährt er erst allmählich. Von den Toten dieser Familie hört er nie – Antworten? Nein, Antworten weiß sie nicht, für Antworten ist sie der Mensch nicht, aber für Fragen. Er solle doch, sagt sie, den Dichter Ernst Bertram besuchen, der wohne in Köln, der freue sich über junge Menschen. Ernst Bertram? D. liest ein paar Sätze. Sätze wie diesen „Die tiefe Schuld ist der Brunnen, daraus wir Erkenntnis schöpfen für Andere." Er ist noch nicht reif für diesen Satz, der Heimkehrer D., er scheut sich davor, den alten Mann aufzusuchen. So sitzt er weiter im Hörsaal C, übrigens zwischen jungen Mädchen, die ihn ratlos machen und zugleich faszinieren. Wie aus irgendeinem Himmel herangeschwebte Göttinnen. Daß es Frauen aus Fleisch und Blut sind, nimmt er lieber gar nicht erst wahr, es würde ihn in Verlegenheit setzen. Auch ist von ihnen wenig mehr zu erwarten als staunende Neugier. Er wartet: irgend etwas muß doch geschehen! Daß das, was geschieht, schon das ist, was er erwartet, begreift er nicht. Dafür ist er noch immer zu jung.

In der Heimatgeschichte Kölns ist das Datum verzeichnet, Fotos gibt es genug: Dr. Pünder, der neue Oberbürgermeister von Köln am Rednerpult des wiederaufgebauten Gürzenich, flankiert von Lorbeer. Danach die damalige Kultusministerin des Landes Nordrhein-Westfalen, eine Dame in reifem Alter. Mit einem mächtigen Hut auf dem Kopf –

warum nicht? Ist ein solcher Hut vielleicht weniger würdig als die auf Hochglanz polierten Zylinder der Vorkriegszeit? Der junge D. hat sich als Pressevertreter in den wiederaufgebauten Saal geschmuggelt. Er sitzt zwischen den Vertretern der Presse, der Agenturen, gestandenen Journalisten, man geht höflich miteinander um, die Boulevardpresse hat noch kein Publikum.
Als ein würdiger, weißbärtiger Herr den Saal betritt, wird D. flüsternd von seinem Nachbarn angesprochen. Ob er wisse, welcher Minister das sei?
Minister?
Nun ja, grinst der Journalist, wie sich herausstellt ein Schwede, der lange in Dänemark gearbeitet hat: hierzulande seien doch alle alten Männer Minister – oder etwa nicht? Anschließend wünscht er genau zu wissen, wie D. den Krieg mitgemacht hat. Als Soldat? Oder wie? Also erklärt D., daß er Offizier in einer Panzerdivision gewesen sei und vier Jahre in russischer Gefangenschaft hinter sich habe.
Soso, sagt der Schwede, und D. wundert sich: den scheint das nicht sehr beeindruckt zu haben, den Schweden.
Der erzählt aber dann, wie Schweden nach der Kapitulation Deutschlands von den Russen gedrängt worden sei, alle deutschen Soldaten auszuliefern, die in den letzten Monaten über die Ostsee nach Schweden geflüchtet seien und dort Asyl erbeten hätten. D. erinnert sich, in den Lagern von Moskau hat er jemanden erzählen hören: die öffentliche Diskussion

in Schweden, der Bruch des Asylversprechens, dann die Räumung der Lager. Vielfach hatten sich die Männer aneinander gekettet, es kam zu Selbstmorden, einige hätten sich selbst verstümmelt, aber sie seien mit Gewalt aufs Schiff gebracht und an die Russen ausgeliefert worden. An Stalin.
Er habe das skandalös gefunden, sagt der Schwede.
D. staunt: so unverhohlen kritisch der eigenen Regierung gegenüber?
Er ahnt, daß er als Demokrat noch einiges zu lernen hat. Mit seiner Schicksalhaftigkeit kommt er sich ein wenig lächerlich vor. Der leise Spott des Schweden wird sachte wirken, eine Medizin mit Langzeitwirkung.
Abends ist D. wieder in der Innenstadt. Bundeskanzler Adenauer wird den Bürgerfestsaal in einem feierlichen Akt einweihen. Noch immer leere Fassaden ringsum, Trümmergrundstücke, aber auch Baukräne, Bagger. Der Saal ist überfüllt, die Saalordner drängen die Menschen zurück. D. läßt sich treiben und bleibt stehen, als er im Lautsprecher zum ersten Mal diese Stimme hört mit ihrem eigenartig flachen kölschen Altherrenton – wie anders klingt das, nach dem wütenden, grollenden Organ Hitlers, dessen Sätze wie Peitschenhiebe trafen. Wovon der Kanzler spricht? Von schwerer Zeit, vom Bürgersinn, vom Herrgott –
Aber dann, nach dem Ende der Rede, stimmen die Menschen ringsum, die auf den Trümmern hocken, auf Mauerresten und Balken, und sich um die Laut-

sprecher drängen, einen mächtigen Gesang an. So sangen sie auch, als Frankreich kapitulierte, nach den großen Siegen. Auch D. ist ergriffen, noch immer, von pompösen Gefühlen. NUN DANKET ALLE GOTT, singen sie, das „Niederländische Dankgebet". Man kann es verstehen: sie sind noch einmal davongekommen.

Auf welcher Schreibmaschine der Brief geschrieben ist, kann nicht mehr ermittelt werden. Gewiß nicht auf der alten Remington, die er sich aus dem Büro geborgt und in das kleine Gartenhaus geschleppt hatte, das hinter dem Wohnhaus lag. Im oberen Stockwerk die Wohnung der Schwiegereltern mit dem Schlafzimmer für seine Frau und ihn. In diesem Gartenhaus hat er den Adventskalender für seine Tochter gebastelt. Und Briefe an alle geschrieben, denen er seine Heimkehr mitteilen wollte. Nein, das muß später gewesen sein. Er muß in Köln irgendeine Tageszeitung aufgeschlagen und die Meldung gelesen haben. Eine TASS-Meldung, die in dürren Worten lautete: „Von den deutschen Kriegsgefangenen, die sich auf dem Gebiet der Sowjetunion befanden, verbleiben dort 9717 Mann, die wegen begangener schwerer Kriegsverbrechen verurteilt sind, und 3815 Mann, deren Kriegsverbrechen z. Z. noch untersucht werden. 14 Mann werden zeitweilig wegen Krankheit zurückgehalten. Sie werden zurückgeführt, sobald ihre Behandlung abgeschlossen ist."
D. muß sich aufgeregt haben über die Brutalität die-

ser Meldung. Über den Zynismus der Zahlen. In Stalins Augen galt jeder faschistische Soldat als Verbrecher, der die Grenze überschritten hatte. Der Generalissimus hatte 50 000 Offiziere des deutschen Generalstabs erschießen lassen wollen, um dem deutschen Militarismus das Rückgrat zu brechen. In Teheran hatte Churchill dem voll Zorn widersprochen. Verbüßung der Strafe? D. dachte nicht an Auschwitz, nicht an Buchenwald und Bergen-Belsen, er dachte an die, die morgens in ihren Tuchschuhen mit Holzsohle zur Arbeit trotteten, ihre Wassersuppe aus dem Kochgeschirr löffelten, auf hölzernen Pritschen lagen, Tag für Tag. Im April 1947 hatten die Außenminister der Siegermächte beschlossen, alle deutschen Kriegsgefangenen bis zum 31. Dezember 1948 zurückzuführen – und jetzt? Er selbst war am 30. August 1949 im Lager Friedland angekommen, und noch immer gab es Hunderttausende, die in den Lagern lebten. In den Stammlagern hatten damals Schnellgerichte ihre Arbeit aufgenommen, um alle, die am Partisanenkampf teilgenommen oder zu Polizei- oder SS-Regimentern gehört hatten, zu Freiheitsstrafen zu verurteilen. Zehn, fünfzehn oder zwanzig Jahre Zwangsarbeit, in jeweils ein paar Minuten. Wer im Lager erzählt hatte, wie ein Dorf in Flammen aufgegangen war, wer „sowjetisches Eigentum" zerstört hatte – und wer hätte sich gegen diesen Vorwurf verteidigen können! – der wurde verurteilt. D. erinnerte sich an einen, der verurteilt worden war, weil im Raum der Division, zu der er

gehörte, Kriegsverbrechen begangen worden seien: mitgefangen, mitgehangen. Und weil er beabsichtige, in eine deutsch-amerikanische Armee einzutreten. Einen anderen hatten sie verurteilt wegen unberechtigten Betretens sowjetischen Territoriums sowie, als Offizier der deutschen Wehrmacht, wegen aktiver Unterstützung des Faschismus. Und einen alten Landesschützen wegen der Bewachung sowjetischer Kriegsgefangener.
Daß Bundeskanzler Adenauer sein Entsetzen über diese Nachricht vor dem Bundestag ausgedrückt hatte, nahm D. nicht wahr, auch nicht, als er abends im Studentenheim erschien, wo der Franz Radio hörte. Aber die Schreibmaschine muß er sich wohl dort entliehen haben, vom Heimältesten, einem Slawisten, der häufig Buchbesprechungen für seine Fachzeitschrift schrieb. Ob die Zahl stimmte? Über 13 000? Oder noch viele Gefangene mehr, von denen kein Mensch je etwas erfahren würde?
Kein Zweifel, es waren Menschen darunter, die verbrecherisch gehaust hatten im Besatzungsgebiet, Schinder und Mörder. Aber die Urteile, wenn es denn Urteile waren, trafen jetzt wahllos jeden. Die NKWD verfügte über Akten, Spitzelmeldungen, Listen von Truppenteilen, und ihr Wille, die Leiden der russischen Heimat zu ahnden, machte keinen großen Unterschied zwischen Schuldigen und Unschuldigen, so wenig die deutschen Behörden mit den „bolschewistischen Untermenschen" Umstände gemacht hatten.

81

Das alles war D. nicht klar, er sah nur die Leiden der Zurückgebliebenen. So tippte er in aller Unbefangenheit einen Brief an den Intendanten des NWDR und forderte, vor den Abendnachrichten solle ein Mahnruf an die Öffentlichkeit zu diesem Thema gesendet werden. Mit Trommelwirbel. Es solle auch ein „Tag der Kriegsgefangenen" ausgerufen werden, mit Glockenläuten und Sirenengeheul. Der Brief schloß mit dem Satz: „Wieder wird an uns die Frage ‚Gewalt oder Recht?' gestellt. Wer dürfte es noch einmal wagen, ihr aus dem Weg zu gehen und zu schweigen?"
Es dauerte keinen halben Monat, da bekam D. von der Gattin des Intendanten einen freundlichen Brief, sie habe das Schreiben gelesen und „mit der Bitte um Berücksichtigung" an die zuständigen Stellen weitergeleitet. Sie sei sicher, daß der Sender in dieser Frage alles tun werde, was ihm möglich sei. Später teilte der Sender mit, an jedem Freitag seit Bekanntwerden der willkürlichen Verurteilungen gäbe es eine Reihe „Der Vorhang darf nicht fallen", in der die Betroffenen, das heißt Spätheimkehrer als Augenzeugen, aber auch Angehörige zu Wort kämen –
Also etwas bewirkt? Zu wenig, so lange die Gefangenen nicht aus den Lagern befreit wurden, aus dem, was man später „Archipel Gulag" nannte. Sie blieben Geiseln in Stalins Sowjetmacht, leicht konnten sie unter die Räder kommen in der riesigen Maschinerie –
Immerhin, eines hatte D. gelernt: wer in einem de-

mokratischen Staat einen Brief an eine Institution schreibt, kann Antwort erwarten, weil man dem Wähler eine Antwort schuldig ist – keine schlechte Erfahrung.

In diesem langen Sommer besucht er zum ersten Mal seit zehn Jahren eine Kunstausstellung: in einem alten Festungstor werden Bilder eines Malers ausgestellt, dessen Name ihm kein Begriff ist. Eines der kunstsinnigen Mädchen hat ihm wohl von der Ausstellung erzählt. Er hat sie gefragt, ob er sie begleiten dürfe, also gehen sie an einem strahlenden Tag durchs zerstörte, durchs stellenweise wieder aufgebaute Köln in diese Ausstellung: Farben von glühender Kraft, Blumen, Mohnblumen, blauer Rittersporn. Eine Windmühle in der Marsch und mächtige tiefräumige Landschaften. Nur aus den Farben entwickelt, ein Menschenpaar. Und wieder die gischtende Woge, die über der dunklen Fläche der See anrollt. Über den Maler weiß D. nichts: Emil Nolde.
Was für Bilder hat er im Kopf, dieser junge D.? Den feldgrauen Soldaten, der den weiß verbundenen Kopf, offensichtlich nach der Schlacht, in den Schoß einer blonden Frau neigt. Panzergrenadiere im Angriff. Einen schwarzen Ritter zu Pferde, einen St. Georg ohne Drachengezücht, aber unterm Hakenkreuz, mit dem grimmigen Antlitz des FÜHRERS. Kolossales von Breker oder Bronisch. Außerdem Klassisches, das gewiß: Michelangelo und Thoma, Liebermann und Van Gogh, und die Selbstbildnisse von

Rembrandt, in der Reihe der Roten Bücher vom Hammer-Verlag: den Band hat er sich im Lager Wilna an seinem Geburtstag erworben. Preis: eine Brotportion.

Es gibt auch andere Bilder. Bilder, die fast verschüttet sind: verzerrte Figuren. Nackte zwischen Kiefern am Strand. Negerhaftes. Diese kniende Frau mit langen Schenkeln und spitzen Brüsten. Von Lehmbruck. D. hat sie als Dreizehnjähriger im Januar 33 im Kronprinzenpalais in Berlin gesehen. Draußen zogen Kolonnen mit Hakenkreuzfahnen vorbei, man hörte den Klang des Trauermarsches. Es war ein düsterer Tag, zwei Polizeioffiziere wurden zu Grabe getragen, Lenk und Anlauf, solche Namen graben sich ein ins kindliche Gedächtnis: Lenk. Anlauf. Lehmbruck. An Regentagen mußte der Junge mit ins Museum, das war sonntags üblich. Er erinnert sich an bizarre Gebilde, Würfel und Winkel. Häuser, schief und krumm, mit glühenden Wänden, die wie schreiend unter einem roten Himmel stehen. Nackte, die sich ineinander verknoten. Diese Bilder konnten ihm eingefallen sein vor den Bildern von Nolde, dies oder anderes.

Er hat dem Mädchen davon erzählt. Es kam ihm auf Seelisches an, auch ihr, die sich Hefte mit dem rätselhaften Titel PSYCHE ausgeborgt hatte. Auf Innerliches kam es an. Auf Übereinstimmung: sie muß gerade zwanzig Jahre gewesen sein. Sie werden zusammen zum Rheinufer gegangen sein, schon zogen wieder die Schleppkähne den Strom hinab. Sie werden irgendwo auf dem Rasen gesessen haben – er hat für sie eine Zeitung ausgebreitet oder ein Taschentuch – und sie werden über ihre Gefühle gesprochen haben bei Betrachtung der Bilder. Später hat sie ihm dann von der Flucht aus Mecklenburg erzählt: zu Fuß bis ins Ruhrgebiet, tagelang unterwegs. Aber da waren sie einander schon vertraut.

Im Audimax soll der ehemalige Reichskanzler Brüning sprechen, der Mann, der im Begriff war, das Deutsche Reich, in den Grenzen von 1937, wohlgemerkt, vom Schwarzwald bis nach Masuren, vom Niederrhein bis nach Oberschlesien, vom Druck der Reparationen zu befreien, bevor er einer Intrige zum Opfer fiel. Man erinnert sich: der greise Feldmarschall von Hindenburg, „Sieger von Tannenberg", bald danach beigesetzt im „Feldherrenturm" des sogenannten Reichsehrenmals, Baujahr 1928, das im Stil an Ordensburgen angenähert, den deutschen Drang nach Osten mächtig ausdrückte – dieser Greis also, seinen Einflüsterungen folgend, entließ den Kanzler ungnädig, schließlich führte an diesem „böhmischen" Gefreiten Hitler, dem „unbekannten Soldaten" des Ersten Weltkrieges, politisch kein Weg mehr vorbei. Der hatte immerhin ein Drittel der Wähler hinter sich gehabt: wenn also ein Mann wie Brüning sich äußerte, würde man die Wahrheit erfahren.

Das amphitheatralisch ansteigende Auditorium ist voll besetzt. Scharren mit den Füßen, Gelächter,

dann Stille, die in donnerndes Klopfen übergeht, als der ehemalige Reichskanzler den Saal betritt, ein unauffälliger Herr, der mit unverkennbar amerikanischem Akzent die ersten Sätze spricht: er freue sich, nach so langer Zeit auf deutschem Boden –
Sätze, die nur zu verständlich sind, Sätze, die nichts besagen. Von Politik ist die Rede, von Grundsätzen, von Zielen der westlichen Welt und von den Idealen der Demokratie. Es sind farblose, blutleere Sätze, und D. ist enttäuscht: ein ganzes Haus ist zusammengebrochen, die Ursachen dieser Katastrophe sind zu ermitteln, und dieser Mann, selbst einst ein Handelnder, weiß darüber nichts zu sagen? War der westliche Parlamentarismus auch in den Augen seiner Freunde nicht längst reformbedürftig? War das System der bürgerlichen, der kapitalistischen Gesellschaft nicht am Ende, als Hitler kam? Hatte nicht jedermann, außer den herrschenden, den nutznießenden Schichten, nach Rettung aus dem Chaos geschrien, nach dem Starken Mann? Leise, doktrinär klingende Sätze von hoher Moral – und was sonst? Der Gelehrte hält seinen Vortrag ungerührt, seine Nüchternheit erreicht die Studenten kaum, da ist nichts, was sie begeistern könnte, etwa für große Ziele GRÖSSERES WOLLTEST AUCH DU – nein, dieser ehemalige Kanzler ist keine glänzende Erscheinung. Was er über Politik lehrt, mag gescheit sein, aber es geht D. nichts an. Da sind die Männer, die sich unter einer neuen Fahne für ein vereintes Europa einsetzen, ganz andere Leute. Sie planen, an

verschiedenen Grenzen gleichzeitig die Schlagbäume zu beseitigen, beginnen am Bodensee, am Dreiländereck. Ein Prinz Hubertus zu Löwenstein soll die treibende Kraft sein. D. ist gefragt worden, ob er mitmachen wolle. Das schon, aber er muß studieren. Die Familie erwartet, daß er bald Geld verdient. Er hat nicht einmal Geld für die Straßenbahn, geschweige denn für eine Fahrt nach Konstanz. Und als Dreißigjähriger fühlt er sich zu alt für solche Sachen. Politik, das ist immer ein schmutziges Geschäft gewesen. Mit Politik will er nichts zu tun haben. Er hat sich schon einmal getäuscht, er glaubt sich selbst nicht mehr, der Spätheimkehrer D., der durch geistiges Niemandsland seinen Weg sucht. Enttäuscht verläßt er den Hörsaal. Noch immer wartet er vergebens auf große Entwürfe.

Das gab es also noch: Tassen und Kanne von Havillard aus Limoges. Eine silberne Zuckerdose mit Zuckerzange. Das silberne Sahnekännchen. An den Wänden Ahnenbilder. Über der Barockkommode General Alexander Graf von Prittwitz, dargestellt als Kommandeur der sächsischen Leibhusaren, auch er ein Vorfahr der Hausfrau. Tisch und Stühle aus Familienbesitz, Biedermeier, und aus derselben Zeit die Glasvitrine mit den Berliner Sammeltassen. Man sitzt in lockerem Kreis um den Tisch. Es wird Teekuchen gereicht, eine Spezialität der ersten Konditorei am Platze, Mittelpunkt des Kreises ist ein bekannter Schauspieler, den D. hier zum ersten Mal leibhaftig sieht, er kennt ihn bisher nur aus Filmen wie „Morgenrot" oder „Viktoria" oder „Ich klage an", diesem Film über Euthanasie, in der Rolle des Arztes. Als Rezitator ist er weithin bekannt, hier am Ort hat er einen Goethe-Abend gegeben MAHOMETS GESANG und PROMETHEUS. Vor wenigen Wochen ist er von einer Reise in die USA zurückgekommen. In diesen Jahren sind es ja nur handverlesene Deutsche, die dieser Ehre teilhaftig werden. Hier im Hause gibt er die Rolle des berühmten Gastes mit freundlicher Zurückhaltung, das großflächige Gesicht mit den warm blickenden Augen voll auf sein Gegenüber gerichtet, die dunkle Stimme wunderbar modulierend auch bei geringen Worten – ein Spötter hat von ihm gesagt, er sähe so aus, als bekümmere es ihn noch immer, nicht bei Langemarck gefallen zu sein. Andererseits sagt man ihm nach, der habe dem Kreis des 20. Juli nahegestanden: ein sympathischer Mann, kein Zweifel. D. hört ihm gerne zu, er hat ihn schon immer gern gehört, wenn er im „Schatzkästlein" des Reichsrundfunks Prosa und Lyrik sprach, meist in klug gewählter Folge. Nun ist von der gegenwärtigen Literatur die Rede: Hermann Kasack müsse man lesen. Und Bergengruen. Und von Marie Luise Kaschnitz „Totentanz und Gedichte der Zeit". Von Bergengruen kennt D. „Der Großtyrann und das Gericht", aber von der Kaschnitz hat er noch nie gehört. Dann ist von Jünger die Rede. Von Ernst Jünger, da wird D. nun doch hellwach: als Junge hat er „In Stahlgewittern" gelesen und „Feuer und

Blut", auch das „Abenteuerliche Herz" – der lebt noch? Was der denn den Menschen heute, nach dem Krieg, noch zu sagen habe?
Der Schauspieler richtet seinen großen, bedeutsamen Blick auf D., der vorhin ein paar Sätze darüber hat fallen lassen, daß er vor kurzem aus sowjetischer Gefangenschaft gekommen sei und sich im Niemandsland fühle zwischen West und Ost:
Jünger?
Ob D. nicht wisse, daß Jünger zum engsten Kreis der Frondeure um Rommel und Stülpnagel gehört habe? Schon seine „Marmorklippen" seien ja ein Zeugnis des Widerstandes gewesen, man bedenke die großartige Darstellung von Leuten wie Hitler, Goebbels, Göring!
D. erinnert sich dunkel. Kniébolo, das hatte wohl der Führer sein sollen. Und Grandgoschier, das war Goebbels. Ihm selbst hatte das Buch nichts gesagt. Dieses dunkel raunende, hoheitsvolle Gehabe hatte ihn abgestoßen: war das der Autor von „Der Kampf als inneres Erlebnis", der Stoßtruppführer, der Träger des Kriegsordens Pour le mérite?
Ich komme gerade aus Wilflingen, sagte der Schauspieler. Ernst Jünger hat mir das maschinenschriftliche Vorwort der „Strahlungen" mit einer Widmung geschenkt. Ich gebe es Ihnen weiter, mein junger Freund! Hier finden Sie etwas, das Ihnen helfen wird, sich zu orientieren.
Es hilft nichts, D. sträubt sich vergebens. Ihm erscheint dieses Geschenk unangemessen, auch will es

ihm vorkommen, als könne er dessen wahren Wert nicht ermessen. Es ist ein Gefühl der Ohnmacht wie bei angetragener Liebe, die man nicht erwidern kann. Aber wie könnte er die Annahme verweigern? Ein Händedruck also und ein Dank, und er wird sich später gründlich in den Text vertiefen. Auch von Emil Nolde ist die Rede, dessen Aquarelle mit Einverständnis Baldur von Schirachs, der damals Reichsstatthalter in Wien war, versteckt und gerettet worden seien. Von Schauspielern wie Heinrich George und Paul Wegener, der sei von marodierenden Russen im Garten seines Hauses in Berlin erschossen worden. Und schließlich von den Vereinigten Staaten. Los Angeles. Kalifornien. Er scheint beeindruckt, der Schauspieler, von der Weite des Kontinents. Von der Großzügigkeit der Verhältnisse. Von der Gastfreundschaft der Amerikaner, die freilich nicht tief reiche: es gäbe keine wirklichen Gespräche, keine Diskussionen wie hier mit den jungen Leuten, die aus dem Krieg heimgekehrt seien – nur small talk, nur Oberfläche. Dafür aber eine enorme, gutwillige Hilfsbereitschaft, Stichwort CARE-PAKETE. Da weiß auch D. etwas beizutragen. Die Ankunft eines solchen Paketes im Lager in Moskau, das sein Freund Carlo bekam. Das Staunen der Russen über den goldgelben Tabak, die Schokolade, das Cornedbeef. Ein Paket? Nein, eine Botschaft wie von einem anderen Stern – der Freund mußte Verbindungen haben bis ins Internationale Rote Kreuz, es war vermutlich

das einzige Paket, das je einen deutschen Kriegsgefangenen erreicht hat.
Aber es gäbe in den Staaten etwas Neues, sagt der Schauspieler, das sei einfach entsetzlich.
Nun, das wollte man doch genauer wissen.
Stellen Sie sich vor, sagt er, überall, wohin Sie auch kommen, in jedem Haus, in jeder Wohnung steht in einer Ecke ein Fernsehapparat. Das erscheint den Anwesenden nun wirklich kaum glaublich. Der Schauspieler muß das näher erklären: ein großes Gehäuse mit einer Sichtscheibe, auf der, ähnlich wie in alten Filmen, ein flimmerndes, schwarzweißes Bild zu sehen ist.
Fernsehen, das hat es auch in Deutschland schon gegeben, im Jahre 1936 wurden die ersten Bilder vom Brocken aus übertragen, D. erinnert sich, während der Olympiade war davon die Rede, aber wer besaß damals denn schon ein Fernsehgerät!
Was denn daran so schlimm sei, will man wissen.
Die Leute säßen stumm, sagt der Schauspieler, vor diesem Apparat. Man spreche nicht mehr miteinander, man spiele nicht mehr Gesellschaftsspiele, wie früher, man starre nur auf diese Scheibe. Dabei sei das Programm denkbar primitiv. Nur Kriminalfilme. Oder Western. Das sei in allen Familien so. Er habe kaum noch Bücherschränke gesehen, dieses Fernsehen sei der Tod der Kultur. Ein absoluter Tiefpunkt. Wehe, sagt er düster, wenn das erst aus Amerika zu uns herüberkommt.
Wenn ein solcher Mann das sagt, beeindruckt das.

Schließlich weiß er, wovon er redet: ein Mann, der mitten im kulturellen Schaffen steht, so nennt man das noch in den 50er Jahren. Auch D. befürchtet nun einen kulturellen Verfall, der sich von den USA aus über die ganze Welt ausbreiten wird. Ein gutes Jahrzehnt später wird ihm ein Freund ein Fernsehgerät ins Haus schleppen und mit eigenen Händen ans Stromnetz anschließen.
Ein Mann wie du, wird der sagen, muß einfach so ein Ding haben. Die Gebühr ist schon für ein Jahr im voraus bezahlt.

Gibt es den Wink des Schicksals? Oder gar Fügung? Sie sind vielleicht im Kino gewesen, das junge Mädchen und D., sie sind im Stadtpark spazierengegangen, jetzt blühen schon die Kastanien, auch einige wenige Rosen in kunstvoll geordneten Rabatten. Später werden an dieser Stelle ausgedehnte Bepflanzungen entstehen, ein Panorama der Blumenindustrie. Von Lehrern sprechen sie und von Lehrerinnen, noch jung genug für solche Gespräche, da nennt sie den Namen einer Religionslehrerin: man kennt die Situationen, das grenzt an Zufall, an sichtbare Vorbestimmung – oder wie anders läßt sich erklären, daß auch D. den Namen kennt?
Auf der Baustelle im Lager III: ein schmächtiger deutscher Gefangener, der Ordensgeistlicher war, ein Dominikaner. Er ist ausgebrochen wie so viele in diesem Frühjahr. Man hat ihn eingefangen, halb tot geschlagen und schließlich verhört.

Weshalb er geflohen sei, will der NKWD-Offizier wissen. Als Antifaschist müsse doch gerade er mit gutem Beispiel voran gehen! Erstens, hat er erklärt, hätten seine Glaubensväter ganz andere Strapazen auf sich genommen, um wieder eine Messe zu hören. Zweitens habe er in der Schule den Satz gelernt: „Du sollst die Freiheit höher achten als das Leben!". Und drittens sei in dem Waldlager bei Kaunas die Verpflegung miserabel gewesen.
Das sprach sich im Lager schnell herum. Er bekam drei Wochen Arrest. Als er entlassen wurde, steckte man ihm Brot zu und achtete darauf, daß er nicht in den Steinbruch kam oder an die Schottermaschine, sondern zu einer Baubrigade. Es stellte sich also heraus, daß der einzige Bruder dieser Religionslehrerin in russischer Gefangenschaft gewesen war. Der Name stimmte: Karl Willich aus Zons am Niederrhein. Zufall? D. beschaffte sich die Adresse des Klosters und schrieb dem Kumpel. Sie haben sich im Bahnhofswartesaal in Köln verabredet, noch immer kam D. zu allen Verabredungen viel zu früh, ein Tick. Noch immer hielt er sich zu gerade, marschierte eher, als daß er ging, verbeugte sich, wenn er jemandem mit einem Glas Bier Bescheid tat, noch immer war ihm Ungeordnetes ein Greuel, wurde er leicht scharf, wenn er auf Widerstand stieß, und ungeduldig mit Begriffsstutzigen.
Er sieht Willich durch die Schwingtür kommen. Er blickt sich in der Gaststätte um, erkennt ihn, und in wallendem Ordenskleid, die Hände vor Aufregung

ein wenig reibend, schreitet er D. entgegen, der an seinem Tisch aufgestanden ist. Das soll Karl sein? Der Kerl, der mit einem Strick gegürtet, mit klappernden Holzpantinen vor ihm her ging und die Trage mit Speis schleppte oder mit Schutt, mit dem er über Gott und die Welt stritt und mit dem er sich in allem einig war, nur in den letzten Dingen nicht? Karl, unrasiert, schmal, aufsässig und unverwüstlich? Hier kam ihm ein Fremder entgegen, mit ernstem Blick hinter der Brille, gut rasiert und gut genährt, mit den glatten Bewegungen des Ordensgeistlichen.
Bist Du es wirklich?, fragte Willich lächelnd. Du hast dich ganz schön verändert.
Erst da kommt D. zu Bewußtsein, daß auch er sich verändert haben muß, auch er ist jetzt ein anderer Mann.
Sie werden nicht recht warm miteinander, sie müssen sich erst einstellen auf einander. Sie heben ihr schaumgekröntes Helles: wenn wir das gewußt hätten, damals, da wäre vieles leichter gewesen! Also tauschen sie ihre Erlebnisse aus, jeder ist Held eines Romans, ein Simplizius Simplizissimus. Willich ist jenseits des Urals gelandet, in einem Lager, das gerade eine Typhus-Epidemie überstanden hatte, dort hat er noch ein Jahr im Bergwerk gearbeitet und ist dann als Dystrophiker entlassen worden, gerade noch rechtzeitig vor den Scheinverurteilungen. Sie tauschen dies und jedes aus, aber es will sich die alte Vertrautheit nicht einstellen, bis Willich fragt: sag

mal, ich bekomme ständig Krach mit meinen Oberen – geht dir das auch so?
Das kann D. nur bestätigen. Er erträgt keinen Druck mehr. Schon ein mürrischer Postbeamter, der hinter dem Schalter Macht demonstriert, läßt ihn aufbrausen. Bei den Dozenten des Instituts ist er verschrien, weil er nichts auf sich beruhen lassen kann, keine spöttische, keine unsachliche Bemerkung, die markieren soll, wo oben ist und wo unten, ja, das kennt er.
Jahrelang ist er wie Vieh getrieben worden, nun kann er sich in nichts mehr fügen. Da nimmt der Willich einen tiefen Zug und wischt sich den Schaum vom Mund, und D. erkennt es wieder, das alte listige Räubergesicht. Damals hat er den Willich einmal erwischt, als er eine Steckrübe klaute, und den Kopf geschüttelt: Karl! Ein Geistlicher klaut?
Der hatte gegrinst und erklärt, seine Kirche habe für diese Fälle Verständnis. Das sei „das Recht der geheimen Schadloshaltung", keine Sünde im kirchlichen Sinn.
Nach dem dritten Bier erzählt D. von seinem Problem: verheiratet sei er und die Ehe sei nach all den Jahren zerstört, nun habe er ein Mädchen kennengelernt, eben die, die ihm die Adresse verschafft habe. Er liebe sie und wolle sich scheiden lassen.
Der Geistliche sieht ihn an und lächelt: Meinst du nicht, daß du immer wieder eine neue Frau kennenlernen wirst, die dir besser gefällt? Nein, das glaubt D. nicht. Vielmehr, er ist sich da ganz sicher.

Sie verabschieden sich herzlich, schütteln sich die Hände und versprechen, einander zu schreiben.
Ein paar Mal setzt D. sich hin, um Karl zu schreiben, wie es ihm im Leben ergangen ist. Aber er findet den rechten Ton nicht und zerreißt die Briefe. Sie haben sich nie wiedergesehen und nie mehr etwas voneinander gehört.

Seine Frau ist mit der Bahn nach Köln gekommen, das Kind an der Hand. Gerüchte haben sie erreicht. Sie hat nachgefragt, er hat nicht mehr lügen wollen. Die Zeit der Lügen war vorbei.
Ein verzweifeltes, ein aufgewühltes Gesicht, ein verstörtes Kind, das sich an die Mutter drückt, die vor ihrem Mann steht und ihn beschwört, an seine Tochter zu denken, an sie selbst, an die Zukunft. Vier Jahre habe sie auf ihn gewartet, auch sie habe –
Da habe sich im Lager ein Arzt um sie bemüht, sie hat als Krankenschwester gearbeitet, ob er denn kein Herz habe? Ob er sie denn liebe, diese andere Frau?
Das ist eine Frage wie ein Messer, es zielt aufs Herz: wie ist möglich, was doch unmöglich sein sollte! D. hört das Klingeln der Straßenbahnen, das Klirren der Fenster, wenn ein Lastwagen vorbeifährt, er sitzt in einem billigen Hotel in der Nähe des Bahnhofs und hat gefälligst zu antworten. Auf alle Fragen hat er zu antworten. Er soll sich rechtfertigen und weiß doch nichts zu seiner Rechtfertigung, als daß ihn eine Wolke von Gefühlen umnebelt, wenn er nur die Stimme des Mädchens hört, eine süße Stimme.

Liebst du sie denn wirklich?
Noch einmal diese Frage, von der alles abhängt. Ein Wort wie ein Himmel voller Musik: wie könnte er sich nicht bekennen zu seinen Gefühlen. Noch ist ihm das Wort nicht brüchig geworden, nein, geschlafen hat er nicht mit dem Mädchen, kein Gedanke. Es ist nichts „passiert" als – schließlich war er Offizier. Ehrenmann. Im Regiment galt, daß die Gattin aus entsprechenden Kreisen zu kommen habe. Das war vorbei, jetzt herrschte Freiheit. Das Gefühl als Richtschnur, nur das Gefühl, zum Teufel mit den Konventionen.
Ja, sagt er, und er sagt die Wahrheit.
Zornig erwidert sie, ohne zu begreifen, daß er sich selbst einen Schaden zufügt, eine Verletzung. Scheidung? Das meint ein fragwürdiges Ende vor Gericht: Klärung der Schuldfrage, Beweisaufnahme, ein öffentlich gemachtes Scheitern. Eine geschiedene Frau? Eine entwertete Frau, unter Preis abgestoßen. Schutzlos in einer Männerwelt. Selbst die Tränen rühren D. nicht mehr. Bei diesem Gespräch ist das Kind nicht dabei. Eine Nachbarin hat es in Verwahrung.
Denkst du denn gar nicht an deine Tochter? fragt seine Frau schließlich. Weißt du überhaupt, was du tust?
Ja natürlich, sagt D. mit starrem Gesicht. FEIGHEIT IST SCHIMPFLICH, ZAUDERN UNSOLDATISCH.
Wirst du sie heiraten?

Er sieht zum Fenster hinaus, er zuckt mit den Achseln, aber er ist der Meinung, ein Mann habe zu seinem Wort zu stehen und zu seiner Liebe: man heiratet die Frau, die man liebt. So einfach ist das. Aber das auszusprechen will selbst ihm zu grausam erscheinen.

Tränen rinnen über das blasse Gesicht. Sie tupft sich mit einem feuchten Taschentuch die Augen, schnaubt sich die Nase. Es ist ein jämmerlicher Augenblick, den D. aus seinem Bewußtsein streichen wird: er ist ja liebevoll. Großmütig. Vielleicht leichtsinnig. Aber nicht kalt.

Als lösten sich die Leinen, wenn das schwankende Boot vom Steg ablegt, lösen sich alle Bezüge. In Sekundenschnelle nimmt ein Stück Leben einen anderen Zustand ein, gerinnt zu Schmerz und wird so langsam versteinert. Tief im Inneren: geleugnete Schuld, erklärbarer Irrtum. Ein Stück von dem Verrat, aus dem aller Verrat in der Welt gemacht ist.

Am nächsten Tag trifft er die Mutter mit dem Kind, das ihn mit ängstlichen Blicken anstarrt. Da haben sie alle bereits die Rollen eingeübt, die Erwachsenen, jenen kleinen Tod, den man „Haltung" nennt. Sie reden freundlich miteinander, wo sie aufeinander einschlagen müßten, einander durchschütteln – nein, nichts dergleichen.

D. ist seiner Frau dankbar. Er findet, sie sei ein großartiger Mensch, und das sagt er auch. Er raucht eine Chesterfield nach der anderen, sie schenkt ihm die halbvolle Schachtel. So gehen sie auseinander. Seine

Tochter wird er erst Jahre später wiedersehen. Daß er in ihrem Kinderleben fehlen könnte, sieht er nicht. Sein Vater starb früh, wozu braucht ein Kind einen Vater? Für die Tochter wäre es besser gewesen, es gäbe nur ein Foto von ihm. In Uniform, mit allen Orden. Gefallen bei Newel. Oder vor Stettin. Und manchmal würde jemand sagen: „Unglaublich, wie ähnlich du deinem Vater siehst. Er war ein so fröhlicher Mensch!" oder: „Wenn dein Vater dich sehen würde, würde er sich freuen. Ein Jammer, daß er so jung gefallen ist."
Ja, vielleicht wäre das besser für sie gewesen.

Ernst Jünger am 4. April 1944
„Am Fenster zwei junge Offiziere der Panzertruppe, doch sprechen sie schon seit einer Stunde von Ermordungen. Der eine wollte mit seinen Kameraden einen der Ausspähung verdächtigen Einwohner in einem See verschwinden lassen; der andere vertritt die Ansicht, daß nach jedem Attentat gegen die Truppe fünfzig Franzosen an die Wand zu stellen seien. „Dann hört's bald auf." Ich frage mich, wie diese kannibalische Gesinnung, wie dieses völlig Ungute, der Mangel an Herz für andere Wesen sich so schnell verbreiten konnte, und wie das rasche und allgemeine Vernegern sich erklärt. Bei solchen Jungen ist es leicht möglich, daß kein Rest von christlicher Moral sie mehr berührte, doch könnte man erwarten, daß Gefühle für ritterliches Leben und Anstand oder auch altgermanischer Anstand und Bewußtsein für das Rechte sich in ihrem Blut erhielt. Denn an sich sind sie ja so übel nicht, und ihr kurzes Leben trägt willig Opfer, die der Bewunderung würdig sind."
(In: Ernst Jünger: Strahlungen. Tübingen 1949. S. 499)

Noch hat die Scham ihn nicht verlassen, die Scham, als Offizier versagt zu haben. Wieviele Soldaten hat er auf dem Gewissen? In Gefechte geführt, die schon verloren waren, ehe sie begonnen hatten, weil – ja, weshalb? Weil die Generäle versagt haben? Weil „der Führer" belogen wurde? Weil dieser Hitler ein größenwahnsinniger Verbrecher war, den man hätte niederschießen müssen wie einen tollen Hund? Was weiß er schon, dieser D., von diesem Krieg, in dem er seine winzige Pflicht erfüllt hat, mehr schlecht als recht. Kein Ritterkreuz. Keine Beförderung wegen „Tapferkeit vorm Feind", wenn man von der Beförderung auf dem Schlachtfeld von Kobryn hinter Brest-Litowsk am 17. September 1939 absieht. Was weiß er schon vom Entsetzen des Krieges, wie es die Frauen erlebt haben im Januar 45 auf der Flucht aus Ostpreußen, was weiß er vom Entsetzen, das mit Namen wie Maidanek verbunden ist oder Flossenbürg oder Birkenwald – noch endet sein Blick am eigenen Horizont.

D. ist verwirrt, weil er merkt, hier in der ehemals britischen Zone schadet es ihm nicht unbedingt, Offizier gewesen zu sein. Man schätzt sie hier, diese Männer. Sie gelten als diszipliniert, als fähig, sich durchzusetzen, als gute Organisatoren, solche Leute braucht die Wirtschaft. Die Schuldfrage? Die ist Sache der Gerichte. Nürnberg hat Maßstäbe gesetzt, Nürnberg, das Tribunal der Sieger: Stalin als Kläger? Das ist schwer zu begreifen.

Mancher, von dem D. geglaubt hat, er sei längst tot,

lebt noch, und mancher, der noch gestern ein großer Mann war, gilt jetzt als jemand, der das Schlimmste hat verhüten wollen. Seltsame Zeiten. Von Himmler liest er, der sich verkleidet davonschleichen wollte und gefaßt wurde. Von Hitlers wahnwitzigem Testament. Vom Gifttod Görings, ein Selbstmord, der bei den meisten Deutschen offenbar Sympathie auslöst. D. erinnert sich einer Fahrt im Fronturlauberzug, als ihm ein hochdekorierter Jagdflieger den Auftritt dieses pompösen, kostümierten „Reichsmarschalls" schilderte: dicke Ringe am Finger, parfümiert, ein Dickwanst mit dem Marschallsstab. Der Kommandeur des Jagdgeschwaders hätte ihm seine Orden vor die Füße geworfen. D. hat das damals nicht wahrhaben wollen. Er war unterwegs zur Front, er konnte das nicht gebrauchen. Wenn das wirklich die Wahrheit war, was dann? Sie war ihm undenkbar erschienen, diese Wahrheit.
Er jedenfalls hat getan, was er konnte, um seine Pflicht zu tun. An der Stelle, an die man ihn hingestellt hat. Er war kein Drückeberger, so nannte man das damals: er nicht.
In diesen Tagen fallen ihm zum ersten Mal Bücher über diesen Krieg in die Hand: „Es begann an der Weichsel". „Das Ende an der Elbe". Er wird alles lesen, was er bekommt, er wird noch Jahrzehnte später alles über diese Zeit lesen, um der Wahrheit auf den Grund zu kommen, und sie immer wieder in Büchern suchen. Noch weiß er nicht, daß sie in

ihm selbst liegt, die Ursache der Katastrophe: hier war jeder zugleich Täter und Opfer.

Er fährt mit dem Zug nach Hilden im Rheinland. Dort soll in der Stadtbücherei eine Diskussion am runden Tisch stattfinden: überall im Land wird am runden Tisch diskutiert. Die Deutschen haben verstanden, daß es in einer Demokratie darauf ankommt, miteinander zu reden. Also reden sie miteinander. Eine gewisse Euphorie darüber, daß man Andersdenkende nicht mehr ausmerzt, abführt, umlegt, sondern sich mit ihnen, selbst mit Kommunisten, an einen Tisch setzt, um sie zu überzeugen, ist nicht zu verkennen. Es geht um den Neuanfang, da sind sich die Menschen einig. Wenn man schon die von den Alliierten verordnete Demokratie akzeptieren muß, dann will man das auch gründlich tun: Diskussionen also, offene Aussprachen, all das mit einer gewissen umarmenden Freundlichkeit, als könne man auch bei dieser Gelegenheit beweisen, daß die vergangene böse Epoche ein politischer Betriebsunfall war, das Werk einiger weniger Unmenschen.

An diesem Abend also: der Leiter der Bücherei, ein freundlicher Bibliothekar, der im Schlesischen als junger Hauer vor Ort gearbeitet hat, dann Buchhändler wurde und schließlich Bibliothekar, gewiß kein Nazi, höchstens ein braver „Idealist", neben ihm ein Oberstudienrat, der die christdemokratischen Positionen vertritt, ein SPD-Mensch aus der

Stadtverwaltung und ein Kommunist. Mit dem soll nun D., der ja kürzlich erst aus der UdSSR zurückgekehrt ist und in diesem Kreis als kompetent gilt, über die Freiheit streiten. Das Thema der Veranstaltung lautet: „Deutschland zwischen West und Ost", heute würde man ein solches Thema nicht einmal mehr im III. Programm diskutieren.

Der Büchereileiter eröffnet die Diskussion mit der Frage, ob denn Thomas Mann mit seiner Feststellung recht habe, die Furcht vor dem Kommunismus sei die Grundtorheit unserer Epoche – ein Satz, den D. kennt. Er hat ihn in riesigen Buchstaben an einer Häuserwand in Wilna stehen sehen, im Blickfeld der Kriegsgefangenen des Lagers III.

Der Studienrat wendet zunächst ein, daß es statt „Angst" besser „Furcht" heißen müsse, bei allem Respekt vor Thomas Mann, denn Angst sei ein kreatürlicher Reflex und Furcht ein mentaler Vorgang, Ergebnis von Reflexionen und Vorstellungen. Vor einer plötzlich auftauchenden Schlange ängstige man sich. Einen neuen Krieg fürchte man.

Der Kommunist, das schwarze Schaf, ein junger, blonder Mensch, dem man seine radikalen Ansichten nicht ansieht, stellt fest, daß diese Spitzfindigkeiten nur Zeit kosten und daß den Kommunismus nur die zu fürchten hätten, die zur Klasse der Ausbeuter gehören, denn die Geschichte sei eine Geschichte der Klassenkämpfe undsoweiter undsoweiter – er könne für diese Thesen jederzeit die historischen Beweise liefern. Man denke nur an die Spartakusaufstände. Alle Kriege seien Kriege im Interesse der herrschenden Klasse gewesen.

Dagegen ist nur wenig zu sagen, noch ist der angebliche russisch-chinesische Gegensatz nicht ins Blickfeld gerückt. Kambodscha ist noch nicht befreit, nicht befreit auch von über einer Million Menschen, die alle das Unglück haben werden, zur herrschenden Klasse gerechnet zu werden. Aber D. muß sich etwas einfallen lassen: er hat inzwischen ein paar Bücher über die „Säuberungen" unter Stalin gelesen, „Hexensabbath" von Alexander Weiß-Cibulski oder Margarete Buber-Neumanns „Als Gefangene bei Stalin und Hitler". Also sagt er, er könne sich nicht erklären, wie nach Abschaffung aller Klassengegensätze in Rußland nach der Oktoberrevolution 1917 noch solche Spannungen im sozialistischen Lager entstehen konnten, daß Säuberungen notwendig gewesen seien.

Das, sagt Artur Heller, der Kommunist, sei eine Verleumdung und Antisowjethetze. Wo es Gegner des sozialistischen Aufbaues gegeben habe, da seien sie Handlanger des Kapitalismus gewesen. Noch immer sei die UdSSR als das einzige sozialistische Land von Feinden umgeben, die – wie damals die weißen Konterrevolutionäre unter Denikin und Wrangel – nur darauf lauerten, die Errungenschaften der Oktoberrevolution rückgängig zu machen.

Der Streit findet kein Ende, die Diskussion springt von einem zum anderen Punkt. Man hat noch keine Übung in Rede und Gegenrede, schon gar keine im

Zuhören. D. raucht eine Zigarette nach der anderen. Ihn irritieren die haßerfüllten Angriffe auf den Kommunismus ebensosehr wie die papiernen Standardantworten aus dem roten Schulungsheft. Aus Moskau kennt er sie alle bis zum Überdruß.
Die Aschenbecher quellen über, die Luft ist zum Zerschneiden. Es geht inzwischen um die Wiedervereinigung und die Bündnispolitik Adenauers, um eine Verflechtung mit dem rheinischen Großkapital und die Abschaffung aller Atomwaffen auf Antrag der UdSSR.
Was er denn meine, wird D. schließlich gefragt, er sei doch nun lange genug in Rußland gewesen und könne doch beurteilen, was der Kommunismus den Menschen gebracht habe. Ihm fällt eine Szene ein, als im Lager ein ANTIFA-Mann in schwarzer Panzeruniform den Unterschied zwischen Sozialismus und Kommunismus verdeutlichen wollte: jeder nach seinen Fähigkeiten, jeder nach seinen Leistungen, dies sei die sozialistische Form des Verhältnisses von Arbeit und Lohn. Eines bedinge das andere, aber im Kommunismus werde jeder nach seinen Fähigkeiten eingesetzt, versorgt werde er aber nach seinen Bedürfnissen, unabhängig von seiner Leistung. Der Überfluß der Produktion in einer solchen von Ausbeutung befreiten Gesellschaft mache dies möglich, das sei der neue Humanismus. Dann zum Beispiel gäbe es für jeden soviel Brot, wie er haben wolle.
Zuruf aus dem Hintergrund, in echt berlinischem Tonfall:

In Berlin hat's det schon lange gegeben, bei Aschinger.
Der Antifaschist vorn auf dem Podium war verwirrt. Nur ein Berliner kann den Zuruf verstehen: bei Aschinger, einem Stehlokal, stand schon in den 20er Jahren ein Korb mit Schrippen auf jedem Tisch. Jeder Gast konnte nehmen, soviel er wollte, berechnet wurde nur die Bouillon.
Nein, kein gutes Beispiel. Schließlich fragt D., wie es sich denn erkläre, daß man einerseits seit einem Menschenalter eine so fortschrittliche Wirtschaftsform habe wie den Sozialismus im Übergang zum Kommunismus und andererseits noch immer keinen Anschluß ans Weltniveau?
Er hätte sich's denken können, daß daran eben der Kapitalismus schuld sei. Und der Krieg, die faschistischen Verwüstungen. Nach der Diskussion schütteln sie einander die Hand, weltoffen und tolerant, wie Demokraten sind, und der Bibliothekar berichtet, im Krieg habe es in London eine Bücherausstellung gegeben mit Hitlers „Mein Kampf" und all dem nationalsozialistischen Schriftgut, damit jeder sich selbst ein Urteil bilden konnte – so sei es nun einmal in einer Demokratie.

Die klassische Schulsituation. Draußen der blaue Himmel, in den Gängen Stimmengewirr, an der Wand eine kreideverschmierte Tafel. D. starrt den alten Mann mit dem weißen Haarkranz an, in seinen Augen ein Greis, der über Kirchengeschichte spricht.

Nun hebt er das bleiche Gesicht und erläutert, was die spezielle Spiritualität des Nicolaus von Cues ausmache, der doch seiner Zeit, gerade was seine Auffassung päpstlicher Rechte angeht, entscheidende Impulse gegeben habe, aber auch mit seinen Vorschlägen zur Reform des Klerus –
Nein, D. schläft nicht ein. Er überlegt, wo er vor genau einem Jahr gewesen ist. Vermutlich schon in dem Lager südlich Tula. Die Schufterei auf dem Verladebahnhof der „Zeche". In diesem Gebiet sollen auch Frauen eingesetzt gewesen sein. Die Töchter des Botschafters Graf Schulenburg seien in der benachbarten Zeche unter Tage gewesen. Gerüchte, Gerede. Manchmal, wenn er in einem Raum sitzt, stellt er sich vor, jetzt würden die Türen verschlossen und es zögen Posten auf, die niemanden mehr hinauslassen: gefangen also, und zwar ohne den Grund zu kennen. Und die Dauer. Er stellt sich vor, wie sie alle erst an einen Irrtum glauben würden. Und daran, daß dies ja schnell vorbei gehen müsse – aber vor den Fenstern würden am nächsten Tag Gitter angebracht, und man würde ihnen einen Holzbottich hineingeben, in diesen Raum, für die Notdurft. Und sie bekämen zweimal am Tag einen Kübel Suppe und ein Stück Brot, für jeden sei ein Blechnapf da, der jedesmal gesäubert und wieder abgegeben werden müßte. Es würden Posten in den Raum kommen und alle Bänder, alle Schnüre, alle Messer und scharfen Gegenstände einsammeln – dann seien sie sich selbst überlassen. Diese Mäd-

chen hier, junge Frauen, die gerade ihr Abitur gemacht haben, im Vorgefühl ihres Lebens, ihrer neuen Freiheit – wie würden sie sich verhalten? Die dunkle Elsbeth mit dem sinnenden Blick, ein groß gewachsenes Geschöpf vom Niederrhein. Die stille, blonde Bergmannstochter aus Essen-Steele, die sich gestern noch das Heft „Psyche" ausgeliehen hat? Der schnelle Franz, der ständig mit einem Packen Bücher unter dem Arm herumläuft und immer Bescheid weiß, wo es um einen Vorteil geht – wie würden sie alle standhalten, nach einem Monat? Einem Jahr? Und wenn sie selektiert werden? Nein, das Wort denkt er nicht, das gehört nicht zu seinem Sprachschatz, noch nicht.
Jemand stößt ihn an – sein Name ist gefallen. D. holt Luft, es ist wahr, er muß gemeint sein. Es gelingt ihm, die letzten nur akustisch wahrgenommenen Worte festzuhalten, ehe sie verschwimmen, es muß um Kultfrömmigkeit und Gesetzesfrömmigkeit gegangen sein. Bei Cusanus natürlich – hier geht es immer um „den Cusaner". Also sagt D., in der Kultfrömmigkeit habe der Cusaner einen wesentlichen Bestandteil katholischer Geistigkeit, nein, geistiger Katholizität gesehen, während er andererseits doch auch die Gesetzesfrömmigkeit und die Einhaltung der rituellen Gebote als –
D. weiß nicht mehr weiter. Es gelingt ihm nicht, den Faden zu finden. Aber der alte Herr mit seinen gesträubten weißen Haaren, die er so oft mit beiden Händen wie in Verzweiflung durchfährt, ist kein

Unmensch. Er führt aus, in welchem Sinne diese Observanzen – man merke sich bitte diesen Begriff – wichtig seien. Und nennt kopfnickend den Konfuzianismus, die iranisch-zoroastrische Religiosität und natürlich die Gesetzesreligion des Alten Testamentes mit allen ihren Auswirkungen als Beispiele.
Dann ist auch diese Stunde zu Ende, der Dozent rafft seine Bücher zusammen, die Mädchen eilen ins Freie, auch D. begibt sich in den Korridor, um sich erst einmal eine Zigarette anzuzünden. Im Grunde kommt ihm das alles wie ein Spiel vor. Er kann sich nicht vorstellen, daß er eines Tages – ja was sein wird? Lehrer? Gewiß nicht. Bibliothekar? Vielleicht. Aber dahinter scheint es noch etwas zu geben, das er nicht erkennen kann, er traut dem Frieden nicht.

Daß er sich an politischen Vorgängen beteiligen könnte, darauf kommt D. nicht. Auch der Gedanke der Mitbestimmung liegt noch in weiter Ferne: Schülerrat? Frauenrat? Studentenvertretung? Basisdemokratie? Das sind damals ungedachte Gedanken. Noch hat ja jeder die Heilrufe in peinlicher Erinnerung. Erst der Badenweiler Marsch, dann der Einzelne, der Führer, der vor die Massen hintritt und ihnen mit allen Mitteln der Rhetorik über Lautsprecher aus dem Herzen spricht, die Juden, die Intellektuellen, die Schlappmacher und Miesmacher verhöhnend, die Zweifler und Besserwisser. Dann das wie immer glühende Bekenntnis zum Endsieg, zum Heiligen Deutschen Reich, zu dem, was die soge-

nannte Vorsehung, eine Art großartigen Weltgeistes auf deutscher Seite, dem Volk vorbestimmt habe. Dann der Jubel! Ein brausender Orkan von Heilrufen! Ein unstillbares Bedürfnis, sich selbst mit lautem Geschrei an diesem Aufschwung der Herzen zu beteiligen: „Heil, mein Führer".
Demokratie? Gewiß, aber doch nicht so, nur auf die übertragen, die sich darauf verstehen. Dieser Adenauer ist D. zu alt, zu undurchsichtig. Zu den Genossen von der SPD hat er kein Verhältnis. Das wird sich noch ändern. Aber der junge Ritterkreuzträger Erich Mende interessiert ihn: der tritt für die Freilassung der restlichen Kriegsgefangenen aus der UdSSR ein. Zeitungen liest D. nun täglich, doch er ist zu sehr mit sich selbst befaßt, um mehr als Bruchstücke zu begreifen. Von den Elendsrevieren in der Bundesrepublik liest er. Von den Reichswerken Watenstedt-Salzgitter. Vom Ruhr-Revier, noch drohen Demontagen. Den Volkswagensparern seien 280 Millionen Mark entzogen worden. Auch sie Opfer der Nazi-Propaganda.
Mao's Truppen sind auf Hainan gelandet. Vor fünf Jahren auf den Tag genau fand das Massaker von Prag statt, die Tschechen nahmen Rache für die KZ-Greuel. Clayton erklärt, nur Einigung könne einen neuen Krieg verhindern, Europa solle in der Atlantischen Union aufgehen. Im Kino gibt es „Schatten der Nacht" mit Hilde Krahl und Willy Fritsch. Ab nächste Woche: „Der dritte Mann" mit Orson Welles.

Am Schwarzen Brett in der Uni hängt ein Plakat: Dichterlesung. Die Namen sind D. kein Begriff: Böll? Schallück? Nie gehört. Nur den von Irmgard Keun kennt er, erinnert sich an den Titel „Gilgi, eine von uns". Das muß in den 30er Jahren erschienen sein.
Er ist allein dorthin gegangen. Das Mädchen mußte abends bei seinen Verwandten sein. Kein Ausgang: strenge Zeiten. Leere Stuhlreihen also im notdürftig reparierten alten Schauspielhaus, vielleicht auch eine Leselampe, jedenfalls ein Tisch, ein einfacher Stuhl. Paul Schallück kam als erster auf die Bühne, das leicht gewellte blonde Haar ordentlich gekämmt, im Sakko wie Böll. Also korrekt angezogen, sieht man vom offenen Hemdkragen ab. Schlips ist bei Dichtern verpönt. Eine Verbeugung, gegen das Publikum hin, dann setzt er sich an den Tisch und liest. Es gibt kein Mikrofon, keinen Ü-Wagen, keine Kameraleute mit Scheinwerfern und Handkameras, es gibt nur dieses Publikum von vielleicht dreißig, vierzig Menschen und den Autor, der nicht aus einem Buch, sondern aus einem Manuskript liest. Damals galt es als fragwürdige Praxis, aus dem gedruckten Werk zu lesen. Auch galt jeder Autor als Dichter, sofern er Prosa oder Lyrik schrieb, also die höhere Form des literarischen Gewerbes betrieb.
Das Gelesene war eine höchst eindrucksvolle, wenn auch blutige Geschichte: eine adlige Gutsbesitzerin, aus dem Osten geflohen, standesstolz und unbeirrbar, haust mit ihrer nicht minder edlen Tochter in

einer zugigen Dachkammer, das konnte damals als zeitnah gelten. Jedoch die Tochter, jung und dem Leben zugewandt, befreundet sich mit einem Ami, einem GI, einem Spender von Wohltaten: Schokolade, Zigaretten, Strümpfe. Die Deutschen verachteten diese „Ami-Liebchen", wie sie vorher die Luftwaffenhelferinnen als „Offiziersmatratzen" verhöhnt hatten. Gesundes Volksempfinden und Volksgerichtshof lagen nicht lange zurück. Dieser große, gutmütige Ami in Schallücks short story hat bei all seiner Unbeholfenheit nur einen Fehler: er ist ein Neger. Man sagte damals so, nicht „Schwarzer", nicht „Farbiger", sondern „Neger". Die adlige Gutsbesitzerin muß das mit Unbehagen gesehen haben. Ihr einziges Kind hat sie schützen wollen, es sollte nicht unter die Räder kommen, vor die Hunde gehen, auf die schiefe Ebene geraten, es sind die besten Absichten ja oft die Ursache schlimmer Taten.

Eines Abends kommt das junge Mädchen nach Hause, oder ist es zu Hause und ihr Freund fahndet nach ihr? Wie auch immer, und dies ist der großartig düstere Höhepunkt der Geschichte: die Mutter zieht unter ihrem Kopfkissen eine Pistole hervor, eine 08/15, wie man vermuten darf, diese noch in vielen Händen befindliche Faustfeuerwaffe der Wehrmacht, und erschießt den Mann.

Den Todeskampf, das auf den Fußbodenbrettern versickernde Blut, den Aufschrei der Tochter, das alles hat Schallück höchst eindrucksvoll inszeniert: heftiger Beifall.

Der nächste Dichter ist Heinrich Böll. Er erscheint ein wenig linkisch. Auch er nimmt am Tisch Platz. Er sieht aus wie der freundliche Handwerksmeister von nebenan, Installation oder Möbeltischlerei, nicht wie ein Dichter. Nur daß auch er keine Krawatte trägt. Er liest mit schleppendem Tonfall und unverkennbar kölscher Färbung eine Geschichte, sie heißt „Die Postkarte". Offensichtlich hat es mit dieser Postkarte eine düstere Bewandtnis, sie trifft ihn unvorbereitet, sie scheint Unheil nach sich zu ziehen. Böll liest das mit einer gewissen Bekümmertheit, der banale Vorgang bekommt eine Bedeutung, die sich D. nicht ohne weiteres erschließt, bis er begreift: es ist die Karte, die den Erzähler zum Militär einberuft. Da hat D. nun doch Schwierigkeiten und versteht nicht, was daran so schlimm gewesen sein soll. Das traf doch alle, alle fast ohne Ausnahme – und was war schon daran, im Krieg eingezogen zu werden? Das war ja noch kein Frontkommando, was sollte das! Nein, dieser Böll erscheint D. banal. Offenbar hat der den Krieg im Troß erlebt. Der Dichter bekommt mäßigen Beifall. Kein Gedanke an spätere Ehrungen, an des Dichters öffentliche Rolle als Gewissen der Nation. Immerhin begreift man: unbegabt ist er nicht.
Dann erscheint Irmgard Keun. Nicht mehr Gilgi, das Mädchen, „eine von uns", nicht besonders herausgeputzt, nicht betont weiblich, nicht streng, sie ist eine durchgeschüttelte Frau von Ende Dreißig und blättert lange, ehe sie zu lesen anfängt.

Meine Kollegen, sagt sie mit etwas schwerer Zunge, sind ja so wahnsinnig ernst. Eine Pause entsteht, in der sie den verschwimmenden Blick auf die Leute richtet. Was hat sie gedacht, in diesem Augenblick? D. fühlt sich unangenehm berührt. Wie kann er ahnen, was sie denkt? Wieviel Mut sie braucht, die Emigrantin, um sich vor ihre Landsleute zu setzen und sie anzusehen. Und nicht zu schreien: weshalb habt Ihr das zugelassen? Weshalb seid Ihr diesem Irren gefolgt? Habt Ihr wirklich geglaubt, ungestraft Eurem Größenwahn Millionen von Menschen opfern zu können? Wer von Euch hat nicht gedacht: recht geschieht's den Juden? Sollen sie diese Verbrecher in den KZ doch umbringen! Wer nicht für uns ist, ist gegen uns! Führer befiehl – wir folgen!

Also ich, sagt sie, ich bin nicht so ernst. Ich bin mehr lustig, verstehen Sie?

Dann läßt sie ihren Kopf auf den Arm sinken. Nein, sie weint durchaus nicht. Sie ist nur ein bißchen angetrunken.

Egal, sagt sie und hebt den Kopf. Ich lese also die Geschichte vor.

Im Saal gibt es eine kleine Bewegung, einen Hauch von Entrüstung, der einige Zuhörer miteinander murmeln läßt. Aber der Respekt vor der gehobenen Situation – immerhin handelt es sich um eine Dichterlesung – läßt laute Unmutsäußerungen nicht zu.

Irmgard Keun, nach Holland geflohen, nicht im KZ umgekommen, sondern zurückgekommen nach Köln, vier Jahre untergetaucht, liest also ein, zwei

ihrer Geschichten, amüsante Geschichten. Starker Beifall.
Beim Herausgehen hört D., wie jemand sagt, dies sei eine Schande für die Emigration. Unglaublich, so blau auf die Bühne zu kommen! Emigration?, denkt sich D.? Wieso ist eine Schriftstellerin in die Emigration gegangen? Und wohin? Daß Thomas Mann ausgebürgert wurde, daran glaubt D. sich zu erinnern, auch daß ein paar jüdische Autoren wie Stefan Zweig und Werfel emigriert sind. WAS ABER BLEIBET STIFTEN DIE DICHTER. Ein paar Jahre später fällt ihm der Roman „Das kunstseidene Mädchen" in die Hand, kein Buch für ihn. Aber diesen Abend in Köln hat er nicht vergessen, die Namen Schallück und Böll las man immer häufiger.

Die Bilder hängen noch, wo sie schon bei Kriegsbeginn gehangen haben. Die Möbel stehen, wie sie immer gestanden haben. Er überreicht seiner Mutter einen Topf mit blühenden Azaleen, wie er es immer getan hat, wenn er von der Front auf Urlaub kam. Er geht in das kleine Zimmer, das er bewohnt hat, bevor er zum Arbeitsdienst eingezogen wurde. Da hat sie sich jetzt ihr Schlafzimmer eingerichtet, in einer Ecke Großvaters alten Teetisch aus Tunis mit der gehämmerten Messingplatte. Beengte Verhältnisse. Früher ist ihm das nie zu Bewußtsein gekomen. Er fühlt sich wie Gulliver in Liliput, geht vorsichtig, wie gebückt, ins Wohnzimmer, setzt sich in den alten Clubsessel, der mit lila Samt überzogen ist, lila mit

schwarzen Streifen. Das muß 1917 als elegant gegolten haben, so alt ist der Sessel: im Steckrübenwinter 1917 haben die Eltern geheiratet.
D. läßt sich in den Sessel fallen. Er sieht zum Fenster hinaus auf das winzige Futterhäuschen, das immer noch von Spatzen angeflogen wird, obwohl niemand mehr Körnerfutter streut. Der Kalender an der Wand über dem alten Nähtischchen, einem Erbstück vom Urgroßvater, Drechslermeister, zeigt den 17. September 1950. D. erinnert sich an den 17. September 1939, als sie in Polen bei Kobryn kämpften: brennende Gehöfte, der Angriff polnischer Offiziersschüler bei Nacht, am nächsten Morgen hieß es, die Sowjetarmee sei in Polen einmarschiert.
Wie er sich fühle bei diesem ersten Besuch zu Hause, fragt die Mutter und trägt mit energischem Schritt die heiße Kaffeekanne aus der Kochnische ins Wohnzimmer.
Ja, wie fühlt er sich? Im Dezember 44 hat er zum letzten Mal hier gesessen, vor sieben Jahren? Vor hundert Jahren. Die Standuhr tickt, holt schnarrend aus und schlägt, wie sie schon geschlagen hat, als er noch ein Kind war.
Er hat es nicht über sich gebracht, mit dem Zug nach Berlin zu fahren. Noch steckt die Furcht in ihm wie eine Krankheit, die nicht ausgeheilt ist, man könnte ihn an der Zonengrenze aus dem Zug holen, um ihn unter irgendwelchen irrsinnigen Beschuldigungen vor ein Scheingericht zu stellen und irgendwo in einem Lager verschwinden zu lassen.

Er ist mit der PAN-AM gekommen: der erste Flug, seit er aus dem Lazarett bei Tossno – verfluchte Erinnerungen!
Er fühle sich seltsam, sagt er.
Sei froh, daß du überlebt hast, Junge, sagt sie. Grüble nicht so viel. Du kennst ja meinen Wahlspruch!
Ja, D. kennt ihn: „Hab Sonne im Herzen, ob's stürmt oder schneit". Originalton Caesar Flaischlen, Mutters Lieblingsdichter.
Wir müssen mit dem Kaffee noch warten, bis Eva kommt. Nun erzähl doch mal: wie war der Flug? Wie geht's zu Hause? Was macht deine Frau? Ein wenig spöttisch sieht sie ihn an, den Sohn. Bei aller Liebe, sie hatte Größeres von ihm erwartet, und was ist er jetzt? Viel ist es jedenfalls nicht: ein Mann ohne Beruf. Ein Mann mit Familie. Jedenfalls kein Akademiker wie sein Vater war, wie alle Männer ihrer Familie waren.
D. berichtet, er verbirgt seine Befangenheit hinter Pfeifenrauch. Mit der Hand greift er in die Tasche seines Jacketts, spielt mit dem Geld, das er lose in der Tasche trägt –
Laß doch die Spielerei, sagt sie, das macht mich nervös.
D. läßt es, schließlich ist sie seine Mutter. Also zu respektieren. Mutter und Sohn, ein Kapitel besonderer Art. Er atmet tief durch: nur keinen Streit! Du könntest mir ruhig mal einen Kuß geben, sagt sie und hält ihm die Wange hin.
Da klingelt es an der Wohnungstür, und die kleine

grauhaarige Dame stürmt herein. Fräulein Eva Königstein – eine Dame? Nein, eine Frau mit Baskenmütze, in einer unförmigen Windjacke, eine Art Beutel über der Schulter: grau ist sie geworden. Aber ihr Blick ist so lebhaft wie vor Jahrzehnten, als sie ihm in Deutsch-Krone Kiplings „Dschungelbuch" vorlas. Schon als Siebenjähriger hat er sie geliebt: sie erfand Märchen. Sie schnitt mit leichter Hand amouröse Silhouetten, sie schrieb Zeitungsartikel für einen Pressedienst und bespöttelte die Männerwürde und Elternstrenge – eine wunderbare „Tante".

Ein kurzer Blick, sie reißt sich die Baskenmütze vom Kopf, schüttelt ihr kurzes Haar, sieht ihn an: Na, mein Sohn? Überlebt und heimgekommen aus Hitlers Krieg? Gratuliere!

D. strahlt, die politische Anspielung überhört er, man setzt sich an den Kaffeetisch, auch die Mutter blüht auf: hier sitzt nun wieder „ihr Einziger", ein sogenannter Lebensinhalt, wie sollte sie nicht glücklich sein. Sie genehmigt den Anwesenden einen Kräuterlikör aus der sorgsam gehüteten Flasche, man erhebt das Glas, sozusagen auf das Ende aller Kriegssorgen, immer ist ein solches Wiedersehen wie ein Triumph der Überlebenden, „wer spricht von Siegen, überstehn ist alles", ein dummer Spruch, ein weiser Spruch, D. wagt nicht zu fragen, wie die Eva Königstein die Eroberung von Berlin überstanden hat. Man fragt die Frauen besser nicht, in dieser Zeit.

Nun erzähl doch Eva mal von deinen Erlebnissen, sagt die Mutter.

Ob man rauchen dürfe, fragt Eva artig, zieht ihre Zigarettenspitze und ihr Etui aus dem Beutel und läßt sich von D. Feuer geben. Dabei streift sie ihn mit einem prüfenden Blick:
Erlebnisse haben wir alle. Mehr als genug. Mich interessieren die Ergebnisse.
Ergebnisse? D. weiß darauf keine Antwort. Auf den Gedanken, sie könne gemeint haben, was er heute von den deutschen Siegen, von Hitler, von den Generälen hielte, kommt er nicht. Noch ist er zu sehr damit befaßt, sich selbst zu stabilisieren.
Du mit deinen kommunistischen Ideen, sagt die Mutter scharf, laß bloß den Jungen in Ruhe.
Wenn man in West-Berlin schon als Kommunist gilt, sobald man anfängt, nachzudenken, sagt Eva, dann gute Nacht. Antikommunismus ist kein Ersatz für politisches Denken.
Hör auf mit Politik, sagt die Mutter und rückt nervös an der Kaffeekanne herum. Davon haben wir genug gehabt.
Und wie ist es mit der Bundeswehr?, fragt Eva ungerührt, aber ironisch. Hast du dich schon angemeldet?
Ohne mich, sagt er. Ich nehme kein Gewehr mehr in die Hand. In diesem Leben nicht mehr.
Wenigstens etwas, meint Eva und lächelt! Ganz ohne Ergebnisse kommst du ja doch nicht nach Hause.
Nun ist das zweite Stück Kuchen fällig, Kaffee wird nachgeschenkt, man plaudert über den Verbleib der Toten und der Lebenden, über die Schikanen der

Russen und über den RIAS Berlin mit den „Insulanern": die kennt der Sohn nicht? Muß er kennenlernen, sagt die Mutter.
Kabarett soll das sein?, sagt Eva. Das ist allenfalls Fronttheater.
Nun wird denn doch das Thema gewechselt: von Hemingway ist die Rede, und von „Don Camillo und Peppone": zum Schießen!
Eva Königstein aber findet bald einen Grund, sich zu verabschieden, D. wird sie nicht mehr wiedersehen.
Seine Mutter räumt das Kaffeegeschirr ab, D. ist ihr behilflich, das war immer schon so: er half seiner Mutter beim Abwasch, schließlich war sie, was sie „eine berufstätige Frau" nannte.
Diese Kommunistin, sagt sie nach einer Weile böse über die klappernden Teller hinweg, mit der will ich nichts mehr zu tun haben.

Krieg in Korea, aber keine Bilder von feuernden Geschützen, von Raketenwerfern, von verstümmelten Leichen in Nahaufnahme. Keine „Tagesschau". Noch sind es nur Schlagzeilen in der Morgenpresse, dann detaillierte Berichte schwarz auf weiß. Der unaufhaltsame Vormarsch der Roten auf Seoul. Die blauen Ameisen, die Rotchinesen überrennen den 38. Breitengrad – Korea ist weit, aber die Ängste sind nah: wenn nun die Armeen der Nationalen Volksarmee über die Elbe bis an den Rhein vorstoßen? Wenn hinter ihnen sich die Dampfwalze der Roten

Armee in Bewegung setzt? Stalin hat Finnland angegriffen. Polen unterworfen, die Tschechoslowakei. Ungarn: was hindert ihn bis nach Köln vorzustoßen? Uralte Ängste, die vielleicht bis auf den Mongolensturm zurückgehen, auf Kublai Khan und die Schlacht bei Liegnitz, mit Sicherheit auf die Schlacht um Ostpreußen 1914 und den Winter 44/45, unsinnige Ängste. Wie die Angst vor den Deutschen, die Anno 14 in Belgien Kinder in die Luft warfen und mit dem Bajonett aufspießten. Unsinnige Ängste?

D. hat sich in der Altstadt mit studierenden Kollegen getroffen. Franz ist dabei und ein paar Leute, die er nicht kennt, sie wollen eine Berufsgruppe gründen. Die soll sich für die Jugendliteratur einsetzen und für ausgebaute Bibliotheken und für die Einrichtung eines „Teenager-Corner" in jeder Stadtbücherei, damit die Halbstarken von der Straße kommen. D. sieht ein, daß da etwas geschehen muß. Ihm sind diese Typen mit ihren breit ausgestellten Hosenbeinen, den Schmalzlocken und ihrem amerikanischen Gehabe ein Greuel. Und diese Tänze! Noch hat er keinen Jazz gehört, keine Spirituals, er hat nur in der Zeitung etwas über Rock 'n' Roll gelesen und den Kopf geschüttelt: er begreift nicht, wie Menschen ein so aggressives Gestampfe gefallen kann.

Gegen Mitternacht verlassen sie das Lokal und gehen zu Fuß nach Hause, vorbei an ordentlich aufgeräumten Fassaden. Überall stehen Baumaschinen, Gerüste, und D. ist immer wieder fasziniert: keine Holzleitern mehr, keine Handlanger, die den Mörtel im Speiskübel hinauf zu den Maurern schleppen müssen. Man hievt die Kübel jetzt mit Maschinen hoch, mischt den Beton in Trommeln. All das läuft elektrisch. Er erzählt dem Franz, wie er von Hand den Speis angerührt hat bei bitterer Kälte, damals in Wilna – plötzlich hört er ein Flüstern, dann ein paar laute Worte, sie kommen aus einem Hausflur. Eine Zigarette glimmt auf: da raucht jemand. Jetzt spricht jemand Russisch – tatsächlich! D. bleibt stehen, sein Begleiter fragt, was denn los sei, D. legt den Zeigefinger an die Lippen und lauscht: wieder hört man Stimmen, zwei Männer, die sich in gedämpftem Ton unterhalten, aber was –

Russisch, flüstert D. Das ist Russisch.

Bist du verrückt?, sagt Franz, Russisch? Bist du sicher.

Ganz sicher.

D. sieht sich noch einmal um, aber er kann die Gestalten nicht erkennen. Sie sind im Schatten verborgen. Das sind bestimmt Agenten. Spione. Wie kommen Russen nach Köln-Deutz? Und treiben sich mitten in der Nacht hier herum, in der Nähe ist das Werksgelände der Maschinenfabrik? Auch Franz findet das beunruhigend, und so beratschlagen sie, ob sie jetzt sofort noch bei der nächsten Polizeiwache melden sollen, daß hier Russen herumlaufen, oder ob sie besser abwarten sollen.

Immerhin ist es ja denkbar, daß es Agenten sind, die unmittelbar vor einem Einmarsch über die Grenze geschickt worden sind. Zum Beispiel zu Sabotage-

zwecken. Die Bundesrepublik soll ja von Agenten wimmeln. Nicht nur Russen, sondern auch Polen, Tschechen, sogar Engländer und Amerikaner. Für Geheimdienste ist das hier geradezu ein Tummelplatz: möglich ist alles.
Aber dann bleibt Franz stehen und wirft D. von der Seite einen unnachahmlichen Blick zu. Bei solchen Gelegenheiten rollt er die Augen bühnenreif und grinst.
Eben ist mir eingefallen, sagt er, wir sind verrückt, heute morgen hab' ich beim Bäcker im Schaufenster das Plakat gesehen –
Was für ein Plakat?
Vom DON-KOSAKEN-CHOR! Mit Serge Jaroff. Die gastieren hier.
Das ist D. nun doch sehr peinlich.

Es geht für D. um etwas, das sich „Wehrdienstbeschädigung" nennt. Um irgendeinen Anspruch an den Staat, der noch nicht sein Staat ist.
Ich laß mir doch nicht, so etwa muß einer der „Ehemaligen" gesagt haben, die Knochen kaputtschießen für nichts? Also du mußt einen Antrag stellen. Unterlagen einreichen – sei doch nicht verrückt, Mann!
Irgendwann bekommt D. dann ein Formular mit der Aufforderung, er solle sich um 7.30 Uhr beim Gesundheitsamt der Stadt Köln einfinden, Ausweise seien mitzubringen.
Also wieder Korridore, Amtsräume, Aufnahme der Personalien, schließlich steht er vor einem Arzt im

weißen Kittel, der ihn nach seinen Verwundungen befragt und nach seinen Beschwerden. Schulterdurchschuß rechts, Schultersteckschuß links, Oberschenkeldurchschuß links – er sieht sich rennen, stolpern, als der Schlag das Bein trifft. Kein Schmerz, kein Blut, das merkt er erst viel später – dann der doppelte Schädelbasisbruch, damals nach dem Unfall, der Bruch beider Jochbögen, eines Kiefergelenks. Die Ohnmacht nach dem Unfall im Herbst 41 und das Erwachen im SS-Feldlazarett, zum Glück hat man damals noch nicht allen Verwundeten die Blutgruppe unter den Arm tätowiert. Beschwerden?
Ab und an habe ich Kopfschmerzen, sagt er. Ob er Gedächtnisausfälle habe? Nein, das nicht. Man prüft die Reflexe, befühlt den Schädel, das Gesicht: Da hat sich einiges um eine Winzigkeit verschoben. Und in der Gefangenschaft, was sei da gewesen?
Mehrfache Dystrophie, Kategorie I bis III, dann die doppelseitige Nierenentzündung. Er war auf dem offenen LKW zu einem Waldkommando gefahren, abends schüttelte ihn das Fieber, sein Kumpel Hinz brachte ihm eine Salzgurke aus der Küche. Das war das einzige, was aufzutreiben war, D. wäre fast daran gestorben. Am nächsten Morgen stand er im Krankenrevier, ein nacktes Skelett. Beine, die bis zur Wade aufgedunsen waren. Die grauhaarige Ärztin sah ihn an und fragte ihn auf Russisch, wie alt er sei? Er verstand nicht. Sie machte ihm mit Gesten deutlich, was sie wissen wollte. Er nennt ihr sein Alter: sechsundzwanzig Jahre.

Maladoi, maladoi, sagt sie leise und schüttelt den grauen Kopf. So jung – und so elend!
D. wurde ins Lazarett aufgenommen, jeden Tag stand die Ärztin an seinem Bett, sie hatte ihm Sonderrationen verschrieben, salzlose Kost, Roggenkleie, ein wenig mehr Butter, sie bekam ihn auf die Beine, freute sich mit ihm, wenn er sie anlachte –
Na, wie geht's?
Gut, sagt er dann. Gut geht's.
Der Körper des jungen Mannes wurde mit der Krankheit fertig, oder war es das, was man Seele nennt? Der Wille, hier nicht umzukommen, sich nicht aufzugeben?
Noch immer abgemagert bis auf die Knochen mit geschwollenen Beinen, aber fieberfrei, also nach Lagermaßstäben gesund, wurde er entlassen. Ein paar Wochen lang brauchte er nicht zur Arbeit auf die Baustelle. Inzwischen war es Oktober geworden, die ersten Schneefälle deckten die froststarre Landschaft zu. Jeder fürchtete sich vor dem langen Winter. D. überstand auch das. Die Ärztin hat er nie vergessen können. Es hieß, sie habe die Blockade in Leningrad miterlebt, ihr Sohn sei an Hunger gestorben. Er kannte ihren Namen nicht, er vergaß ihr Gesicht, ihre Stimme, er wußte nichts Näheres von ihr und konnte sie doch nicht vergessen.
Beschwerden?
Nein, keine Beschwerden.
Er bekommt ein Glas in die Hand gedrückt und wird zur Toilette geschickt, man hat ihm die Nieren abge-

klopft und gefragt, ob er rauche, es bleibt dabei: er ist gesund. Einer, der heil aus dem Krieg zurückgekommen ist. Warum gerade er? Er sieht die Männer ringsum, mit ihren Arm- oder Beinstümpfen. Mit Schienen und Krücken. Mit feuerroten Narben quer über den Körper – und auch sie zählen ja noch zu den Gewinnern in der blutigen Lotterie.
Aufatmend verläßt D. das rote Backsteingebäude.

In die Diskussion mit dem Schriftsteller Ernst von Salomon gerät D. eher zufällig, er ist am Hauptbahnhof vorbeigekommen und hat das Plakat gesehen.
Der Mann sitzt schwitzend, das Jackett neben sich, im weißen Oberhemd auf einer Heizungsbalustrade des Wartesaals I. Klasse in Köln. Die Bahnhofsbuchhandlung Ludwig hat zur Diskussion eingeladen. Neben ihm am Tisch ein bulliger, glatzköpfiger Mann mit leicht gerötetem Gesicht: sein Verleger Ernst Rowohlt. Der Saal ist voller Menschen, man diskutiert erbittert, es geht um Ernst von Salomons „Fragebogen", das Buch, mit dem er die Fragebogenmanie der amerikanischen Besatzungsmacht überaus lächerlich macht. Was will der Mann denn eigentlich? Ein Anhänger der Freikorps und der radikalen Rechten, beteiligt an der Ermordung Walter Rathenaus, ein Drehbuchschreiber, der glatt durch den Krieg gekommen ist, bis ihn die Amis ins Lager gesteckt und in ihrer Kreuzzugswut beinahe verprügelt hätten, ihn und seine Frau Ille, die nicht seine Frau war, eine Jüdin, die er beschützt hat. Aber da-

von ist jetzt nicht die Rede. Diesen Salomon hat D. sich anders vorgestellt: straff, drahtig, energisch, eben wie man sich einen ehemaligen Kadetten, einen Attentäter vorstellt. Hier aber sitzt ein fülliger Mann, der sich mit Witz und blankem Zynismus seiner Gegner erwehrt. Langsam gerät auch D. in Rage. Er kennt den Namen aus Erzählungen seiner Eltern, die verkehrten in nationalen Kreisen, hatten familiären Kontakt zu dem Schriftsteller Schauwecker und seiner blonden Frau Käthe. Da trafen sich Leute, die von der radikalen Rechten kamen, aus dem „TAT"-Kreis um Hans Zehrer. Keine Nazis, sondern Männer wie Ernst Jünger, Ernst Niekisch, Friedrich Hielscher und eben auch Ernst von Salomon, der seine Zuchthauserlebnisse beschrieben hatte und seine Kadettenzeit, zwei glänzende Bücher.

Jetzt schwadronierte er gerade über Fehler der Besatzungsmächte und bekannte, er sei ein Preuße. Im übrigen, er könne nichts für die Wirkung seiner Bücher.

Da sprang D. auf: Weshalb er denn dann das Buch habe drucken lassen?

Salomon zog die Schultern hoch: er habe lediglich sein Manuskript seinem Freund Rowohlt gegeben, der Rest sei dessen Sache gewesen.

Also die Frage an den Verleger: weshalb? Was soll dieses Buch bewirken? Der müsse es doch schließlich gelesen haben.

Schon an dieser Stelle war deutlich, daß D. den „Fragebogen" nicht genau genug gelesen hatte, denn Ro-

wohlt hatte am Ende in einer „Anlage" von wenigen Zeilen erklärt, daß er Salomons Buch für ein aufrichtiges Zeitdokument halte und es deshalb publiziere.
Diesmal, in diesem verräucherten, menschengefüllten Saal, gab Rowohlt diese Antwort nicht. Er grinste und sagte, wenn er ein Manuskript bekäme, schlüge er sich's an den Schädel, dann merke er sofort, ob was dran sei. So habe er's auch in diesem Falle gehalten.
Da setzte sich D. wieder hin. Für amüsante Ironie fehlte ihm damals durchaus das Verständnis, er bohrte nach Wahrheiten, wollte zum Kern der Sache, machte es sich mit Fragen schwer: was sollten ihm die Albernheiten?
Es hatte ihn erbittert, daß man bei der Lektüre des „Fragebogens" den Eindruck bekam, der Zweite Weltkrieg sei eine Veranstaltung von Dummköpfen gewesen und der SA-Führer und spätere Botschafter in der Slowakei Hans Ludin ein Held, weil er „anständig" geblieben war und „geglaubt" hatte. Diese sogenannte Aufrichtigkeit reizte ihn zum Zorn, weil mit ihr die Schuld, die politische Verantwortung wie mit einem magischen Trick weggezaubert war. In diesem Buch verschwammen die glänzenden Pointen mit den düsteren Ansichten, vorgetragen im Kasinoton, da gab es nie Verantwortlichkeiten, nur Achselzucken. D. hatte es voll Wut beiseite gelegt, dieses Buch. Er haßte den Autor, weil er sich der Aufrichtigkeit des Verfassers nicht erwehren, ihn aber auch nicht akzeptieren konnte: für diesen

Mann, für den der Rathenaumord eine Frage der Kameradschaft gewesen war, schien es nichts mehr zu geben, was lohnte, kein Ziel, keine Hoffnung, keine Anstrengung. Dem Zuhörer D. in diesem überhitzten Saal schien Ernst von Salomon ein leichtfertiger Zyniker zu sein – und das sagte D. nun laut und mit Nachdruck: oft ist es ja der Zorn, der einen Menschen zu öffentlicher Rede treibt.
Da stellte der Schriftsteller, nicht ohne leise Ironie, die Gegenfrage, ob er denn zur Zeit irgend etwas kenne, was den ganzen Einsatz verdiene?
Ja, sagt D., durchaus. Zum Beispiel die „Kampfgruppe gegen Unmenschlichkeit" des Rainer Hildebrandt in Berlin.
Das hatte D. aus der Zeitung aufgelesen. Der Gedanke faszinierte ihn: „Kampf gegen Unmenschlichkeit". Wieder glaubt er Worten, wieder bediente er sich aus zweiter Hand: was wußte er vom Kalkül der Mächte, von politischer Nutzbarkeit.
Dies, räumte Ernst von Salomon ein, sei bedenkenswert. Er kenne diese Gruppe nicht.
Schließlich endete die Veranstaltung. Erhitzt und unversöhnlich redeten die Menschen aufeinander ein. Man bat ein paar Teilnehmer zur Diskussion im kleinen Kreis, auch D. wurde gebeten. Etwa zwanzig Menschen saßen eng gedrängt in einem Hinterzimmer der Bahnhofsgaststätte, aber nun war der Grimm verflogen. Rowohlt schwenkte das Bier, es herrschte Siegesstimmung, D. schwieg. Beim Aufbruch kam ein hochgewachsener, weißhaariger Herr

zu D. und fragte ihn, welche Verbindungen er denn zur „Kampfgruppe gegen Unmenschlichkeit" habe? Leider keine, sagte D. Er studiere in Köln.
Er sei, sagte der Mann, der Widerstandspfarrer von Plötzensee. Er kenne Hildebrandt gut, denn er habe ihn wie so viele andere in der Zelle betreut. D. möge ihn doch einmal besuchen, dann wolle er ihm davon erzählen.
Damals hörte D. das Wort „Widerstand" zum ersten Mal. Er besuchte den Pfarrer, erfuhr aber kaum etwas, denn er wußte zu wenig, um fragen zu können. Sie sprachen von Rußland. Von der Gefangenschaft. D. fühlte sich fremd, von Erlebnissen gezeichnet, die er niemandem anvertrauen konnte. Er zog sich zurück. Den „Fragebogen" hat er erst Jahrzehnte später wieder gelesen, diesmal gründlich. Dabei zum zweiten Mal diese Geschichte, die „Boche in Frankreich" heißt. Da hätte er sich gerne noch einmal mit Ernst von Salomon unterhalten, diesmal in aller Ruhe. Aber da war es schon zu spät.

Der Vetter hat ihn in den „Breidenbacher Hof" bestellt. Die Kellner im Frack, auf den Tischen das Arrangement der Menage, der Blumen, der Gläser. Schwere Portieren an den hohen Fenstern, eine gedämpfte Atmosphäre. D. fühlt sich unsicher. Zunächst versucht er angestrengt, mit der Speisekarte fertig zu werden, die Preise zwingen ihn zu gründlicher Erforschung des Angebots. Wenn er nichts findet, was unter fünf Mark kostet, wird er draußen vor der Tür auf den Vetter warten müssen. Ihm ist nichts geblieben von der lässigen Arroganz des jungen Offiziers, dem ein Bursche die Stiefel putzte und das Bett „baute", dem Ordonnanzen im sogenannten Kasino das Bier servierten, dessen Waffenrock knapp auf dem Leib saß, der in der Ausgehuniform den linken Arm leicht gegen den Offiziersdolch preßte, dieser lächerliche Ersatz für den früher getragenen langen Säbel, und mit eleganter Handbewegung grüßte. Dieser D. trägt seinen alten, abgewetzten Wintermantel ohne Schal. Er sieht ärmlich aus in seinem Anzug, den er schon nach dem Abitur getragen hat, keine modischen Schuhe, keine modische Krawatte, er hat etwa zehn Mark in der Tasche. Das ist nicht wenig für seine Verhältnisse, aber in diesem Hotel würde es durchaus deplaziert wirken, wäre da nicht seine Jugend, wären da nicht Bewegungen, die dem geschulten Blick des Kellners verraten, daß der junge Mensch wohl aus besserem Hause kommt.

Er könnte sich eine Tasse Kaffee bestellen, aber diese Bestellung zöge unweigerlich den Hinweis nach sich, hier gäbe es um diese Zeit nur Gedecke, für ihn zu teuer. Ein Mineralwasser? Nein, das denn doch nicht, schließlich ist er noch kein Greis, Leber und Niere arbeiten noch vorzüglich. Also was? Einen alten Port, das wäre angemessen, man kennt das aus Romanen, leider ist auch der zu teuer. Also bitte einen Sherry.

Die korrekte Frage des Obers, der den Gast nicht ohne Mißbilligung betrachtet und längst als Habenichts durchschaut hat, welche Sorte es denn sein solle – medium, dry oder extra dry? – drängt D. zu Entscheidungen: extra dry. Immerhin, das Problem ist gelöst. D. blickt sich um. Daß er in einem solchen Hotel gesessen hat, ist Jahre her. In Wien muß das gewesen sein, im Hotel „Erzherzog Rainer". Wer mag jetzt dort sitzen? Amis? Russen? Franzosen?

Um diese Zeit, kurz nach Büroschluß, ist der Raum noch leer. Nur wenige Tische sind besetzt, meist von Geschäftsleuten, sogenannten „Geldmenschen", wie man sie noch vor wenigen Jahren mit leichter Verachtung nannte. Es konnten auch Schieber sein, also Leute, die skrupellose Geschäfte machten, und zwar ohne Rücksicht auf die Armen, auf nationale Interessen, nur skrupellos, das war das Stichwort.

Einen solchen Einbruch, sagt jemand am Nachbartisch, können wir uns nicht leisten, das müssen wir begradigen. Notfalls machen wir das eben über den Preis.

Glauben Sie, daß Sie über Umsätze alles hereinholen können, was Sie über den Preis verlieren?

D. probiert den Sherry, der ihm sofort zu Kopf steigt, er ist Alkohol nicht mehr gewöhnt. Als Soldat hatte er Bier aus dem gläsernen „Stiefel" trinken müssen, dazu drei, vier, fünf Schnäpse, das war vorbei.

Dieser Vetter ist ja auch Wirtschaftsmensch. Irgend etwas bei Krupp. Wann haben sie sich zuletzt gesehen? In Zehlendorf, kurz nach dem „Frankreichfeldzug", auf der Terrasse hinter der Villa. Das ist jetzt fast elf Jahre her. Bei der Luftwaffe war der Vetter gewesen, Flak-Soldat auf dem Balkan.

Das Lokal füllt sich langsam, die ersten Paare kommen, füllige Herren mit graumelierten Schläfen, in erstklassiges Tuch gekleidet, die jeweilige Dame leicht am Ellbogen steuernd, auch sie teuer anzusehen. Nun setzen sich auch die Kellner in Bewegung, lösen sich aus ihrer Wartehaltung, umkreisen beflissen das Paar, rücken hier einen Stuhl, schieben dort ein Glas zurecht, umgarnen ihre Opfer mit höflicher Dienstfertigkeit, kalt wie Artisten am Netz: es geht um Zeche und Trinkgeld, es geht ums Ganze, um den Umsatz, mehr als ein paar Mark müssen schon abfallen bei diesem Spiel.

Ab und an blickt D. sich um, er kann den Vetter nicht entdecken. Der ist hochblond, mit gewelltem Haar, ein ausgesprochen hübscher Junge. Mehrfach schreiten Herren an seinem Tisch vorbei, aber Eberhard, genannt Krümi, ist nicht darunter. Plötzlich dreht sich einer dieser Herren um, ein Mann mit scharfen Zügen in einem blauen Tuchmantel. Er hält seinen Filzhut in der behandschuhten Hand, um den Hals trägt er ein weißes Cachenez und sieht D. mit einem sehr preußischen Blick an:

Mensch – da bist du ja! Ich habe dich doch tatsächlich vorhin nicht erkannt!

Ja, so ist das wohl. D. erkennt den Vetter auch erst auf den zweiten Blick, er ist schon einmal vorbeige-

gangen. Zehn Jahre Krieg und Gefangenschaft verändern den Menschen.
Also freudige Begrüßung mit Schulterschlag: Alter Junge! Dann wird erst einmal ein Bier bestellt, wenn auch keine Berliner Weiße, ein paar Lebensdaten werden abgefragt, die Mütter abgehakt, und mit ein paar Worten verständigen sie sich auch über das, was war: der Vetter ist in Rumänien in Gefangenschaft geraten, dann war er im Donezbecken, ist aber schon 1947 entlassen worden.
Ich hab's überstanden, sagt er. Ich habe kein Brot geklaut und keinen Kameraden verraten, was willst du mehr. Und du?
D. erzählt, was gibt es schon zu erzählen: die Kapitulation in Lettland, das man damals Kurland nannte. Die Flucht durch die Wälder. Die Lager in Wilna, in Moskau und in der Steppe südlich Tula – das ist alles vorbei, was ist darüber noch zu sagen? Nazis waren die anderen. Sie selbst haben ihre Pflicht getan. Jetzt versuchen sie, für sich einzurichten, was sie ein „normales Leben" nennen. Jeder hat Schreckliches erlebt, und wer überlebt hat, hat Glück gehabt: kann man das überhaupt anders sehen?
Der Vetter erzählt, daß er im Stahlgeschäft arbeitet. Es geht um Röhren. Stahl wird überall gebraucht. Enorme Umsätze, sagt er. Und wie er jede Minute ausnutzen muß, für die Firma. Er sagt, seine Firma sei führend im Anlagenbau.
Aber was „Anlagenbau" ist, muß er erst erklären. Überhaupt die Rolle des Unternehmers – ob D. sich

darüber klar sei, welche Rolle heutzutage das freie Unternehmertum spiele?

Nun hat D. ja in Rußland begriffen, daß der Kapitalismus die Welt ausbeutet. So lange, bis schließlich nur noch ein paar riesige Konzerne übrigbleiben, die dann alle Völker endgültig ruinieren. Der Kapitalismus, also die Macht des großen Geldes, nimmt keine Rücksicht auf die Völker oder Menschen. Er ist wie ein Krebsgeschwür. Und der „freie Unternehmer", das ist ja wohl ein Kapitalist.

Also bringt er, allerdings behutsam, seine Meinung vor, daß diese Wirtschaftsform doch wohl zum Untergang verurteilt sei. Schon aus Gründen der Dialektik.

Das hätte D. besser nicht sagen sollen, denn der Vetter wischt das unwillig beiseite: die solle er ihm erstmal erklären, diese Dialektik.

Das fällt D. nicht leicht. Als er im Begriff ist, das Werden eines Getreidekorns dialektisch zu erklären, prostet ihm der Vetter zu: Nun hör mal zu, mein Junge, und sieh dich um.

Ob er sich damals 45 hätte vorstellen können, jemals wieder aus den Trümmern herauszukommen? Nein, natürlich nicht. Und dann hätte es so etwas gegeben wie die freie Marktwirtschaft von Erhard. Der hätte einfach darauf gesetzt, daß der Markt Kräfte in Gang setzt. Kräfte, das heiße Finanzkräfte. Kapital.

Zum Beispiel solle er doch mal die Baustellen zählen, an der Berliner Allee in Düsseldorf. Auf beiden

Seiten. Tag und Nacht werde da gebaut. Bürohochhäuser. Miethäuser. Wohnungen. Dieses Düsseldorf sei der Schreibtisch des Ruhrgebiets. Da sei eine enorme wirtschaftliche Potenz konzentriert – und wie, bitteschön, stelle er sich das ohne Kapital vor? Wolle er vielleicht wieder die Nazis mit der Winterhilfe? Oder den Kommunismus? Den hätten wir ja wohl in Rußland erlebt: Na also.
Dann verlassen sie das ungesunde Thema und wenden sich den Schicksalen der Cousinen zu und der Frage der Frauen – sozusagen ganz allgemein: von Sex spricht man nicht.
Und unter dem mahnenden Blick des Obers, der schon mehrfach diskret versucht hat, die Speisekarte wieder an sich zu ziehen, sagt der Vetter schließlich gutmütig:
„Laß uns was zum Essen bestellen. Ich lade dich ein."

Da radelt er auf einem alten Damenfahrrad die Landstraße entlang. Von Hilden, wo er als Praktikant eine Dachkammer bezogen hat, nach Essen, wo die Freundin wohnt. Freundin? Das sagt sich so – wissen die beiden, was mit ihnen passiert? Die Literatur liefert die Muster: Claire und Ivan Goll. Sonette an Orpheus. Die Berührung der Seelen und Entdeckungen. Nein, sie wissen nicht, was mit ihnen passiert. Nach soviel Unordnung, GENIESST DEN KRIEG – DER FRIEDE WIRD FÜRCHTERLICH, nach all dem verwüsteten Leben zwischen

Trümmern will der Mensch erst einmal klare Linien. Kein Hotelportier vermietet Zimmer an ein unverheiratetes Paar. Geschieden zu sein, gilt als moralischer Defekt. Hand in Hand sitzen sie auf einer blühenden Wiese und blinzeln in die Sonne. Bienensummen und Kuckucksruf. Noch liefern die Bäume Wipfelrauschen, niemand muß besorgt ihre Kronen prüfen. Friede und Natur sind noch Worte, die sich vertragen. Noch immer staunt D., daß er überlebt hat, tief im Innern staunt er noch immer, das ergibt den munteren Ton: Picknick im Grünen also, vielleicht auch einmal eine Stunde am Stadtrand von Essen auf abgeerntetem Roggenfeld an die stachligen, staubigen Garben gelehnt, verliebt wie Sechzehnjährige, mit weitem Blick übers Stoppelfeld bis zur Zeche Essen-Katernberg. Sie sprechen viel, auch über Zukünftiges: Liebe und Zukunft, das sind die großrahmigen Worte, die ineinander passen, keine Zweifel? Nein, nicht die Spur eines Zweifels. „Gefühl ist alles, Name Schall und Rauch".
Sie schenken einander Inselbändchen, noch gibt es keine Taschenbücher. Hand in Hand sehen sie den DRITTEN MANN. Von Theater ist nicht die Rede, auch nicht von Konzertbesuchen, all das liegt finanziell ganz außerhalb ihrer Möglichkeiten. Kein Fernsehen, kein Radio.
An einem dieser Sonntage begegnet er einem Mann, der in der Familie Onkel Willem heißt: Schachtmaurer von Beruf, ein schwarzhaariger vitaler Bergmann mit Händen, denen der Umgang mit Stempelhölzern

anzusehen ist, aufgewachsen in Essen-Katernberg, ein alter Kommunist, der jetzt auf dem Sofa sitzt und den jungen D. mustert.

Ich hab' mit Willi Münzenberg gearbeitet, sagt er. Und du, hast du in der Sowjetunion endlich arbeiten gelernt?

Da ist was dran, sagt D. Vorher hatte ich keine Gelegenheit, Jahrzehnte alten Hühnermist mit dem Meißel von Brettern abzuhacken oder Langholz von Hand zu bewegen. Auch verfaulte Kartoffelmieten gab es in Wilmersdorf nicht.

Na gut, er besteht die Probe, nach dem Motto: Abiturient, aber trotzdem ein anständiger Kerl.

Und jetzt, sagt Onkel Wilhelm, hockst du wieder mit deinen Offiziers-Kameraden zusammen? Hast du schon Pläne, als was du wieder einrückst – als Hauptmann? Als Major? Jungens wie dich werden sie brauchen, der Adenauer wartet doch nur auf die Gelegenheit.

Und die Volkspolizei, fragt D., was ist mit der?

Onkel Willem grinst: Ihr seid auch nicht schlauer geworden, ihr Bürgerlichen. Wetten, daß wir wieder eine Wehrmacht bekommen? Das werden wir beide noch erleben, mein Junge.

Niemals, sagt D. Niemals, solange meine Generation noch etwas zu sagen hat.

Na denn prost, sagt Willem und hebt mit eckiger Bewegung das Schnapsglas. Von Willi Münzenberg ist nicht mehr die Rede, auch nicht vom Hotel Lux, von Stalins Säuberungen und von Ulbricht. Von

Schalke 04 ist die Rede, auch da muß D. noch viel lernen.

Über das zu kleine Fahrrad gebeugt fährt er am Montag wieder zurück. Sein Dienst beginnt erst um 10 Uhr: Nebel über den Wiesen, der volle vielstimmige Vogelgesang, wenn er durch die schattige Kühle der Wäldchen rollt. Bergauf muß er schieben, ab und an überholt ihn ein Auto, ein VW oder ein Borgward. Woran denkt er? Nicht an Leningrad, nicht an Auschwitz – allenfalls daran, woher er den verlorenen Baukostenzuschuß nehmen soll, wenn er je eine Wohnung mieten wird, ein paar tausend Mark. Aber er hat keinen Pfennig. Als er morgens in die Bücherei kommt, schiebt ihm der Leiter der Bücherei eine Zeitung über den Tisch: Nordkoreanische Truppen haben den 38. Breitengrad überschritten und sind im Vormarsch auf Seoul.
Uns werden sie bald wieder holen, sagt er besorgt. Mit Panzern stehen die Russen in drei Stunden am Rhein.
Ohne mich, sagt D. Ohne mich.
Sie werden sich wundern, sagt der Bibliothekar. Haben Sie die Ehrenerklärung Eisenhowers gelesen? Der ist in Bad Homburg gewesen und hat den Herren Speidel und Heusinger erklärt, wenn gewisse Einzelpersonen im Kriege unehrenhafte und verächtliche Taten begangen hätten, fiele das auf die daran beteiligten Personen zurück und nicht auf die große Mehrheit der deutschen Soldaten. Der Mann

hat recht. Nur hätte er das nie gesagt, wenn wir Deutschen nicht wieder gebraucht würden, Stichwort Europaarmee.
D. sieht auf den Kalender: 12. Mai 1950. Vor fünf Jahren lief er, eine Schirmmütze auf dem Kopf, eine Mistgabel geschultert, in seinen Wehrmachtsklamotten als Landarbeiter getarnt durch die litauischen Wälder und zerbrach sich den Kopf, wie er am besten die Memel überqueren könnte, er wollte nach Hause.
Prüfen Sie doch bitte die Signaturen der Gruppe G 1, sagt der Büchereileiter, er sagt es im Tonfall seiner schlesischen Heimat, es muß da Doppelsignaturen geben.
Und D. macht sich an die Arbeit.

Lernstoffe. Versteckte Hinweise, was wohl als Prüfungsstoff zu erwarten sei. Steigende Unruhe der Dozentinnen, der Dozenten, wenn sich herausstellte, daß sie ins Leere geredet hatten, daß es zu spät war, jetzt noch Grundlegendes nachzuholen – endgültig zu spät! Ganze Wissensfassaden stürzten ein, gähnende Leere tat sich auf hinter dem schlauen, eifrigen Gehabe der Studierenden, hinter dem blinden Eifer, der die Mädchen wahllos mitschreiben ließ, Seite um Seite, Heft um Heft, bis alles überwuchert war vom Gespinst eines ganz und gar unverdauten Faktenwissens. Schließlich der Tag des Examens, ein „dies irae": D. steht in der Straßenbahn neben den beiden Mädchen, die mit ihm zusammen zur

Uni fahren. Sie halten sich im überfüllten Gang zwischen den Sitzen mit einer Hand fest an der Lederschlaufe, mit der anderen heben sie die Liste der Autoren an die Augen, die durchzuarbeiten jetzt und hier natürlich gänzlich unmöglich ist, und fragen einander mit blasser Lippe, ob dies oder jenes richtig sei. Er, der Mann, ein paar Jahre älter als sie, wird als unzulängliche Autorität angerufen, dabei hat er doch selbst kaum eine Ahnung.
Außerdem kommt ihm das alles etwas lächerlich vor. So, als sei er in der falschen Vorstellung. Wenn ihr wüßtet, denkt er, was ich zu verantworten hatte als Kompanieführer. Manchmal hat er während des Studiums das Gefühl gehabt, er müsse sich klein machen, um niemanden zu erschrecken mit seinen Ansichten. Dann wieder hat er sich über sich selbst geärgert, daß ihn die Ironie eines dieser Dozenten traf, von dem es heißt, der sei als SA-Führer durch Köln marschiert. Wenn der ihm maliziös bedeutete, er habe ja wohl noch einiges aufzuholen, sah D. rot. Im letzten halben Jahr haben sie ohnehin nur noch vom Examen geredet. Darüber was „dran käme". Und was man tun könne.

D. muß an sein Abitur denken, die einzige Prüfung, die er jemals abgelegt hat. Der Augenblick während der schriftlichen Arbeit in Mathematik fällt ihm ein, als ihm klar wurde, daß es keinen Sinn hatte, weiter zu grübeln. Er verstand die Aufgaben einfach nicht. Sphärische Trigonometrie. Algebra. Logarithmen, er hatte plötzlich keine Ahnung mehr, wie man die Logarithmentafel benutzt. Er blickte zum Fenster hinaus und sah in diesem Augenblick Kraniche in Keilform hoch über Berlin über den Himmel ziehen, zart bewegte Linien, eine nach der anderen, sie strebten wohl in die Moore und Niederungen weit im Norden, nach Mecklenburg, nach Masuren oder weiter nach Osten. Ein paar Sekunden hat er ihnen nachgesehen, dann ist er plötzlich aufgestanden, hat seine Unterlagen abgegeben, lauter leere Blätter, und ist leise zur Tür gegangen. Als er den Raum verlassen hatte, fühlte er sich wie befreit. Er wußte, diese „Fünf" würde ihm sein Abitur verderben, ihm war es egal, man sprach von Krieg.

Endstation UNI: sie eilen durch die Grünanlagen, hasten die Treppen hinauf, sammeln sich im Vorraum. Da sitzen schon die ersten Prüflinge, einige zerknüllen ein Taschentuch im Schoß, schlucken heimlich Tabletten, andere starren ins Leere und bewegen die Lippen. Schließlich beginnt die Prüfung, jeweils zu dritt werden sie aufgerufen, D. ist bei der zweiten Partie: links neben ihm die schmale dunkle Elsbeth, rechts Franz, der die Prüfer durch seine Brillengläser pfiffig mustert, als prüfe der ihre Kompetenz. Auch D. ist keineswegs aufgeregt, in der Gefangenschaft hat er die Fähigkeit entwickelt, sich in einen kräftesparenden Wartezustand zu versetzen: er ist hellwach, aber ganz in sich zurückgenommen.

Die Personen, die vor ihm sitzen, nimmt er kaum wahr: Direktoren, Professoren, Dozenten, da sitzt

auch der Büchereileiter aus Hilden, offenbar als Beisitzer, daneben die Dozentin für Schöne Literatur, die Emigrantin, die ihm zunickt und ihm einen leuchtenden Blick zuwirft, als wolle sie ihm auf außersinnliche Weise Kraft übermitteln – und dann beginnt die Direktorin des Instituts die Befragung. Es geht um die literarische Formenwelt der Romantik. Später um Stifter und Hamsun. Und auch um Hölderlins späte Hymnen. Kennen Sie den Namen des ersten Bearbeiters dieser Hymnen, der sie in Heidelberg entdeckt und entziffert hat?
Franz betrachtet die Dame mit einem Erstaunen, als sei es im Grunde unschicklich, mit einer Frage so weit zu gehen. Dann sagt er kopfschüttelnd, momentan wisse er das leider nicht. Jedermann versteht, daß man annehmen darf, er wisse es sonst jederzeit.
Dennoch geht die Frage an D. – das nennt man Prüfungsglück! Er weiß Bescheid, er kennt den Namen Norbert von Hellingrath, er spricht von den späten Essays des Eugen Gottlob Winkler, der habe sich mit 24 Jahren umgebracht. Er weiß das von dem Verehrer Trakls, Lager Wilna III. Also erzählt D., was er weiß, das ist wenig genug. Weshalb sich Winkler umgebracht hat, wird er erst nach Jahrzehnten erfahren. Dem Studenten Winkler ist vorgeworfen worden, im Jahre 1933 Wahlplakate der Nazis beschädigt zu haben. Er ist verhaftet und verhört worden, hat das Studium abbrechen müssen, eine „Hoffnung der Literatur" ging zugrunde, immer wieder holte man ihn zu Verhören. Die Gestapo verfolgte ihn, er hielt das

nicht aus und befreite sich schließlich durch den Tod. Heute kennt man weder seine Lyrik noch seine Essays mehr, auch nicht seinen Text über den später Hölderlin.

D. schließt seinen Bericht, er fühlt sich getragen von Zustimmung, diesmal schafft er es ohne Mühe: EINS.

Vielleicht noch eine Frage zur Staatsbürgerkunde, sagt einer der Beisitzer, ein Herr vom Ministerium.

Also wird D. gefragt. Eine betont einfache Frage soll er beantworten: welche Bundesländer gehören zu welchen Besatzungszonen, bitte?

Da muß D. sich besinnen: Amerikaner, Franzosen, Engländer, Russen – er ordnet, teilt auf, bekommt die Länder so ungefähr zusammen, zählt auf: was interessiert ihn Baden-Württemberg!

Dann sieht er den Befrager erwartungsvoll an: ein dunkles, unbewegtes Gesicht, ein skeptischer Blick, der Mann verzieht keine Miene, die personifizierte Würde.

Ist das alles?, fragt der. Oder fehlt noch etwas?

Nein, denkt D., es fehlt nichts.

Da geht die Frage an seinen Nebenmann, und D. wird klar, was er verpatzt hat: Berlin hat er genannt, aber Bremen vergessen. Und Hamburg.

Das genügt wohl? Danke.

Sie werden hinausgeschickt, die Prüfer ziehen sich zur Beratung zurück.

Später hat D. erfahren, daß es in der Konferenz einen Streit gegeben habe, ob er die Frage nach den

Bundesländern hätte beantworten müssen, um ein „Gut" zu bekommen. Der Vertreter des Ministeriums soll mit Nachdruck erklärt haben, daß man solche Lücken nicht durchgehen lassen dürfe – die jungen Leute seien es schließlich, die diesen Staat zu tragen hätten. D. bestand sein Examen dennoch mit der Note „Gut". Der Beisitzer aus Hilden hatte sich für ihn eingesetzt. Und die Dozentin für Literatur.

Er sitzt am Küchentisch und schreibt seine Bewerbungen in die geliehene Reiseschreibmaschine. Beruf des Vaters – Name der Mutter – Ausbildungszeiten von bis, am Kriege teilgenommen als – da läßt er manches offen, schreibt „Kriegsteilnehmer von 1939–1945". Gefangenschaft. Heikel ist die Frage, ob er mitteilen muß, daß er geschieden und wieder verheiratet ist: noch einmal eine Trauung in Weiß. Der Schwiegervater, Hauer vor Ort auf Zeche Katernberg wollte es so, das gehörte sich – Zahl der Kinder? Zwei. Eine Tochter aus erster Ehe, eine Tochter aus zweiter Ehe, ein vergnügtes Baby mit blondem Flaum und blitzblauen Augen. Das Körbchen steht jetzt nebenan in der guten Stube, wird aber nachts in die Küche geschoben, die Schwiegereltern schlafen im Zimmer neben dem Bad, man ist zusammengerückt. D. bekommt Arbeitslosenunterstützung. Einmal in der Woche steht er in der Schlange vor dem Arbeitsamt und holt sich sein Geld. Tagsüber liest er, er liest alles, was ihm in die Hände kommt. Für die Nacht wird das Bettzeug aus einer Kiste gekramt und die Couch mit ein paar Handgriffen in eine breite Liege verwandelt. Die Toilette befindet sich im Treppenhaus, zu Unmut besteht kein Grund: man braucht nur daran zu denken, wie es im Lager war. Oder während der Nächte, als die Sirenen über dem Ruhrgebiet den Anflug der Bomberschwärme ankündigten. Überdies: so, wie es ist, wird es nicht bleiben. Wenn D. erst eine eigene Wohnung hat, wird er Möbel anschaffen, denkt er sich, und bessere Kleidung und vielleicht sogar ein Klavier für seine musikalische Frau. Sie haben vor einem Jahr geheiratet, noch während des Studiums, die Tochter ist zwei Monate alt, alles in Ordnung, Freunde, keine Experimente.

D. schreibt an Firmen, die er nicht kennt, an Behörden. In den Zeitungen stehen ganze Seiten voller Stellenanzeigen. Es dauert keine vier Wochen, und er wird aufgefordert, nach Bremerhaven zu fahren. Eine amerikanische Dienststelle sucht jemanden wie ihn: sie wird von einer Frau geleitet, einer Miß Burns. Er besitzt einen hellgrauen Flanellanzug, den er schon im Krieg immer dann anzog, wenn er Zivil tragen durfte. Auch sein Sommermantel ist nicht mehr neu. Einen weichen Velourhut hat er sich gekauft, einen Filz, der mit dem richtigen Kniff versehen viel hermacht. Außer der rotblau gestreiften Seidenkrawatte nimmt er nach Bremerhaven den sogenannten Silberschlips mit, eine mattsilberne Kreation von beträchtlicher Breite und Länge. Kein Mann, der auf sich hält, geht ohne Krawatte auf die

Straße. Die Krawatte, das ist ein Beweis dafür, daß der Krieg wirklich vorbei ist: Krawatte ist zivil.
Außerdem wird er Handschuhe mit sich führen. Herren tragen Handschuhe. Ohne Handschuhe fühlt er sich unvollständig angezogen. Hosenträger? Nein, noch ist er schlank und sehnig, auch braucht er den Druck des Gürtels, um sich gut gekleidet zu fühlen. Sein Haar ist kurz geschnitten, und natürlich hat er zum weißen Nylonhemd zwei weiße Umlegekragen im Koffer und die Kragenknöpfchen, auf die er besonders wird achten müssen: wenn nur einer von ihnen verlorengeht, läßt sich der Kragen nicht befestigen.
So ausgerüstet, dazu mit einer Anzahl weißer Taschentücher, einem Waschbeutel, Rasierzeug, nämlich Seife, Pinsel und Rasiergerät, versehen, auch mit einem sogenannten Stullenpaket, fährt D. in einem Personenwagen III. Klasse nach Bremerhaven. Seinen Tabakbeutel hat er dabei, auch das Gerät zum Säubern des Pfeifenkopfes, das aus einem Kratzlöffel, einem Stiel zum Stochern und einem Stempel zum Festdrücken des glosenden Tabaks besteht und eine ausreichende Menge Streichhölzer. Pfeifenraucher sind gern gesehen. Man hält sie für besonnen, ausgeglichen und sympathisch. Auch D. profitiert davon. Niemand würde es wagen, ihn des Pfeifenqualmes wegen zur Rede zu stellen.

Bremerhaven liegt in Trümmern. Der graue Nordseehimmel verstärkt den Eindruck der Düsternis, man schreibt das Jahr 1953, es gibt viel zu tun. Diese Miß Burns jedenfalls, Leiterin eines Amerikahauses, also eine jener aktiven Damen, die den Deutschen einen offenen Umgang mit Kultur beizubringen entschlossen sind, packt vieles an. Es geht um einen Büchereibus, der demokratisches Gedankengut ins flache Umland tragen soll. D. soll für diesen Bus verantwortlich sein. Ein Fahrer wird ihm beigegeben, eine Männersache also, und dazu hoch modern, eben typisch amerikanisch.

Miß Burns hat verlangt, daß D. ein Referat von zwanzig Minuten halten soll. Über ein amerikanisches Buch seiner Wahl, und D. hat von Melville den „Moby Dick" gewählt. Walfang und das Symbol des Bösen. Kapitän Ahab, der finstere Jäger. Zehn eng beschriebene Seiten hat D. im Koffer. Nun tritt er Miß Burns gegenüber, einer schwarzhaarigen lebhaften Dame, die ihn wohlwollend mustert. Ob er denn auch sein Referat bei sich habe? Sie ist erleichtert, als sie hört, daß D. sich gut präpariert fühlt, und will nun wissen, ob er englisch oder deutsch sprechen werde. Deutsch, sagt er. Dann wird er durch die Räume des Amerikahauses geführt: helle offene Räume, die Wände voller Plakate, die Regale allesamt offen zugänglich, kein Vergleich mit den zumeist dunklen, engen Volksbüchereien hierzulande, die ihren Buchbestand in Magazinen verwahren und nur wenige Stunden am Tage geöffnet sind. Er kennt das nur allzu gut: kahle Räume, eine schwere hölzerne Theke, dahinter eine Bibliothekarin, die den

Leser fragen muß, was er denn nun lesen wolle, die Suche in den Buchkartenkästen und das Warten, bis eine Angestellte das Buch aus dem Regal geholt hat.
Er wird den Kolleginnen vorgestellt, ungewöhnlich freundlichen Damen, setzt sich an einen kleinen Tisch und räuspert sich. Ein wenig aufgeregt ist er nun doch, dann trägt er seinen Text über diesen Melville vor, der ist hundert Jahre früher geboren als er selbst und mit 72 Jahren als vergessener Autor gestorben. D. liest viel zu schnell, aber die Damen sind entzückt: ein wundervolles Referat! Und so gründlich!
Aber eine kleine Fehler hatte dieser Vortrag, radebrecht Miß Burns sozusagen neckisch. Sie hätten uns den Inhalt von diesem Buch erzählen sollen, nicht wahr? Wir Bibliothekarinnen verleihen alle diese Bücher. Aber wir lesen sie nicht alle. Es sind zu viele!
Da ist D. denn doch erstaunt: Melville ist schließlich ein Klassiker. Er weiß nicht recht, soll er sich nun höflich aus dem Staube machen? Da sagt Miß Burns:
Bitte kommen Sie heute abend zu mir zum Essen. Wir müssen uns ein bißchen informal unterhalten.
Informal?
Nun ja, locker, sagt sie. Es wird auch der Chauffeur von dem Auto kommen, ein Herr Jansen. Das ist Ihnen hoffentlich nicht unangenehm. Wissen Sie, wir in Amerika sind demokratisch. Wir essen mit unseren Angestellten an einem Tisch, nicht wie hier in Deutschland getrennt. Bei uns herrscht kein – wie sagt man? – Kastengeist.
Ein ernster Blick trifft D., und er versteht, daß sie hier

eine Mission hat, diese nette Amerikanerin in ihrer bunten Bluse.

Er sagt, er verstände das Problem. Als Offizier habe er auch mit seinen Männern zusammen gegessen.

Ach, wirklich? Schön, daß Sie das sagen. Sie sind wenigstens offen. Ich nehme an, Sie glauben nicht mehr an diese Nazi-Ideen?

Nein, versichert er, nun doch ein wenig lächelnd, ganz gewiß nicht.

Abends klingelt D. dann pünktlich an der Tür der Wohnung von Miß Burns, einen Strauß Nelken in der Hand. Er wird hineingebeten. Nun trägt Miß Burns ein graues Seidenkleid und eine Perlenkette und sieht ganz so aus, wie man sich eine amerikanische Lady vorzustellen hat.

Herr Jansen sei noch nicht da, sagt sie. Aber sie würde jetzt die Steaks braten und D. dürfte zusehen. Sie hätte ein ganz neues Gerät aus Amerika. Ob er schon einen Grill kenne? Infrarot? Keine Pfanne mehr, keine Küchengerüche, sondern eine ganz schnelle und saubere Zubereitung.

Auf einem runden Tisch steht tatsächlich ein blitzblankes Küchengerät mitten im Wohnzimmer, das mit Stehlampe und einer Couchecke ausgestattet ist.

D. muß sich einen Stuhl nehmen und vor den Tischgrill setzen. Miß Burns öffnet die Klappe, legt drei rohe Steaks auf den Rost und schließt die Klappe wieder. Dann schaltet sie das Gerät ein und setzt sich auf einen Stuhl neben D. Gemeinsam starren sie auf das Gerät wie auf einen Hausaltar und erleben durch die Glasscheibe mit, wie das Fleisch sich langsam bräunt – ein technischer Fortschritt, der jedem zugute kommt! Ist er nicht einfach wunderbar, dieser american way of life?

Zwischendurch fragt Miß Burns den Deutschen, ob er bei der SS gewesen sei, und ist erleichtert, als sie hört, er sei nur Offizier in einer Panzerdivision gewesen.

Dann erscheint der Kraftfahrer vom Kfz-Pool der Amerikaner, ein ungelenker älterer Mann in einem blauen Anzug, der sich offensichtlich nicht sehr behaglich fühlt. Er mustert D. mit mißtrauischem Blick und nickt zu jedem Wort, das Miß Burns von sich gibt. Sie hat mit lärmender Fröhlichkeit eine Schüssel Feldsalat und eine Schüssel Pommes frites auf den Tisch gestellt und verteilt die Steaks auf die Teller. Dann beginnt die Mahlzeit, eine echt demokratische Mahlzeit.

Schon fängt D. an, sich vorzustellen, wie er hier eine Wohnung suchen und mit seiner Familie an die Küste ziehen wird – auch die Nordsee hat ihre Reize! – da spricht ihn Miß Burns auf seine Sprachkenntnisse an: Er spräche doch sicher Englisch? Die Beherrschung des Englischen in Wort und Schrift sei ja doch selbstverständlich bei diesem Job.

Das klingt, als geniere es sie, diese Frage überhaupt zu stellen.

Nein, sagt D. beschämt. Er sei Humanist. Er verfüge nur über Latein und Griechisch, leider. Und etwas Französisch.

Oh mein Gott, sagt Miß Burns. Kein bißchen Englisch?
Nein, kein bißchen.
Am nächsten Morgen fährt D. nach Essen zurück. Die Kosten trägt zum Glück das Amerika-Haus. Daß es ohne Englisch nicht gehen würde, hätte er sich eigentlich denken können.

Endlich hatte es geklappt.
Wann können Sie anfangen?, hatte es geheißen. Schon morgen, hatte D. gesagt, ein klare Antwort. Man brauchte einen jungen Mann mit Ideen, D. hält sich selbst für einen guten Organisator, auch Menschenführung ist ihm vertraut. Das Institut, eine Bildungszentrale, existiert erst ein paar Monate: die erste Stelle! Man zahlt 750 DM monatlich, kein schlechter Anfang. Ob er Schwierigkeiten mit Damen habe? Nein, keineswegs. Eine Akademikerin wird seine Vorgesetzte sein, eine studierte Pädagogin.
Er ist schon früh unterwegs am ersten Arbeitstag, diesem 1. März 1955. An den Haltestellen drängen sich die Menschen. Die Sonne blitzt hinter blauem Regengewölk, am Horizont stehen die Dampfwolken der Kokereien, weiße Türme über düsteren Hallen, die Straßenbahn rattert durch die Innenstadt von Haltestelle zu Haltestelle. Es sind noch die alten Wagen aus der Vorkriegszeit.
Fast eine Stunde braucht D., bis er am Ziel ist: Endstation Stadtpark, ein grasbewachsenes Rondell mit

Geranienbeeten und einem steinernen Kiosk in der Mitte. Der wilhelminische Rathausbau steht unzerstört, aber rechts und links die Häuser müssen zu Schutt gebombt worden sein. Da stehen jetzt Barakken, die bald verschwinden sollen, daneben ein häßlicher Neubau, vier Stockwerke hoch, eine Arztpraxis, Verkaufsbüros und die sogenannte Arbeitsstelle für Erwachsenenbildung.
D. wirft einen Blick auf die kahle Fassade, sieht nach der Uhr, ist pünktlich, er wird sein ganzes Leben lang pünktlich sein: meine Herren bitte Uhrenvergleich. 10.25 Angriffsbeginn 11.00 – fünfminutenvorderzeitistdessoldatenpünktlichkeit – sehr schätzenswert, diese ehemaligen Soldaten!
In der Hand trägt er eine kunstlederne Aktentasche. Seine Frau hat ihm Butterbrote geschmiert und in Butterbrotpapier eingewickelt. Er mag Butterbrote nicht, aber was soll er machen, die Zeiten sind schlecht. Er kann froh sein, daß er Butterbrote hat, nicht wahr? Auch eine Thermoskanne hat man ihm eingepackt: heißer schwarzer Kaffee. Bohnenkaffee. Acht Stunden sind lang. Auch die Kumpels haben solche Aktentaschen, alte, abgegriffene Dinger, die sie aufs Rad klemmen, wenn sie morgens im Dunklen zur Zeche radeln. Ist er was Besseres, dieser D.? Na also.
Er geht die Treppe hinauf und kommt sich vor, als habe er sich in ein fremdes Haus verirrt. Dann sieht er das blanke Messingschild und klingelt. Morgen schon wird er mit einem eigenen Schlüssel aufschlie-

ßen können, noch kennt er die Nuancen der Bürokratie nicht: Schlüssel, Schreibtisch, Garderobe, und die Frage, mit welchem Farbstift er die Schriftstücke abzeichnen wird. Aber er ahnt, daß jetzt etwas beginnt, das ihn festhalten wird. Arbeitnehmer wird er Jahrzehnte bleiben. Endlich öffnet sich die Tür, und eine Frau streckt ihm stark lächelnd ihre beiden Hände entgegen und sagt, er sei vermutlich der neue Mitarbeiter: Willkommen!

D. bewegt sich linkisch. Er hat keine rechte Vorstellung von seinen Aufgaben, läßt sich Garderobe und Toilette zeigen, hört der blonden Dame zu, die ihm die Situation des Instituts mit bewegten Worten schildert, eine komplizierte Situation, und wünscht sich, sie möchte die schwarze Hornbrille abnehmen. Fräulein Bargfeld heißt sie und stammt aus Heidelberg, eine hochgewachsene rotblonde Frau von offensichtlichem Ehrgeiz: fühlt er sich als Mann angesprochen? Davon kann keine Rede sein. D. fühlt sich im Dienst.

Schließlich sitzt D. an seinem Schreibtisch, auf dem Papier und Bleistifte bereit liegen. Ein Stapel von Verordnungen, Gesetzesblättern, Denkschriften erwartet ihn, den soll er durcharbeiten, zusammenfassen. Schon beugte er sich über die Papiere, da hastet eine zweite Dame herein, eine stupsnasige, sommersprossige Person. Sie nennt ihren Namen und sagt, sie sei zuständig für den Schriftverkehr. Ihr Platz sei der hinter dieser alten Adler-Schreibmaschine. Sie amüsiert sich über D., der sich nicht leicht ausfor-

schen läßt, denn er beugt sich über seine Papiere und beginnt zu lesen, so beginnt der erste Arbeitstag.
Er muß mehrere Stunden hintereinander konzentriert gelesen haben, ohne aufzublicken. Schließlich kommt die Geschäftsführerin herein und fragt, ob er denn keine Mittagspause machen wolle?
Da muß die Kollegin sehr lachen. Sie hat längst zwei Stücke Kuchen und eine Tasse Kaffee neben sich stehen. Ob er nicht auch Kaffee wolle?
Sind Sie immer so still?, fragt sie. Sie haben den ganzen Vormittag kein Wort gesagt.
Das ist ihm nicht aufgefallen. Er denkt: ich bin doch im Dienst. Wie kann ich im Dienst reden? Weil er sich in Verlegenheit gebracht fühlt, stopft er sich eine Pfeife und entzündet sie umständlich. Fast wäre er nicht einmal darauf gekommen, zu fragen, ob der Rauch den Damen unangenehm sei. Sind seine Manieren so schlecht geworden?
Ich mag Pfeifenrauch, sagt das Fräulein, mein Vater hat auch immer Pfeife geraucht.
D. fragt nicht, was aus dem Vater geworden ist, er kann es sich denken.

Der Saal einer Bahnhofsgaststätte in Bochum. Ein Schild: Geschlossene Gesellschaft. Verräucherte Luft, Stimmengewirr. D. bahnt sich seinen Weg durch die Tische, da packt ihn einer am Arm: Was, du lebst noch? Mir haben sie gesagt, du seist vermißt.
D. erinnert sich: Nagorski. Feldwebel Nagorski. Unzertrennlich mit seinem Freund, dem stillen, blonden

Funcke. Bis der durch Artillerievolltreffer gefallen war. Die Abende, an denen sie in der Kneipe in Olmütz gesessen und gesoffen hatten, immer wieder das Schnapsglas gehoben, das Bierglas. „Prost! Auf das, was wir lieben!"
Der kleine magere Mann in Zivil, das soll Paul sein? Im Hintergrund sieht D. den Albrecht Petri, schlägt dem Paul auf die Schulter: Wir sehen uns später!
So arbeitet er sich durchs Gewühl, erblickt von weitem Kameraden, am Kopfende des Tisches den ehemaligen Kommandeur Generaloberst Gärtner, noch immer die ruckartigen Bewegungen, das scharf blitzende Auge. Auch seinen alten Fähnrichsvater sieht er, schmal und mit trockenem Lächeln, noch immer diese Reiterfigur, den hat er verehrt. „Haltung, meine Herren! Ich bitte mir Haltung aus – danke, meine Herren!"
Wie ist er nur hierher geraten. Er hatte sich das doch geschworen: nie wieder Kameraden, nie wieder Begeisterung, Rausch und Suff! Aber sie hatten seine Adresse herausgefunden, ihm geschrieben, nicht ohne Herzlichkeit, und als er sich sträubte, ihm klar gemacht, es gehe nicht um Traditionspflege, sondern darum, Schicksale aufzuklären. Er sei schließlich Offizier gewesen und habe Verantwortung getragen. Da war es wieder, das Wort, der Kälberstrick, mit dem man einen Mann wie ihn überallhin zerren konnte, wenn man es geschickt anstellte. Wenn dieses Wort fiel, dann sah er im

Winter 42 den Spähtrupp zwischen den schwarzen Stämmen verschwinden, den er sinnlos vor die eigene Linie geschickt hatte, um die Stärke der feindlichen Stellungen zu prüfen, am nächsten Tag sollte angegriffen werden. Sinnlos, es gab nichts zu prüfen. Schlimmer, ein Fehler. Der Spähtrupp war zusammengeschossen worden, nur ein Mann kam zurück, die helle Panik in den Augen. Später hat er dann fünf Briefe unterschrieben imkampfgefallenundsprecheichihnenbeileidauchimnamenallerkameraden.

Oder dieser Mensch fällt ihm ein, der sich voller Angst vorm Sterben absichtlich in den Fuß geschossen hatte. Nachts hatte man D. geweckt. Er war aus seinem Bunker gekrochen und hatte sich das angesehen: ein blutjunger Kerl mit angstvoll aufgerissenen Augen, sein Unteroffizier hatte ihn beobachtet. Was nun? Zurück zum Troß, Meldung an die Division. Was hätte man machen sollen? Feigheit vor dem Feind, das wird in allen Armeen mit dem Tod bestraft. In allen Armeen? Soweit hat er nicht gedacht, gefragt: Befehl ist Befehl.

Kameraden, schreit jetzt einer: Ich bitte um Ruhe!

Das Gemurmel legt sich, sie kennen ihn fast alle, den Mann, der da geschrien hatte, den legendären Hauptfeldwebel der 7. Kompanie. Den, der mit seinem Troß selbst durch den Einschließungsring der Russen hindurchgekommen war.

Und wer ist das, fragt D. seine Nachbarn, der jetzt aufsteht?

Man sieht dem alten Herrn, der nun die Arme ver-

schränkt und lächelnd wartet, bis es ruhiger wird, den ehemaligen Offizier an.
Den kennst du nicht? Das ist der General von Schilke. Der war Regimentskommandeur zur Reichswehrzeit. Der hat dem Führer nicht gepaßt, deshalb ist er in der Versenkung verschwunden.
D. sieht seinen Nachbarn an, einen freundlichen Vierziger, der sich ihm als Unteroffizier der 4. Kompanie vorgestellt hat, jetzt in der Stadtverwaltung Bochum. Der hat doch tatsächlich „der Führer" gesagt. Wie man „Bürgermeister" sagt. Oder „Geschäftsführer".
Der General schlägt mit der Gabel an sein Glas, neigt sich leicht nach rechts und links, dann beginnt er zu reden. Er sagt, er freue sich, daß die Kameraden so zahlreich gekommen seien, vor allem auch Kameraden, die einen weiten Weg auf sich genommen hätten – Beifall! Er begrüßt die ehemaligen Kommandeure, auch jenen General, dessen Name auf den Flugblättern des „Nationalkomitees Freies Deutschland" gestanden hatte, den General Sander, Eichenlaub zum Ritterkreuz, der die Tragödie von Stalingrad überlebt hat und zwischen seinen Offizierskameraden blassen Gesichts am Kopfende des Tisches sitzt, ein Verfemter.
Kameraden, kräht der Redner nun, auch unsere Damen möchte ich begrüßen! Wieder sieht er sich beifallheischend um. In der Tat haben ein paar Männer ihre Frauen mitgebracht, da hat einer als junger Soldat im Westerwald die Frau seines Lebens gefunden,

ein anderer in Stettin-Kreckow im Café. Diese Lebensläufe sind verschlungen mit den Spuren dieser Einheit, mit Orten, die 1940 oder 1945 wichtig waren. Sie haben überlebt und wollen es feiern, daß sie überlebt haben, und können nicht aufhören, treu zu sein –

Der Wahlspruch unseres alten, stolzen Regiments, ruft der General, er lautet: NIMMER DAS ZWEITE AN RUHM UND EHRE! Mögen auch viele gefallen sein, möge unser geliebtes Vaterland auch am Boden liegen, gedemütigt, geteilt, verarmt, wir werden ihm die Treue halten! Und daß wir unseren Wahlspruch erfüllt haben an allen Fronten, meine lieben Kameraden, das verdanken wir nicht zuletzt – nun steigert er sich, wird lebhafter in seinen Bewegungen, sozusagen strahlender – das verdanken wir nicht zuletzt unseren Damen! Unseren Frauen, die treu mit uns ausgehalten haben, dies alles zu tragen! Wir trinken auf unsere Damen!

Er schwenkt das Glas in einem Halbkreis. Man steht auf, trinkt ihm zu. D. setzt das Glas ab, er muß hier heraus, er kann das nicht mehr ertragen. Er steht auf und schiebt sich durchs Gedränge. Der dicke Morlock kommt ihm entgegen, ein zynischer Jurist, damals Reserveoffizer beim Ersatzbataillon.

Na?, grinst er, wären Sie damals man doch lieber bei uns geblieben! D. mustert ihn, ohne zu antworten, sie geben einander nicht die Hand. Da gab es diese Diskussion, im Februar 1945, ob es Sinn hätte, noch an die Front zu gehen. Die Division kämpfte, nur über

See versorgt und von den Russen eingekesselt, im „Kurlandkessel" bei Libau.
Ich bin doch nicht verrückt, hatte Morlock gesagt. Was soll ich an der Front! Wenn Sie mich fragen: der Krieg ist verloren.
Darüber steht mir kein Urteil zu, hatte D. erwidert. Aber ich gehöre zu meiner Truppe. Und die ist in Kurland.
Es reicht, es reicht – D. nickt mit dem Kopf: Sie haben Recht behalten, Herr Morlock.
Nichts für ungut, sagt Morlock. Sie waren damals ganz schön fanatisch. Gehen wir einen trinken?
Nein danke, sagt D. Ich muß nach Hause.
Er läßt den Menschen stehen und geht auf die Toilette, eine dieser häßlichen, stinkenden Männertoiletten. Ohne darauf zu achten, wer neben ihm steht, verrichtet er sein Geschäft.
Na, sagt da eine Stimme neben ihm, die er noch im Schlaf erkennen würde, wie gefällt denn dir dieser Zirkus?
Er blickt auf: tatsächlich, das ist Günther Ludwig, den sie als Rekruten den „grauen Adler" nannten, weil unter der Maske von Staub die blauen Augen adlerhaft blitzten. Der hatte schon in Polen ein Bein verloren, er bekam als erster Unteroffizier des Regiments das Eiserne Kreuz Erster Klasse. Dieser Ludwig war, was man einen „scharfen Hund" nannte. Im Dienst „eisern", aber ein fröhlicher, offener Mensch, ein Mann, an dem die Männer hingen.

D. freut sich und sagt es auch. Und sagt, er könne das alles nicht mehr ertragen. Er fände es zum Kotzen.
Sensibel warst du ja schon immer, sagt Ludwig. Aber du hast recht. Diese Sprüche, nicht zum Aushalten. Wollen wir gehen?
Also gehen sie beide und setzen sich in die nächste Kneipe. Da erzählen sie einander, was sie erlebt haben. Ludwig ist jetzt Polizeimeister in Berlin. Aber es gefällt ihm nicht mehr bei der Polizei. Er träumt davon, sich in Norwegen niederzulassen, als Uhrmacher. Ein Häuschen im Wald, verstehst du, und kein Vorgesetzter mehr! Und du?
D. erzählt und wünscht, es wäre zum Vorzeigen ein wenig mehr. Von Karriere kann da nicht die Rede sein.
Als sie sich endlich trennen, werden die Stühle schon auf die Tische gestellt.
Sie versprechen, Verbindung zu halten – auch so ein Ausdruck aus dem Jargon des Militärs. Verbindung nach vorn. Verbindung zu den Flügeln. Zu Panzern oder zur Artillerie. Über Politik haben sie übrigens kein Wort verloren. Und schon gar nicht über den Krieg.

„Gleichzeitig erörterte Hitler einen Plan zur Einnahme von Moskau. Diese Stadt dürfe durch keinen deutschen Soldaten betreten werden. Sie sei in weitem Bogen einzuschließen. Kein russischer Soldat, kein Zivilist, ob Mann, Frau oder Kind, dürfe die Stadt verlassen. Jeder Versuch sei mit Waffengewalt zurückzuweisen. Er habe Vorkehrungen getroffen, um Moskau und seine Umgebung mittels riesiger Anlagen zu überflu-

ten und im Wasser zu ertränken. Wo heute Moskau stehe, werde ein gewaltiger See entstehen, der die Metropole des russischen Volkes den Blicken der zivilisierten Welt für immer entziehen werde."
(Hitler beim Stab der Heeresgruppe Mitte, Sommer 1941 in: Fabian von Schlabrendorff. Offiziere gegen Hitler. Zürich 1946. S. 48)

Ein „Wunder" ist geschehen, sie haben eine Wohnung. Zwei Räume, Küche und Bad mit Toilette. Nahe am Marktplatz. Im ersten Stock. Auf der Hauptstraße lärmen die Busse vorbei, die Autos, die Fenster sind schlecht verkittet, sie klirren, aber die Wände sind tapeziert – grüngrau, mit einer weißen Leiste abgesetzt, gar nicht so schlecht. Das Bad: rosa Ölanstrich, eine gußeiserne Badewanne, natürlich keine Kacheln. Ein betagter Gasofen, der auch die Zimmer heizt. Etagenheizung ist günstig, das sagt jeder. Auf dem Küchentisch bei den Schwiegereltern wird gerechnet: Miete und Möbel und dies und jenes. D. hält sich zurück, er hat ohnehin nur unklare Vorstellungen von dem, was da auf ihn zukommt. Wer hat früher in dieser Wohnung gewohnt? Niemand weiß es, ein paar alte Leute gibt es vielleicht, die das noch wüßten. Aber wer will das schon wissen: sind sie ausgewandert? Umgezogen? Verstorben? Umgekommen während dieser Luftangriffe? Man richtet sich wohnlich ein zwischen den Trümmern, wie immer nach Katastrophen.
Also was brauchen wir?, fragt seine zierliche, blonde Frau, die eher notgedrungen die Dinge in die Hand

nimmt. Nicht daß sich D. als lebensuntüchtig erwiese. Er steckt voller Eifer, aber im Grunde hat er sich daran gewöhnt, daß für ihn gedacht wird: noch kommt er nicht auf den Gedanken, sein Leben langfristig zu planen. Unausrottbar diese Lähmung, als gäbe es über ihm eine Macht, die seine Geschicke steuert. Als sei provisorisch, was er selbst sich so einrichtet, und als seien ganz andere Instanzen am Werk, die über ihn bestimmen, undurchschaubare Instanzen. Diese Überzeugungen, ihm selbst unbewußt, hindern ihn aber nicht daran, mit Energie das zu sein, was er zu sein hat: Familienvater. Vorbilder hat er nicht. Sein eigener Vater, der liebenswürdige, lebensuntüchtige Millionärssohn, durch ein verkrümmtes Rückgrat behindert, ohne das väterliche Vermögen schutzlos, das sich in der Inflation verflüchtigt hat, ist früh gestorben. D. ist nahezu vaterlos aufgewachsen. Nun überträgt er, was er in Kasernen und Lagern gelernt hat, als einzig verfügbare Lebenserfahrung auf die Seinen: streng, aber gerecht. Wohlwollend, ja liebevoll, aber unbeirrbar. Noch immer versteht er sich als Autorität. So selbstverständlich ist ihm diese Rolle, daß sie erst Jahrzehnte später fragwürdig wird. Wie ist dieses sogenannte Wohnungswunder überhaupt geschehen? Da kennt die Schwester der Schwiegermutter eine Frau, deren Mann im Wohnungsamt ist. Und von denen haben sie erfahren, daß die Wohnung frei geworden ist. Eine bewirtschaftete Wohnung, auf B-Schein. Aber weil D. doch „Spätheimkehrer" ist, hat der Mann vom Woh-

nungsamt aus alter Freundschaft zu den Schwiegereltern mal die Kartei durchgesehen und seiner Frau gesagt, sie solle denen mal diesen Tip geben.
Der Schwiegervater ist abends mit einer Flasche Schnaps hingegangen, nur so, als Dank. Das alles ist an D. nahezu vorbeigelaufen. Als er aus dem Büro gekommen ist, hat seine Frau gesagt, sie habe eine Überraschung für ihn – also gut.
Für Möbel haben sie kein Geld. Also werden Eisenbettstellen, die von weitläufigen Verwandten abgestoßen werden, aus irgendeiner Schrebergartensiedlung herangekarrt. Von irgendwoher kommt ein Küchenschrank. Einen Kleiderschrank werden sie auf Ratenzahlung kaufen müssen. Das erscheint D. nun vollends fabelhaft: daß man etwas so Großes wie einen Kleiderschrank wird erwerben können, ohne bares Geld zu haben. Also gehen sie in das Möbelgeschäft am Markt und wandern durch die Reihen polierter Möbel. Es kommt eigentlich nur etwas Schlichtes in Frage. Da hätten wir, sagt der Verkäufer, ein asthmatischer älterer Herr in einem grauen Zweireiher, etwas ganz Modernes: Musterring. In der Tat, das gefällt. Birke mattiert. Sehr einfach in der Form, und doch elegant, nicht wahr? Sie unterzeichnen beide den Kaufvertrag, nun zum ersten Mal gedrängt von dem Zwang, Verbraucher zu sein, durchaus beklommen der riesigen Schulden wegen, über tausend Mark. Am liebsten würden sie sich bei dem Verkäufer händeschüttelnd bedanken, daß er ihnen dieses Wunder ermöglicht.

Zu Hause sitzen sie dann an diesem Samstag über dem Grundriß der Wohnung, schneiden ihre fünf Möbel maßstabgerecht in Pappe aus und schieben sie hin und her. Bei diesem Spiel kommt D. auf eine Idee: als einziger Sohn aufgezogen von einer Frau, die früh Witwe geworden ist, hat er eigenartige Vorstellungen vom weiblichen Geschlecht und ist davon überzeugt, Frauen seien im Grunde ruhebedürftige, kaum belastbare Wesen, verehrungswürdig sozusagen. Er wird sich das nur schwer abgewöhnen können.

Ohne sich mit seiner Frau abzusprechen, die Möhren für's Mittagessen putzt, während seine Schwiegermutter auf einer geliehenen Nähmaschine Vorhänge säumt, begibt er sich aus dem Haus und eilt noch einmal in jenes Möbelgeschäft. Er hat da einen mächtigen Ohrensessel gesehen: leicht geschwungene Lehne, grüner Bezug mit Noppen, die Rückenlehne sanft rückwärts geneigt, ein Sessel, in dem man sogar Schlaf riskieren kann, ohne sich zu verrenken. Dieser Sessel wird wie eine Insel sein, wie ein Strandkorb mitten in der Wohnung.

Und was kostet er?

D. ist entsetzt. Er kann sich das nicht leisten, das ist einfach zuviel.

Er fühlt sich alarmiert. Schon umkreist ihn der Verkäufer, als könne er auf keinen Fall zulassen, daß dieser Käufer wieder abspringt. D. weiß, daß er über seine Verhältnisse lebt, er wird dieses Gefühl noch oft im Leben verspüren, aber er ist machtlos gegen seine Phantasie: er sieht seine Frau, die er liebt, das versteht sich, abgespannt in diesem Sessel sitzen. Seine Mutter hat, wenn sie aus dem Büro kam, geseufzt, sie sei so abgespannt. Nun erst seine zarte Frau, die kochen muß. Die das Kind zu versorgen hat. Er wird ihr diese Oase der Ruhe schenken. Einen Ort, an den sie sich zurückziehen kann, wenn auch sie „abgespannt" ist. In Raten von achtzehn Monaten, geht das? Es geht. Vielleicht wird er das Rauchen einschränken müssen.

Also nimmt er den Stift aus der Hand des Verkäufers, der nur mühsam seine Befriedigung verbergen kann. Dies ist ein wunderbares Stück für die Frau Gemahlin, sagt er. Wirklich einmalig. Ein wenig lächelnd im Vorgefühl der Freude, die er seiner Frau bereiten wird, unterschreibt D. Ein wenig besorgt ist er dennoch, des Geldes wegen, als Familienvater und Haushaltungsvorstand.

Als er nach Hause kommt, mustert ihn seine Schwiegermutter, sich das schwarze Haar mit dem Unterarm aus der Stirn schiebend, mit einem langen Blick, während sie eifrig weiternäht. Na, warst du zum Frühschoppen? Du bist so vergnügt –

Nein, nicht zum Frühschoppen, auf einen solchen Gedanken würde er nie gekommen sein.

Er sieht seine Frau an, die am Herd steht. Ich kann euch nicht verraten, wo ich war. Das wird eine Überraschung.

Das Kinderwort reizt die Phantasie. Nun dringen beide Frauen auf ihn ein, er soll doch verraten, was

für eine Überraschung das sei. Aber er bleibt standhaft: wenn sie erst den Sessel in die Wohnung tragen, was für ein Augenblick!
Weißt du, was wir vergessen haben?, sagt seine Frau. Wir brauchen noch eine Lampe. Im Wohnzimmer haben wir keine Lampe. Und einen Laufstall.
Das sind noch einmal fast hundert Mark.
Auch das noch, denkt D. und sagt: Wir werden das schon schaffen. Damit hat er recht: sie schaffen es.

Es muß im November 52 gewesen sein, als der Freund aus München zu Besuch kam. Sie hatten sich im Lager III kennengelernt und in der Baracke nebeneinander auf der Holzpritsche gelegen. Das bedeutete: Nähe auf Zentimeterabstand.
Für den anderen Brot und Suppe empfangen, wenn der sich die Fußlappen von den fast erfrorenen Füßen wickelte. Dessen Tabaksqualm ertragen, wenn er Machorka rauchte. Mit der eigenen Hast den anderen zur Weißglut treiben: zorniges Verstummen. Kalte Bestrafung durch Schweigen. Ehekrieg ohne Ehe. Zwei Männer Mitte Zwanzig, die sich mit der Langsamkeit von Greisen in der Kolonne zur Baustelle schleppten und einander halfen, wo sie nur konnten. Gespräche am Kanonenofen, sobald der russische Brigadier verschwunden war, um auf dem schwarzen Markt von Wilna Gerät zu verscherbeln. Jeder kannte die Familie des anderen. Die Probleme. Die Schwächen. Der hatte also plötzlich vor

der Tür gestanden: Was du? Warum hast du nicht geschrieben?

Carlo ist vor D. entlassen worden, jedenfalls hieß es damals, er sei auf Heimtransport, sicher war nichts. Als D. selbst nach Hause kam, fand er einen Brief des Freundes vor, der in München Kernphysik studierte.

Sie schlagen einander auf die Schulter, starke Blicke, so findet man ein Stück des eigenen Lebens wieder: Anna, das ist Carlo, von dem ich dir schon so viel erzählt habe.

Die junge Frau lächelt ihn an. Sie wird Kuchen vom Bäcker holen und Kaffee machen und überlegen, wo er schlafen kann, der Gast.

Erst jetzt fällt es D. auf, daß der Freund kein Gepäck bei sich hat, im offenen Trenchcoat steht er in der Tür, in Jackett und Knickerbockern, mit Wollweste und Krawatte, ein gut angezogener Herr. D. erinnert sich. Daß Carlos Familie Aktienbesitz in den USA hatte, ist hinter Stacheldraht ein schwer gehütetes Geheimnis gewesen. Auch, daß seine Mutter aus einer wohlhabenden holländischen Familie stammte. Kapitalisten, Weltfeinde Nr. 1, wie für Hitler die Juden.

D. geht auf den Wagen zu, der vor der Tür steht. Ein azurblauer Volkswagen, Baujahr 1950. Ein Käfer.

Na, wie findest du den Wagen?, sagt Carlo und klopft auf das Blech.

Witzig. Ein witziges Auto. Wie schnell ist er denn?

D. geht um das Auto herum und betrachtet es. Zu

Autos hat er keine Beziehung: Wer kann sich schon ein Auto leisten!
Der fährt knapp über 100, sagt Carlo. Ich habe ihn gebraucht gekauft.
D. sieht zu, wie der Freund die Aktentasche aus dem Kofferraum holt. Wenn wir das damals gewußt hätten, denkt er, daß wir hier vor so einem Auto stehen würden, als wäre nichts gewesen –
Carlo sieht ihn an und grinst: Geduld, mein Alter. In ein paar Jahren wirst du selbst so einen Wagen haben. Da bin ich sicher.
D. schüttelt den Kopf: absurd, diese Vorstellung. Ebensogut könnte man ihm sagen, er werde ein eigenes Haus haben. Mit Garten. Anna weiß ja kaum, wie sie wirtschaften soll, das Geld reicht einfach nicht. Aber wenn D. die Gabe hätte, in die Zukunft zu sehen, würde er den Freund vor seinem Haus in Potomac/Maryland sehen. Oder am Steuer seiner Beechcraft. Oder auf der Yacht vor Miami kreuzend. Da ist er längst Vorstandsmitglied eines Energiekonzerns und hat die amerikanische Staatsbürgerschaft angenommen. Und wie würde er sich selbst in dieser Zukunft sehen? In einem gebrauchten Volkswagen, auf der Strecke von München nach Cap d'Antibes – nein, es ist wohl besser, die Zukunft nicht zu kennen.
Sie gehen zurück in die Wohnung, in der ein paar Drucke hängen, die „Blauen Pferde" von Franz Marc und die „Blaue Madonna" von Picasso.

Carlo stellt die Aktentasche auf den Tisch: Hier, das habe ich dir mitgebracht.
Er zieht aus der Tasche eine Flasche Sekt, sorgsam in Seidenpapier gewickelt, und ein Buch, für Anna Konfekt und für das Kind eine Tafel Schokolade.
Aber wir haben doch gar keine Sektgläser, sagt Anna und wird ein bißchen rot. Sie sieht hübsch aus in ihrem geblümten Kleid und wirkt immer zerstreut, als sei sie eben erst aus einem Traum aufgewacht – glücklich? Nein, glücklich ist sie nicht. Aber das sieht keiner der beiden jungen Männer, die nun die Flasche öffnen: man muß den Hals mit einem Handtuch umwickeln. Anna hält sich die Ohren zu.
Es knallt nicht, sagt D. Nur Anfänger lassen die Korken knallen.
Dann gießt der den aufschäumenden Sekt in die Wassergläser, die Anna auf den Tisch gestellt hat: Zum Wohle! Auf die Zukunft!
Gewiß ist es Zufall, daß gerade in diesem Augenblick nebenan ein Stimmchen greint. Also machen sie sich auf und schieben sich hinter der jungen Mutter vorsichtig ins Kinderzimmer.
Deine Tochter sieht dir ähnlich, sagt Carlo. Bestimmt!
Das kann D. nun wirklich nicht erkennen. Aber er glaubt es gern.
Dann setzen sie sich ins Wohnzimmer. Carlo muß die neu erstandene Stehlampe bewundern und den

Bücherschrank, und Anna will wissen, wie sie sich kennengelernt haben, Carlo und ihr Mann. Aber das ist schnell erzählt.
Nach dem Abendbrot verabschiedet sich der Freund.
Sie ist nett, deine Frau, sagt er, und sie verabschieden sich, als seien sie sicher, sich bald wiederzusehen.
An diesem Abend sagt Anna ihrem Mann, daß sie vermutlich wieder schwanger sei. Aber sicher sei es noch nicht.
D. zeigt, daß er sich freut, weil er weiß, daß sie das erwartet. Aber er macht sich Sorgen. Gerade im richtigen Augenblick fällt ihm zum Glück der Satz mit dem Häslein und dem Gräslein ein – weshalb bei ihm nur alles immer so kompliziert wird? Er weiß es nicht.

Die erste Dienstreise – und ausgerechnet nach Bonn, selbstverständlich mit der Bahn, allerdings II. Klasse, das denn doch.
Den Hauptbahnhof hatte D. nicht ernst nehmen können. Das sollte der Bahnhof der provisorischen Hauptstadt sein? Sie waren mit dem Taxi zum Ministerium gefahren und hatten sich beim Pförtner angemeldet, einem armamputierten, weißhaarigen Mann, und waren die Korridore entlang gegangen bis zu dem Zimmer, in dem der Ministerialrat saß. Dies war ein sozusagen müheloser Vorgang gewesen. D. hatte das imponiert: Bürger unter Bürgern. Keine Uniformen, kein martialisches Gepräge, zivile Umgangsformen.
Ihr Anliegen?

D.s Vorgesetzte, eine junge energische Frau, die später ihre Promotion über das Bildungswesen der Arbeiterbewegung schreiben und sich als Publizistin einen Namen machen sollte, trug eine grünseidene Bluse, die zu ihrem roten Schopf paßte, ein schweres Armband aus silbergefaßten Karneolen und einen schwarzen, engen Rock. Die Waffen einer Frau also? D. konnte sich darunter wenig vorstellen, das Gespräch verlief sachlich. Es ging um eine größere Summe, die aus einem bestimmten Fond bewilligt werden mußte: Topf, sagte man. Wenn nicht aus diesem, dann aus jenem Topf. Auf die schlaue Begründung kam es an, die bewies, daß der belebende Geldstrom gerade auf dieses und nicht auf das Feld nebenan geleitet werden mußte. Dabei spielte es durchaus eine Rolle, ob jener, der zu bewilligen vermochte, bei seinen Vorgesetzten freudiges Erstaunen hervorrief mit gerade diesem Projekt: Ach, das haben Sie in Gang gesetzt? Sehr beeindruckend, mein Lieber. Machen Sie weiter so!

Deshalb war zunächst ein düsteres Gemälde zu entwerfen. Ein schlimmer Zustand war zu schildern, dem nur auf eine bestimmte Weise würde abzuhelfen sein, nämlich durch Geld. Nur riesige Summen würden das Unheil aufhalten können. Aber vernünftigerweise könne man nicht alles auf einmal erreichen wollen. Man begreife, daß gespart werden müsse. Allerdings würde man dann auch nicht schaffen, was man sich doch wohl vernünftigerweise als Ziel würde setzen müssen.

Die junge Frau sprach mit Eifer. Sie schüttelte ihren roten Schopf und fixierte durch ihre randlose Brille den Ministerialrat: D. mit dem ihm durch ein Jahrzehnt eingebleuten Respekt vor Ordnungen, Hierarchien und Positionen, betrachtete den Mann nicht ohne Sympathie. Der hörte ohne Ungeduld zu, er äußerte Verständnis für das Anliegen: es ging um eine Buchausstellung zeitgeschichtlicher Literatur, eine Wanderausstellung –
Er spreizte die Finger, stellte sie auf besinnliche Weise gegeneinander und dozierte in angenehmem Bayrisch, daß er das Projekt für ausgezeichnet halte – aber zu groß. Viel zu groß, verstehen Sie, gnädiges Fräulein?
Ihre Lider flatterten. Die Anrede irritierte sie, D. kannte sie gut genug, um zu wissen, wie unangenehm ihr solche männischen Höflichkeitsformen waren.
Was man denn eigentlich ausstellen wolle? Was für Titel? Ob nicht vielleicht der Börsenverein als kompetente Stelle die Zusammenstellung beraten solle?
D. sah sich den Mann genauer an: Blauer Kammgarnanzug, etwas zu fett für sein Alter, am kleinen Finger einen Wappenring, dabei die geschmeidigen Bewegungen eines Menschen, der von Ordensgeistlichen erzogen worden ist. Im Revers trug er eine Nadel. Dort, wo man vor zwanzig Jahren das Parteiabzeichen getragen hatte, das mit dem Hakenkreuz, das „Bonbon". Nein, dieser Mann war eine Klasse besser, keine dieser Blockwartsnaturen mit Caesarengehabe.

Mein Kollege, sagte sie nun, ganz Leiterin der „Arbeitstelle für Erwachsenenbildung", wird Ihnen jetzt die Einzelheiten vortragen.

D. reicht die Themenaufstellung über den Tisch, er hat über einen Monat daran gearbeitet: Bücher über die Weimarer Demokratie. Hitlers „Mein Kampf". Enthüllungsliteratur aus den Zentren der Macht: „Verlorene Siege". „Befehl im Widerstreit". „Gespräche mit Hitler". Auch Literatur über das Attentat des 20. Juli 44, Literatur des Widerstandes. Soeben ist von Bonhoeffer: „Widerstand und Ergebung" erschienen. Und „Die weiße Rose" der Geschwister Scholl. Es ist die Vorhut einer riesigen Büchermasse, die in den nächsten Jahrzehnten produziert werden wird. Eine besondere Abteilung ist der Auseinandersetzung mit dem Kommunismus vorbehalten, da ist das Material reichhaltiger: Artur Koestlers: „Der Gott, der trog". Buber-Neumann: „Ich war Gefangene bei Stalin und Hitler". „Hexensabbat" von Weißberg-Cibulski. Und dazu das „Kommunistische Manifest", Stalins Schriften und die populäre einschlägige Literatur. Von Max Picard: „Hitler in uns". Auch die Schriften von Victor Gollancz, dem Juden, der für Versöhnung eingetreten war.

Der Beamte überfliegt die Liste und nickt: Ich könnte mir das durchaus vorstellen. Nur sagen Sie mir, weshalb Hitlers „Mein Kampf"? Halten Sie das zur Zeit für geboten?

D. nimmt sitzend ein wenig Haltung an, als spräche

er mit einem Vorgesetzten. Er wird diese Angewohnheit erst in Jahrzehnten verlieren: er ist kein lässiger Mensch, das gelingt ihm nicht.

Er beugt sich nach vorne, während er spricht, und faßt sein Gegenüber scharf ins Auge: Wissen Sie, Herr Ministerialrat, wie das die Engländer im Kriege gemacht haben? Die haben Hitlers „Mein Kampf" nicht etwa verboten. Die haben eine Buchausstellung mit nationalsozialistischer Literatur gemacht. Da lag auch „Mein Kampf". Damit die Leute sich selbst ein Urteil bilden. Ohne Hitlers „Mein Kampf" und das „Kommunistische Manifest" ist diese Buchausstellung sinnlos.

Nun ja, sagt der Beamte lächelnd. Und Sie meinen, daß wir Deutschen schon so weit sind? Daß die Besucher das verstehen? Ich wünschte, Sie hätten recht. Ich möchte nicht, daß man uns vorwirft, wir gäben den Unbelehrbaren neuen Auftrieb. Mit Bundesmitteln!

Nein, sagt D., wir beweisen mit einer solchen Ausstellung, daß wir unsere Lektion gelernt haben.

Also gut, sagt der Ministerialrat. Und an welche Summe dachten Sie?

Diese Frage geht nun wieder an die Leiterin, die wie ein eifriges Schulmädchen auf ihren Notizblock sieht – ihre Gehemmtheit scheint nicht gespielt zu sein – und eine Zahl nennt.

Sie unterstreicht, daß man sich über die Höhe der Forderung im klaren ist, aber leider davon nicht abgehen könne.

Der Ministerialrat hebt die Hände: Um Gottes willen! Das ist ein Drittel unseres ganzen Etats für 53!

Sie feilschen eine Weile hin und her. Schließlich läuft es darauf hinaus, daß ein Antrag gestellt werden muß, der Beamte braucht eine Unterlage, ein Papier. Ohne Papier geht nichts.

Er werde sehen, was sich machen läßt, sagt er. Schon hat er die Floskeln parat, die im entscheidenden Augenblick das Gelände vernebeln.

Übrigens, sagt er zu D. gewandt, Sie haben da auch Belletristik aufgelistet. Zum Beispiel „Das Treibhaus" von diesem Wolfgang Koeppen. Halten Sie das für sinnvoll?

Ich denke, sagt D., daß Literatur von Bedeutung dorthin gehört, meinen Sie nicht?

Als sie sich verabschieden, hilft der Beamte der jungen Dame in den Mantel, während D., nun ganz Adjutant, ihre Aktentasche übernimmt. Sie werden höflich bis zur Tür begleitet, dann verlassen sie ohne weiteres das Haus. Der Pförtner telefoniert und schwenkt seinen Armstumpf, es wirkt alles sehr normal.

Vor dem Innenministerium hält ein Taxi, ein feuchter Westwind schüttelt die Pappeln jenseits der Straße.

Eigentlich gefiel mir das ganz gut, sagt D. Die Leute geben sich Mühe. Nichts gegen Bonn.

„Der Führer sagt: Ob recht oder unrecht, wir müssen siegen. Das ist der einzige Weg. Und er ist recht, moralisch und not-

wendig. Und haben wir gesiegt, wer fragt uns nach der Methode. Wir haben sowieso soviel auf dem Kerbholz, daß wir siegen müssen, weil sonst unser ganzes Volk, wir an der Spitze, mit allem, was uns lieb ist, ausradiert werden. Also ans Werk!" Joseph Goebbels am 16. Juni 1941.
(Aus: Die Tagebücher von Joseph Goebbels. Sämtliche Fragmente. Teil I: Aufzeichnungen 1924–1941. Band 4, S. 693. München: K. G. Saur 1987)

Er ist mit der Straßenbahn in die Stadt gefahren, um in der Zentralbibliothek nach bestimmten Titeln zu suchen, er ist in Gedanken. Eilig durchquert er das Vestibül, gibt an der Garderobe seinen Mantel und seine Tasche ab und will gerade den Fahrstuhl betreten, als er den Schwerverletzten sieht, der sich mit ungelenken Bewegungen vorwärts arbeitet, einen „Kriegskrüppel" so hieß das noch nach dem Ersten Weltkrieg. Einen Mann, der beide Beine verloren hat, er sieht das mit einem Blick. Der Mann trägt zwei Prothesen, vermutlich an beiden Unterschenkeln, vielleicht sogar oberhalb der Knie. Schwer stützt sich der Mann auf Handkrücken und arbeitet mit äußerster Konzentration, um in den Fahrstuhl zu kommen. Schließlich lehnt er sich heftig atmend an die Wand des Fahrstuhls und grinst, als wolle er D. zeigen, daß das alles halb so schlimm sei. D. lächelt zurück, er kennt das, er kennt das alles. Im Reservelazarett Saßnitz waren mehrere Zimmer mit jungen Männern belegt, die entweder beide Beine oder beide Arme verloren hatten: da hatte der Armamputierte auf seinem Rücken den getragen, der keine

Beine mehr hatte und sich mit den Armen an ihm festhielt, eine armselige und furchtbare Solidarität.

D. hatte sich geschämt, wenn er aufrecht, mit gesunden Gliedern, durch die Korridore ging, er schämt sich auch jetzt. Immer diese unbeantwortbare Frage: Warum er? Warum nicht ich? Wie blind ist Schicksal? Wie böse?

Ich war im Bewegungslazarett Saßnitz, sagte D., ein Signal, daß er sich auskannte.

Mich hat's ganz zum Schluß erwischt, sagt der Mann. Im Brückenkopf bei Stettin. Pakvolltreffer.

Er wischt sich mit dem Taschentuch über Hals und Stirn, wie alle Schwerverletzten schwitzt er leicht. Ich will Bibliothekar werden, sagt er dann, in der Lazarettbücherei hab ich viel gelesen, da bin ich auf den Geschmack gekommen. Und Sie? Gehören Sie hier zu dem Laden?

Nein, das nicht, D. berichtet, was zu berichten ist, Truppenteil und Einsatzorte werden ausgetauscht wie Visitenkarten.

Zwei Tage später treffen sie sich im Ecklokal „Zum Jägerwirt" gegenüber der Stadtbibliothek: weißgescheuerte Holztische, klobige Stühle, ein blitzblanker Tresen und die Deckenlampe aus ineinander geschobenen Hirschgeweihen, an den Wänden Trophäen von Rehböcken, noch dudelte keine Musik aus Lautsprechern, keine Musikbox, man konnte reden – und sie reden.

Hans Treptow, hat der Kollege sich vorgestellt und zwei Bier bestellt: Endlich mal einer, mit dem man reden kann! Nicht immer nur über Bücher und all das Zeug!

Alsdann holt er seine abgegriffene Brieftasche heraus und zeigt seine Fotos: eine lächelnde Frau, ein kleiner Sohn, sein Stolz: Familie, das heißt, er ist ein vollgültiger Mann. Er ist nur körperlich verletzt, er ist normal. Und das heißt auch: sie ist mir nicht weggelaufen. Sie ist bei mir geblieben. Sie ekelt sich nicht vor mir. Vor den Stümpfen, die manchmal noch bluten.

D. nickt anerkennend, er findet, daß dies eine wirklich prima Frau sei, und erkundigt sich nach dem Alter des Kleinen. Sagt, daß er auch Kinder habe, und läßt alles weitere offen: Prost! Zum Wohle! Sie hätten im Krieg geheiratet, erzählt Hans, und insgesamt nur zehn Tage Urlaub gehabt in zwei Jahren – aber gekannt hätten sie sich schon länger. Dann kommt der Bericht über Verwundung und über die wunderbare Rettung des Hans Treptow – heilige Maria, Mutter Gottes hilf! Ein Amulett, Kerzen, eine Wallfahrt, nur hilf! Und sie hatte geholfen, das hatte an seidenem Faden gehangen, um Haaresbreite, und wenn der Chirurg im Frontlazarett ihn nicht doch noch auf den OP-Tisch gelegt hätte, obwohl der Feldwebel gesagt hatte, da sei nichts mehr zu machen – die Rettung also. Die Schmerzen. Das Laufenlernen. Ohne seine Frau hätte er aufgegeben. Ganz klar: wenn sie nicht wäre, würde er's nicht schaffen. Uns haben sie ganz schön angeschissen, sagt Hans. Was haben sie uns alles erzählt, nach der

Verwundung. Und jetzt? Jetzt sind wir schuld an allem. Daß der Krieg verlorengegangen ist, das ist alles Verrat gewesen. Du brauchst nur an den 20. Juli zu denken – oder etwa nicht?

Am Tresen sammeln sich Männer, die von der Arbeit kommen und sich ein Bier genehmigen, bevor sie nach Hause fahren, es wird geredet und gelacht, D. hört dem unaufhörlichen Redefluß seines Partners zu, zündet sich seine Pfeife an, die ausgegangen ist, und schweigt. Was hat es für einen Sinn, einem Mann, dem beide Beine abgeschossen worden sind, zu erklären, daß er sie für nichts geopfert hat? Für ein Phantom? Und hat er sie überhaupt „geopfert", bewußt hingegeben, und sie vielmehr nicht nur verloren, obwohl er gehofft hat, aus dem Krieg heil zurückzukommen? Einen halben Meter weiter rechts – und er säße jetzt gesund an diesem Tisch?

Bist du denn auch so einer, fragt Hans, der immer schon dagegen war? Immer schon gewußt, daß das schiefgehen würde, und immer schon dagegen gewesen – wenn ich das schon höre! Mich widert das an!

Er sei vier Jahre in russischer Gefangenschaft gewesen, sagt D. Da habe er manches begriffen.

Das könne er sich vorstellen, sagt Treptow voll Abscheu. Er hätte noch keinen getroffen, der nicht genug gehabt hätte von diesem Arbeiter- und Bauernparadies! Wenn die Deutschen da drüben könnten, wie sie wollten, würden sie alle in den Westen gehen. Alle – oder etwa nicht?

So war das ja nun nicht gemeint. Für diesen Kriegs-

verletzten ist die Uhr an dem Tag stehengeblieben, als ihm die Beine zerrissen wurden. An dem Tag, als er noch Glück gehabt hat in allem Unglück.
Das nächste Bier geht auf meine Rechnung, sagt D., wie er das in der Kneipe gewöhnt ist. Aber sein Gegenüber schüttelt den Kopf:
Ich vertrag nicht so viel, mein Kreislauf schafft das nicht. Außerdem muß ich noch Auto fahren.
Dann setzt er D. auseinander, wie das funktioniert. Es gibt tatsächlich Wagen, die man nur mit der Hand bedienen kann, Kupplung, Bremse und Gas, kaum zu glauben: ein Volkswagen, den man nur mit den Händen bedienen kann!
Schließlich brechen sie auf, Treptow stemmt sich mühsam hoch, läßt sich die Handkrücken anreichen und schiebt sich dann höchst energisch durch den Raum, von allen angestarrt.
Vor der Tür bleibt er stehen: Wenn ich etwas hasse, dann ist es Mitleid. Mit dir kann man wenigstens reden, du weißt Bescheid!
Er schiebt sich geschickt in den Wagen, verstaut die Stöcke und setzt sich zurecht. Dann kurbelt er das Fenster herunter und sieht D. an: Wir haben Pech gehabt, sagt er. Wir hätten den Krieg gewinnen müssen, dann ginge es uns besser!
D. schweigt und nickt, was soll er sagen: da ist jedes Wort zuviel. Dann sieht er dem Auto nach, das knatternd hinter einer Kurve verschwindet.

Irgendwann läßt es sich nicht mehr vermeiden: Mutter muß eingeladen werden. Frau D., sechzig Jahre alt, wird in ihrem Viertel „Frau Doktor" genannt und tritt entsprechend auf. Schließlich kommt sie aus einer Akademikerfamilie, das galt viel. Nicht ganz so viel wie „Offiziersfamilie", aber immerhin. Noch bezieht sie keine Rente, sondern arbeitet als Hilfskraft in der Bundesversicherungsanstalt für Angestellte. Aktenarbeit. Ihren Urlaub will sie „bei ihren Kindern" verbringen, also bei D. und seiner jungen Frau. Vor allem des Enkelkindes wegen – sie hat die Fotos auf ihrem Schreibsekretär stehen.

Wie diese Zeit aussehen wird, in der sie im Wohnzimmer auf dem Sofa schlafen und pfeiferauchend durch die Straßen gehen wird, weiß D. im voraus: bohrende Fragen. Krittelnde Bemerkungen über Kindererziehung. Über Haushaltsführung. Über die durchaus mindere Stellung des Sohnes, der leicht Akademiker hätte werden können. Wenn er nur gewollt hätte. Wenn er nur nicht geheiratet hätte. Sich hätte scheiden lassen. Wieder geheiratet hätte – ob das denn hätte sein müssen? Ansonsten freundlich, gelegentlich gut gelaunt: Geldfragen würden im Mittelpunkt stehen und natürlich das Kulturelle. Kein Museum, das sie zu besuchen versäumen wird, keine staatliche Galerie. Und dann dieser ständige Pfeifenrauch. Sie raucht aus einer langen Damenpfeife und kommt sich dabei wie Marlene Dietrich vor, sozusagen als Vamp. Als müsse sie es den Spießern in der Provinz zeigen. In Hosen, die damals noch an Trümmerfrauen erinnern, mit einem lila Kopftuch

und mit dieser Pfeife wird sie durch die Wohnung wandern, durchs Stadtviertel, durch die Parks.
Von weiblicher Emanzipation begreift D. nichts, nichts auch von der tiefsitzenden Erbitterung gegen Väter und Männer, kaschiert durch Gesten kleinmädchenhafter Verehrung. Die Damenpfeife ist ihr nur Gegenstand, kein Symbol. Von Freud hält sie nichts. Auch D. nimmt die Dinge noch, wie sie sind: ihr egozentrisches, auftrumpfendes Gehabe nervt.
Zwei Tage vorher hat Anna die Wohnung besonders gründlich gesäubert, vor allem den stockfleckigen Linoleumfußboden. Sie hat die Gardinen abgenommen und gewaschen. Die Türrahmen abgescheuert. Schließlich die Betten frisch bezogen und in den Kasten der Schlafcouch frische Bettwäsche gelegt. Es sind die alten Bezüge und Laken, die Mutter aus Berlin geschickt hat, vielfach geflickte Stücke, noch aus ihrer Aussteuer stammend: mit dem Monogramm HD. Jedesmal fragt sie, wenn sie kommt: Habt ihr denn auch die Bettwäsche noch? Gewiß, Mutter, die haben wir noch. Solche Bettwäsche bekommt man ja heute nicht mehr.
D. hat vor diesem Besuch Angst. Er weiß, Anna wird sich nicht wehren können und sich mit Herzklopfen in diesen Belagerungszustand fügen: Kind, reich mir doch mal die Puderdose! Hast du etwas heißes Wasser für mich? Kannst du mir eben mal die Bluse bügeln? Was, du nimmst kein Mondamin? Ich nehme immer Mondamin. Diese Vor-

hänge – findet ihr die schön? Also ich, ich könnte solche Vorhänge nicht ertragen –

Nein, weinen wird Anna nicht. Kein Wort wird sie sagen, nur verstummen.

Wenn D. dann am späten Nachmittag aus dem Büro kommt, wird er als Kronzeuge gebraucht: Anna findet ja diese Vorhänge schön – du etwa auch? Junge, hol mir doch mal ein Eis. Du weißt doch, ich esse so gerne Eis. Anna will ja keins, aber du?

Er wird Eis holen von der nahen Bude. Sie wird ihn zwingen, Eis zu essen, weil er als Kind mit sechs Jahren einmal erklärt hat, Eis wäre sein Schönstes. Schöner als Mohrenköpfe? Schöner als Schokoladenkuchen? Ja, schöner. Da haben sie alle gelacht, die Erwachsenen, und seitdem –

Mutter, ich mag kein Eis mehr, hört er sich sagen, wirklich nicht! Ach Junge, wird sie sagen, sei doch kein Spielverderber! Früher hast du es immer so gerne gegessen. Das ist sicher Annas Einfluß, sagt sie in neckischem Ton, damit man weiß, sie meint es, aber so meint sie es nicht. Komm, mir zuliebe! Du wirst doch deiner alten Mutter nicht den Spaß verderben!

Also wird er Eis essen. Und zusehen, wie sie dem Kind im Ställchen ein wenig Eis auf den Mund löffelt, nur so zum Spaß – wer ist schon gerne Spielverderber.

Kinder, ärgert mich nicht, wird sie sagen. Ich habe Urlaub, ich muß mich erholen. Jeden Tag um sie-

ben Uhr ins Büro, das ist keine Kleinigkeit in meinem Alter – also bitte.
Und sie werden sie behandeln wie eine Königinmutter, ihr besorgt jeden Wunsch von den Augen ablesen und dieser frustrierten, vom Leben enttäuschten Frau nichts recht machen können: ein Alptraum.
Ständig lobt sie sich selbst, keine Situation, die sie nicht blendend bewältigt hat. Menschen mag sie nicht, insbesondere keine Frauen, die sie durchweg für falsch hält. Wenn es ganz schlimm kommt und sie mit verkniffenem Mund, den Kopf hoch erhoben, aus kaum verständlichen Gründen beleidigt durch die Wohnung marschiert, summt sie „Das kann doch einen Seemann nicht erschüttern" vor sich hin, den Schlager aus dem Wunschkonzert: dann ist Vorsicht geboten.
Manchmal freut sich D. auf diesen Besuch und denkt, daß es doch diesmal vielleicht harmonisch werden könnte mit Mutter. Wenn er sich nur Mühe genug gibt. Und wenn Anna sich nicht provozieren läßt. Schließlich fährt Mutter ja auch wieder ab: diese paar Tage!
Am Tag der Ankunft steht er auf dem zugigen Bahnsteig und erwartet sie. Er sieht die rundliche Dame im Persianer schon von weitem, den schweren Koffer setzt sie alle paar Schritte ab. D. geht ihr mit langen Schritten entgegen und schließt sie in die Arme. Schon reckt sie ihm ihre Wange entgegen: Gib mir mal einen Kuß! Aber einen anständigen! Nimm mal den Koffer, nein, geh auf die andere Seite!

Er greift sich den Koffer, setzt sich an die richtige Seite und geht neben ihr her, um ihre Fragen zu beantworten: wie es denn mit Anna ginge? Ob das Kind gesund sei? Hoffentlich nicht erkältet. Sie könne sich nicht leisten, angesteckt zu werden – sie müsse sich erholen.

Auch von D.s geschiedener Frau will sie hören und von ihrem ersten Enkelkind, aber da kann D. nur wenig berichten. Ab und an, zu den Festen kommt ein gekrakelter Kinderbrief. Er habe sich, sagt er, ganz zurückgezogen, damit das Kind wisse, wohin es gehöre. D. denkt an Kinder aus geschiedenen Ehen, die sich ihr Leben lang unsicher fühlen. Aber hinter dieser Erklärung versteckt sich eine Art Feigheit, eine Unfähigkeit, sich einzugestehen, daß er versagt hat: was man von ihm erwartet hat, das hat er nicht geleistet. Als Sohn zum Beispiel. Und als Mann.

Wenn es nach mir gegangen wäre, sagt seine Mutter, hättest du nicht geheiratet. Aber mit dir war ja nicht zu reden. Bist du denn wenigstens glücklich?

Ja, sagt er. Er sei glücklich.

So erreichen sie das Taxi. Der Fahrer wuchtet den Koffer in den Gepäckraum. D. setzt sich neben seine Mutter, die seine Hand nimmt: Schön, deine Hand zu fühlen, mein Sohn! Deine Hände habe ich immer gemocht. Du hast genau solche Hände wie dein armer Vater. Sag mal, wie findest du denn den Adenauer. Ist das nicht ein toller Mann?

D. erinnert sich, wie sie Hitler einen tollen Mann genannt hatte. Und Göring. Während sie Goebbels

heftig ablehnte. Sie hat D., dem Sohn, auch seine starre Haltung zum Schluß des Krieges vorgeworfen. Weihnachten 44, als er unbedingt zu seiner Truppe zurück wollte.
Nein, sagt D., so toll finde ich den nicht. Politik ist mir auch ziemlich egal.
Typisch, sagt seine Mutter. Du bist ja immer anderer Meinung als ich.

Erst kam der Anruf: Hier Erwin – erinnerst du dich noch? Erwin aus dem Bismarck-Gymnasium! Dann der Besuch. Er brachte seine stille Frau mit, er redete viel, immer neue Ausblicke, Rückblicke, richtete sein Ego auf wie einen Totempfahl. Zusammen in einer Klasse gewesen zu sein, galt ihm viel. Er war mit dem Einjährigen abgegangen, hat sich durchs Leben gekämpft und hart an sich gearbeitet – nun springen seine Gedanken von einem Thema zum anderen, Olympiade, Wehrdienst, die Juden.
Da habe ich eine dolle Geschichte erlebt, sagt der Freund, und fingert nervös an seinem schwarzen, kurz geschnittenen Kinnbart. Seine dunklen Augen richtet er auf D. wie ein Hypnotiseur: ein fremder, umfangreicher Mensch in einem eleganten Skipullover, der seinen Lebenslauf in stolzer Demut trägt, aufgehängt an zwei Höhepunkten: er hat im Feuerhagel von Monte Cassino als Fallschirmjäger den Finger Gottes gespürt und vermag das ohne falsche Bescheidenheit auch so auszudrücken, und er ist heute lutherischer Pfarrer, gestützt auf ein begrenztes

Fundament humanistischer Bildung und vertraut mit den Abgründen des Lebens.
So gelingt es ihm auf entwaffnende Weise, die unbedingten Forderungen seines Berufes mit den Bedingungen seines persönlichen Lebens, wie auch immer sie aussehen mögen, in Einklang zu bringen: er ist auf der Durchreise von Kitzbühel zu einer Tagung in Berlin.
Ich habe im Zug nach Berlin 1941 eine fabelhafte Frau kennengelernt. Blond, gut gewachsen, stattlich – den Typ, auf den ich als Soldat flog. Wir haben uns auch verabredet, in Berlin. Und sie hat mir gesagt, ich würde nichts mehr mit ihr zu tun haben wollen, wenn ich wüßte, wer sie wäre.
Na wieso – haben Sie einen Paß, hat er gefragt und meint den Strich.
Nein, sie sei keine Prostituierte. Schlimmer.
Was soll schon schlimmer sein –
Den Stern müsse sie tragen. Aber sie trüge ihn nicht.
Eine Jüdin also.
Er erzählt, wie sie sich ständig umgesehen habe, voller Angst, es könne sie jemand erkennen, und erklärt habe, sie sei Krankenschwester am Israelitischen Krankenhaus zu Berlin. Damals durften die Juden schon nicht mehr im D-Zug fahren, nur im Bummelzug.
Er hätte versucht, sie zu einem weiteren Rendezvous zu überreden, aber sie hätte erklärt, es sei sinnlos und zu gefährlich. Sie könne sich nicht mit ihm treffen, schon um seinetwillen nicht. Außerdem habe sie

dunkle Andeutungen gemacht: Herr M., wenn Sie wüßten, was hier vorgeht –
Sie sprechen über die jüdischen Klassenkameraden, D. und der Schulfreund: auf dem Klassenfoto sind sie zu sehen. Nicht alle Namen fallen ihnen wieder ein. Das ist Friedländer. Der hatte immer zu lange Bleylehosen an und trug die Haare kurz geschoren. Das ist Wohl, sein Vater war Schneidermeister und Kriegsteilnehmer mit EK I. Ich erinnere mich, wie irgendein Lehrer ihn aufrief: Jude Wohl! Dann ist da noch ein kleiner, spitzgesichtiger Mensch in einer Windjacke – richtig, Oppenheimer. Es muß viele Oppenheimers in Berlin gegeben haben. Hier das ist Roetter, der soll beim BBC in London Redakteur sein.
Er habe, sagt der Schulfreund, bei der jüdischen Gemeinde in Berlin nach diesen Namen geforscht, aber keinen einzigen ehemaligen Mitschüler entdecken können. In der Liste ehemaliger Schüler des Gymnasiums sind die Silbergeleit, Wohlauer, Cohn mit einem Fragezeichen versehen: eine unbewältigte Vergangenheit?
Daß sie darüber reden, ist schon viel. Auch von Auschwitz ist jetzt gelegentlich die Rede.

Wer hat ihn mitgenommen zu dieser Veranstaltung? Freiwillig kann er nicht dorthin gegangen sein: ein riesiger Saal, bis auf den letzten Platz gefüllt mit Menschen. Keine Fahnen, keine Spruchbänder, keine Musik und schon gar keine Uniformen. Auf

der Bühne ein langer Tisch, an dem sie sitzen, um dann ans Mikrofon zu gehen und ihr Bekenntnis abzulegen: ein Gelübde, wenn man so will. Das Gelübde unbedingter Wahrhaftigkeit. Unbedingter Selbstlosigkeit. D. versucht sich vorzustellen, wie es aussehen würde, wenn er diese Forderungen an sich selbst stellen würde – hieße das, daß er jedem jederzeit alles sagen müßte, was er denkt? Wo fände er die Grenze zwischen seiner Selbstlosigkeit und dem Gefühl, diese seine Selbstlosigkeit doch auch zu genießen? Würde er nicht andere Menschen bloßstellen mit soviel eigener Güte, oder wären das nur Vorwände, um sich nicht ändern zu müssen? Er fühlt sich bis ins Innere unsauber, wie gedemütigt von Erlebnissen, die ihn seine Ohnmacht fühlen ließen. Er erinnert sich seiner Gier im Lager, seiner Brutalität im Kriege kaum mehr, das ist abgesunken, verdrängt, aber im Grunde weiß er über sich Bescheid – wie, wenn er sich mit einem einzigen großen Entschluß reinigen könnte von allem, was an ihm haftet?
Jetzt steht da vorne ein stämmiger Mann in einem zivilen Anzug auf und sagt, er sei britischer Offizier gewesen, Kommodore eines Bombergeschwaders, und bereue, was er getan habe. In Caux habe er begriffen, daß jeder Mensch sich ändern müsse, um die Welt vor dem Abgrund zu bewahren. D. ist fasziniert: das ist denkbar, daß ein hoher Offizier zu einem solchen Bekenntnis findet? Ist es das, was sie „moralische Aufrüstung" nennen? Aber wo liegt das eigentlich, dieses Caux?

Ein Franzose steht auf und sagt, er sei Offizier in der Résistance gewesen. Nun wisse er, was das Ziel seines Lebens sein werde.

Ein Chinese erklärt, er habe begriffen, daß alle Menschen, gleich welcher Rasse oder Hautfarbe, zu unbedingter Wahrhaftigkeit finden könnten. Wenn sich die Menschen nicht änderten, könne sich die Welt nicht ändern, und ohne Brüderlichkeit im Geiste von Caux könne es keinen Frieden geben.

Dann bekennt ein baumlanger Deutscher, ein Bayer, er sei erst SS-Mann und dann Fremdenlegionär gewesen. Nun aber wisse er, daß man sich befreien könne von äußeren und inneren Fesseln. Er sagt das sehr schlicht, und D. spürt: der ist nicht präpariert wie ein Verkäufer. Der Mann ist echt, sein Jargon verrät ihn. Wie war das möglich? Ein britischer Bomberpilot, ein SS-Mann, ein ehemaliger Partisan aus Frankreich an einem Tisch, in einer Gesinnung verbunden? Vielleicht ist das wirklich ein Weg – einer, der weiter führt als das marxistische Konzept der Klassenkämpfe und der Verteilung der materiellen Güter nach Leistung oder Bedürfnissen?

Mach dies zu einem Zentrum deines Lebens, hört er sagen. „Komm und steh auf! Die Tür zur Moralischen Aufrüstung ist überall weit offen für jedermann – für Russen, Japaner, Deutsche, Chinesen, Amerikaner, Afrikaner, Holländer, Griechen, Araber – für alle! Es geht darum, wie Menschen leben und wofür sie leben. Was ist Moralische Aufrüstung? Es ist keine Sekte, es ist ein Sauerteig oder ein

Samen. Die Menschen, sagt Gabriel Marceau, in welche die Saat gesät wurde, haben sich von innen geändert. Nun strahlt von diesen Menschen etwas aus, sie sind gleichsam radioaktiv geworden. Jeder, der mit ihnen in nähere Berührung kommt, empfindet das sofort."
D. ist verwirrt, er würde so gerne einer dieser hervorragenden Menschen sein. Aber er kennt sich: er ist zu schwach. Schon das Rauchen sich abzugewöhnen will ihm nicht gelingen. Wie soll er sich da zutrauen, unbedingte Selbstlosigkeit zu verwirklichen? Von der unbedingten Aufrichtigkeit gar nicht zu reden? Allerdings ist er nachdenklich geworden.
Ein paar Wochen später ist er bei den Eltern eines gefallenen Freundes eingeladen.
Der wurde C. H. genannt, Carl Heinz. Ein strahlender Mensch von wolkenlosem Gemüt, der den Klassendurchschnitt mühelos hinter sich ließ. Als man ihn fragte, was er einmal werden wolle – damals stellten sich solche Fragen noch – sagte er unverschämt: Direktor bei I.G.-Farben. Er wird, nach heutigem Sprachgebrauch, „Vorstandsvorsitzender" gemeint haben, und man glaubte ihm das. Einsen in Chemie und Mathematik waren für ihn eine Selbstverständlichkeit. Bei Newel soll er gefallen sein – das war ja kein Tod zum Anfassen. Kein Tod an einem sicheren Ort, sondern eine vage Angabe. D. hörte es während eines „Heimaturlaubs". Als er nach Jahren zurückkam, war der Schmerz schon versteint: Fotos und ein paar Feldpostbriefe als Restbestand, kein

Einzelschicksal, nicht einmal sinnvoll, ein bitterer Tod für nichts.

D. sitzt am Tisch. Das Mädchen mit Häubchen und Schürze serviert den Tee. C. H.'s Vater ist bei Siemens ein leitender Mann, ein Schlesier, ein Mensch von Gemüt, neben ihm die kleine, schwarzhaarige, stets biedermeierlich adrett gekleidete Gattin: Muttl und Voatl. Auch das wird man bald nicht mehr hören, das gemütliche Schlesisch. Nach dem gefallenen Freund fragt D. nicht, da ist nichts mehr zu fragen. Man spricht über Gegenwart und Zukunft und steuert vorsichtig an der Leere vorbei, in deren Mitte die stets gegenwärtige Erinnerung hockt, die unauslöschliche Erinnerung an diesen strahlenden Sohn.

Wie es ihm denn gelungen sei, fragt der Vater, sich zurechtzufinden nach so langen Jahren Gefangenschaft?

Schwierig, sagt D. Er fände es schwierig. Er käme sich vor wie im Niemandsland. Nicht zum „Osten" gehörig, dem „Lager des Sozialismus", und nicht zum „Lager des Westens". Weil er sich nicht verständigen könne mit denen, die nicht in Rußland gewesen seien, die keine Lager erlebt hätten, und nicht die Begegnung mit dem Marxismus.

Marxismus? Ob denn diese Ideologie aus der Zeit der Dampfmaschinen denn wirklich noch Gültigkeit haben könne? Vater G. zündet sich eine Zigarre an und bläst den Rauch von sich: er könne daran nicht glauben. Ob D. schon einmal etwas von Caux gehört habe?

Da haben sie nun doch ein gemeinsames Erlebnis. Denn die beiden Eltern sind in Caux gewesen und haben Frank Buchman selbst sprechen hören.
Ob er selbst denn, fragt D., nach den Grundsätzen der Moralischen Aufrüstung leben könne?
Ich versuche es wenigstens, sagt der grauhaarige Mann still. Es ist für mich die einzige Hoffnung, eine Welt ohne Krieg zu erreichen.
Da ist er wieder, der Schatten des Sohnes, der Schmerz, und es ist deutlich, daß D. hier eine Art Stellvertreter ist: einer, der davongekommen ist.
Zum Abschied zieht der alte Herr eine Visitenkarte aus der Brieftasche, gibt sie D. und sagt, sie solle ihm Glück bringen, vielleicht könne er sie einmal brauchen. Es sei die Visitenkarte von Frank Buchman persönlich. Er habe sie in Caux von ihm bekommen.
D. weiß nicht, was man mit Visitenkarten anfängt. Er bedankt sich und steckt sie beiseite. Noch nach Jahren taucht sie unter seinen Papieren auf. Irgendwann muß er sie verloren haben.

Es muß in den Tagen gewesen sein, als alle Zeitungen spekulierten: was wird, wenn Stalin stirbt? Stalin, der große Lehrer und Führer der Völker.
D. erinnert sich an alle die Standbilder, die Abbildungen: immer die Gestalt im Militärmantel in großer Geste, das grobe Gesicht unterm Mützenschirm, der Schnauzbart, so wie er sich der Hitlerbilder erinnert, die in jedem deutschen Amtszimmer hingen. Der Mann im Braunhemd mit Koppel und Schulterrie-

men, den bohrenden Blick auf den Betrachter geheftet, von Millionen umjubelt FÜHRER BEFIEHL WIR FOLGEN, nun längst verrottet, bald werden die Jungen kaum mehr wissen, wer Hitler war. Und Stalin? Die Generäle, hieß es, werden die Macht übernehmen. Unruhen würden ausbrechen. In der Ukraine. In Polen. In den baltischen Staaten, deren Befreiung zugleich ihre Unterwerfung war. Düstere Vorzeichen sahen sie allerorten, die Kreml-Astrologen, es würde Blut regnen, ein Komet würde am Himmel stehen, die Welt würde sich verdüstern – und nichts geschah. Am 6. März 1953 stand es in den Morgenzeitungen: STALIN TOT. Und nichts geschah – von dem Aufruhr in Workuta erfuhr D. nichts. Nichts von den Sitzungen des ZK der KPdSU. Der Nachfolger hieß Malenkow und war ein unbekannter dicklicher Mann. Drüben jenseits der Elbe in der Deutschen Demokratischen Republik, die es nicht gäbe, wenn es Hitler nicht gegeben hätte, wie es die Bundesrepublik nicht gäbe, wenn es Hitler nicht gegeben hätte – drüben also der „Spitzbart", Genosse Ulbricht: da würde sich mit Sicherheit nichts ändern.

Abends haben D.s Besuch. Der Kollege aus Schleswig, der als leitender Organisator für die Ausstellung „Zeitgeschichte" vorgesehen war. D. hatte ihn bei Arbeitsbesprechungen kennengelernt und mochte den trockenen Humor, mit dem der Kollege kulturelle Phantasien platzen ließ. Als Hitlerjunge war er, jünger als D., bei Berlin eingesetzt gewesen und hatte

dort den linken Arm verloren. Das fiel kaum auf, nur daß er manches unter den Armstumpf klemmen mußte, was ein anderer in die Hand nahm: Harald also kam. Ein stiller Mensch mit braunen, mädchenhaften Augen, der ungemein freundlich blickte, er legte eine flache Tüte auf den Tisch, sein Mitbringsel, sein Gastgeschenk.
Ich habe gemerkt, sagt er, daß du von Jazz keine Ahnung hast.
Jazz?
D. ist verblüfft. Mußte man, konnte man Ahnung haben von „dschähß"? War das nicht eine etwas abartige Musik ohne Regeln, aus Tanzbars und Kaffeehäusern, eben „Negermusik"? In Berlin war er ein paar Mal im Klassischen Konzert gewesen, Vasa Prihoda und Yehudi Menuhin, in der Philharmonie, als Fünfzehn-, Sechzehnjähriger. Ein paar Platten mit klassischer Musik kannte er dank seiner Freunde: Toccata und Fuge C-Dur von Bach, dirigiert von Leopold Stokowsky. Das Brandenburgische Konzert. Edwin Fischer. Und natürlich Elly Ney, die Löwin am Flügel: Beethoven. Auch Mozart. Aber Jazz? Dieser Plattenspieler braucht nicht mit einer Kurbel aufgezogen zu werden wie das Grammophon, an das D. sich aus dem Elternhaus erinnerte. Ein Holzkasten und ein großer Trichter, mit dem Hund als Markenzeichen, der mit gespitzten Ohren vor dem Trichter saß. Dies hier ist ein flaches, leichtes Gerät aus Plastik mit elektrischem Anschluß. Harald schließt es ans Netz und legt die erste Platte auf: Mahalia

Jackson. Eine Stimme hört D., die schwarz ist, zum ersten Mal eine schwarze Stimme, und hört GO DOWN MOSES, when Moses came out of Egyptland, hört zum ersten Mal den Rhythmus der Baumwollpflücker: was für eine Musik! Zwar ist D. im Bild, hat Bücher gelesen. Über alles hat er Bücher gelesen. „Onkel Toms Hütte" als Junge. „Die Baumwollpflücker" von Traven in der Lagerbibliothek. Gewiß hat er eine Vorstellung von der historischen Sklaverei, weiß vom tiefen Süden. Sogar von der Negerrevolte auf Haiti von 1791 weiß er, Dessalines und der erste Negerfreistaat von 1803. Aber gefühlt hat er nichts.
D. ist sehr still, als die Platte abgelaufen ist. Diese Musik! Diese Stimme! Harald erzählt vom Blues, vom Bebop. Noch ist er nicht in Amerika gewesen, aber er träumt von Amerika. Er weiß Bescheid in New Orleans und St. Louis, kennt die Kneipen mit Namen, die Bands, nennt Namen und legt eine Platte nach der anderen auf, Anna steht auf und tanzt – allein. Die Luft ist voller Pfeifenqualm, aber Whisky gibt es nicht. Whisky wäre viel zu teuer gewesen, sie trinken nicht. Sie haben keine Hausbar und keinen Kühlschrank, keine Stereoanlage und nicht einmal einen eigenen Plattenspieler. Aber es wird ein großer Abend. Jahre später würde er in einem alten Bauernhaus draußen hinter Freising bei einer Landkommune Pink Floyd hören, zusammen mit ausgeflippten Hippies, oder im „Domicil" in Schwabing Mangelsdorff, aber nie würde er begreifen, was schwarzer Jazz wirklich war, nie mit Musik

leben jenseits von Count Basie, Duke Ellington, Dave Brubeck.
Du kannst dir eine Platte aussuchen, sagt Harald.
Nicht leicht, die Wahl. Aber es blieb schließlich bei Mahalia Jackson: Spirituals und Gospelsongs.
Morgen kaufe ich einen Plattenspieler, sagt Anna. Wir zahlen ihn einfach ab. Ich schaffe das schon. Vielleicht mit zehn Mark pro Monat?
So weit kam es denn doch nicht: Annas Eltern stifteten Geld. Das war keine Kleinigkeit, unter diesen Verhältnissen.

Beengte Verhältnisse, wird es später heißen. Wir lebten in beengten Verhältnissen, Sorgen hatten wir immer und waren trotzdem – ja, was waren sie denn, diese jungen Eltern? Nicht leicht zu sagen. Immerhin, die Schwangerschaft war, was man leicht nennt. Noch gab es die Angst nicht vor unsichtbarer böser Wirkung im Mikrobereich, in den wachsenden Zellen. Arglos erwartet man die Geburt, wenn auch gefaßt, schließlich ist es nicht das erste Kind.
D. sitzt auf einer Bank im Warteraum des Knappschafts-Krankenhauses. Sieht er sich, wie Witzblätter den unruhigen, den angstvollen Vater sehen: als komische Figur? Ängste und Hilflosigkeit und die überflüssige Unruhe dessen, der eben nur Vater ist?
Schwestern eilen vorbei, mit dem schnellen Stechschritt des überlasteten Pflegepersonals, immer kurz vorm Galoppieren, auch Ärzte mit wehendem Mantel, wie Geistliche zu einer anderen Klasse gehörend,

über dem gewöhnlichen Volk: noch glaubt man an
Ärzte, an die Medizin und überhaupt an Ordnungen.
D. hat keine Angst. Er weiß überhaupt nicht mehr,
wie Angst sich anfühlt, seit sie unter dem Beton des
soldatischen Drills begraben wurde. Was ihn bedroht, ruft bei ihm Reflexe der Entschlossenheit ab:
undsetzetihrnicht / daslebenein / niewirdeuchdasle-
ben / gewonnensein! Er hat das eingeübt: sein Herz
in beide Hände nehmen, über die Hürde werfen, pa-
thetische Formeln für Angstabwehr. Erst nach Jahrzehnten wird er lernen, daß auch Angst lebendig
macht, hilfreich sein kann, wenn sie nicht alle Wehre
überflutet –
Anna? Anna passiert nichts, auch hat er nicht die geringste Vorstellung, was passieren könnte: Blutun-
gen, Embolien, Herzstillstände. Davon weiß er
nichts, und schon gar nichts von den Komplikatio-
nen der Geburt: Männer geht das nichts an, im
Kreißsaal haben sie nichts zu suchen, auch in der
Küche nicht. Das alles ist Frauensache. Männersache ist es, für Sicherheiten zu sorgen, so einfach kann
Schwieriges sein.
Er hat in der Klinik neben ihrem Bett gesessen. Er
hat ihre Hand gehalten, sie begleitet, als sie auf dem
Bett zum Kreißsaal gerollt wurde, mit den Augen haben sie einander festgehalten. Blaue Augen sind es,
was alles können Augen sagen –
D. geht hin und her. Aus dem Saal hört man nichts.
In den Korridoren hallen die Schritte. Telefone
schrillen. Er sieht zum Fenster hinaus auf die elen-

den Bäume unter dem grauen Himmel. Alle Mauern, alle Dächer hier sind überzogen von Staub, von Schwärze. Was er sich denn wünsche, hat ihn die Schwester gefragt, einen Sohn oder eine Tochter? Er weiß nicht genau, ob es ihm nicht im Grunde gleich ist. Im tiefsten Inneren denkt er, wenn er an Kinder denkt, immer an Mädchen, vielleicht, weil er selbst so unentrinnbar „einziger Sohn" einer Mutter war – eine zu große Bürde. Aber ein Sohn? Wenn er sich's genau überlegt: einen, mit dem man reden kann, einen Sohn fürs Leben? Einen, der den Namen weiterträgt, einen Bruder für die Tochter?

D. weiß wenig über sich. Er ahnt nicht einmal, daß er in seinem Leben noch nicht zu Hause ist, noch immer nicht und wann je – sein Blick reicht nicht weit genug. Noch denkt er, daß die Balken halten, und weiß nicht, wie morsch das Gerüst ist, auf dem er sich sein Leben zusammenbaut.

Er sieht nach der Uhr: fast zwei Stunden wartet er schon, und es ist das zweite Mal, daß die Wehen wieder aussetzen. Man weiß nie, wie lange es dauert, hat der junge Arzt gesagt, ein stiller, dunkler Mann, der ihn durch seine randlose Brille nachdenklich ansieht, als prüfe er diesen jungen Vater. D. überlegt, ob er es fertigbringt, zu lesen. Er hat sich von Hemingway „Der alte Mann und das Meer" eingesteckt. Er hatte gehofft, das könne ihn ablenken.

Als die Hebamme kommt, sieht er mit einem Blick, daß alles gutgegangen sein muß.

Ein Junge, sagt sie, eine leichte Geburt, er wiegt 3500

Gramm und ist 53 Zentimeter lang, ein Riese! Ihrer Frau geht's gut, sie wird gleich gebracht, sie ist noch benommen.
Da strahlt D. denn doch.

Der Rundfunkempfänger, verbraucht durch die Jahre, das Radiogerät, ein alter „Volksempfänger", durch dessen Membrane Hunderte von Sondermeldungen mit den Fanfarentönen aus „Les Préludes" von Liszt gedrungen waren, alle diese „Führerreden" des Mannes mit der gutturalen, niederbayrisch-österreichisch gefärbten Stimme, alle die Wunschkonzerte und Warnungen vor anfliegenden Bomberströmen, stand auf dem Buffet. Genau in der Mitte, genau dort, wo sonst der Brotkorb steht, zwischen den verglasten Aufbauten, direkt unter dem Aufsatz mit dem Geschirr. Links daneben an der mit Ölfarbe gestrichenen Wand der Abreißkalender. Er zeigt den 17. Juni 53. Sonnenaufgang, Sonnenuntergang. Mondaufgang, Monduntergang. Namenstag. Das Rezept: Königsberger Klopse mit Kapernsoße, dazu Reis. Nachtisch: Vanillepudding. Darunter: Schläft ein Lied in allen Dingen / Die da träumen fort und fort / Und die Welt hebt an zu singen / Triffst du nur das Zauberwort. Joseph Freiherr von Eichendorff (10. 3. 1788 – 26. 11. 1857).
Wenn man am Küchentisch sitzt, sieht man diesen Volksempfänger. Nur der Schwiegervater sitzt, wenn er nach der Schicht sein Essen löffelt, mit dem Rücken zum Buffet. Jetzt hat er sich umgedreht, den Tel-

ler mit dem Ellenbogen beiseite geschoben und starrt das Gerät an wie damals, wenn eine „Sondermeldung" angekündigt war. Er zündet sich mit fahriger Hand eine Zigarette an. Alle starren sie auf das Radio, als gäbe es dort etwas zu sehen wie auf der Mattscheibe eines Fernsehgerätes: unmöglich, den Blick abzuwenden von dieser stoffbespannten Fläche, von der Vorderfront des lackierten Gehäuses, von dort, woher die Stimme kommt. Sie haben schon gestern abend die Nachrichten gehört: Normerhöhungen, Demonstrationen in Ostberlin. Heute morgen sollen sich die Massen auf dem Strausberger Platz versammelt haben. Aber es ist, als sei eine Lawine losgetreten. Eigentlich hatte D. mit seiner Frau nach dem Dienst nur eben bei den Schwiegereltern Gläser mit eingemachtem Obst abholen wollen.
Mensch, hör dir das an!, sagt der Schwiegervater und streicht sich mit der Hand über den kurzgeschorenen Kopf, hör dir die Kumpels an!
Und jetzt, brüllt der Sprecher, seine Stimme überschlägt sich, es ist nicht zu glauben! Jetzt marschieren sie durchs Brandenburger Tor, aus dem Westsektor strömen die Menschen über den Platz, auf die Kolonne zu, die sich auflöst, man sieht die Männer in ihrer Arbeiterkluft, Fahnen werden geschwenkt, sie kommen, sie kommen herüber, es ist nicht zu fassen – ein paar Mann sind auf das Brandenburger Tor geklettert, jetzt reißen sie die rote Fahne herunter, die oben an der Siegesgöttin – und das, obwohl seit 13 Uhr in der Sowjetzone Kriegsrecht herrscht, alle

Versammlungen sind verboten, Panzer rollen durch Ostberlin, noch ist kein Schuß gefallen, sie wagen es nicht zu schießen, aber überall in der Zone ist der Aufstand ausgebrochen, ein Kampf um die Freiheit von dem verhaßten System des Kommunismus!
Vorsichtig greift D. nach seiner Pfeife, man kann es nicht glauben, was man da hört! Wenn man ihn noch vor acht Tagen gefragt hätte, ob er so etwas für möglich gehalten hätte, er hätte den Kopf geschüttelt über eine solche Frage: Ostberliner Bauarbeiter, die durch das Brandenburger Tor nach Westen marschieren, an der Spitze eines riesigen Demonstrationszuges? Aufstände in Magdeburg, in Halle, in Brandenburg? Unmöglich, vollkommen unmöglich! Es ist, als habe sich in einem einzigen Schrei alle Wut entladen, als sei mit einer einzigen, unkontrollierten Bewegung die ganze Lähmung eines Volkes abgeschüttelt worden, das noch immer nicht glauben kann, was es erlebt hat zwischen Potsdam und Buchenwald, Auschwitz und Stalingrad – der Sprecher redet und redet. D. kennt den Platz, er ist oft genug über den Pariser Platz geradelt, die breite Straße Unter den Linden hinunter, an der Alten Wache vorbei, er hat als Junge alle die Paraden gesehen, die Aufmärsche – er sieht, was da geschildert wird, wie mit eigenen Augen vor sich, die Menschen, die Panzer – aber zum ersten Mal lebt er nicht im Zentrum der Ereignisse, sondern am Rand.
Schalt ab, Vater, sagt die Schwiegermutter. Jetzt wis-

sen wir's ja. Ob das ein gutes Ende nimmt? Die Russen gehen ja doch nicht raus. Was meinst du?
D. ist gemeint. Der studierte Schwiegersohn. Der, weil er Kriegsteilnehmer ist, wissen müßte, wie es zugeht da drüben.
Sie werden den Aufstand zusammenschießen, sagt er. Und alle einsperren, die sie kriegen können. Die Zone geben die Russen nie her.
Die armen Menschen dort, sagt die Schwiegermutter. Zu essen haben sie ja jetzt genug, aber nicht mal Nähseide kriegt man. Oder Kaffee. Nicht mal das bringen sie fertig für ihre Leute.
Aber Bücher sind billig, sagt Anna. Und die Mieten. Die zahlen nur ein paar Mark für eine Wohnung.
Na dann frag mal nach, sagt die Schwiegermutter und lächelt ein bißchen verlegen, weil sie so selten Gelegenheit hat, etwas beizusteuern zur Unterhaltung, obwohl sie eine gescheite Frau ist, was keiner begriffen hat, auch sie selber nicht: dann frage mal nach, wie lange die drüben auf eine Wohnung warten müssen.
Dazu ist nichts mehr zu sagen.
Und D. überlegt, weshalb der Westen denen da drüben nicht zu Hilfe kommt. Er versteht nicht, daß nichts geschieht.
Glaubst du, die machen unseretwegen Krieg, sagt der Schwiegervater und tippt sich an die Stirn: Hier! Das wäre ja Wahnsinn! Die sind doch nicht verrückt!

„*Die fünf Arbeiter, einige Vopos und ein Volksrichter gehen von Zelle zu Zelle, rufen die Politischen auf und lassen sie frei: dreißig Menschen, unter ihnen zwei Frauen. Unbeschreiblicher Jubel, als sie auf die Straße treten. Man lacht ihnen zu. Man hebt sie auf die Schultern, trägt sie davon. Die Befreiten können noch nicht lachen. Sie können es noch nicht begreifen – das Wunder dieses Morgens. Sie hatten den Lärm auf den Straßen bemerkt, sie hatten die Erregung ihrer Schließknechte beobachtet. Sie hatten gehört, daß ein Wort in den Sprechchören immer wiederkehrte: ‚Freiheit für die Gefangenen'. Und nun sind sie frei. Einer bleibt in der Zelle, er ist nicht transportfähig. Er liegt auf dem Fußboden, über dem Kopf einen Verband. Er kann nicht aufstehen. Er scheint völlig verstört zu sein. Er lallt nur: ‚Ihr Mörder – Ihr habt mich schön zugerichtet.' Sie hatten ihn gefoltert. Die Arbeiter sehen es und berichten es auf der Straße. In diesen Minuten zeigt sich der ‚Volksrichter' Benkendorf an einem Fenster. Die Demonstranten kennen ihn als den Mann, der für den Diebstahl von ein paar Nägeln (die es in keinem Laden zu kaufen gibt) drei Jahre Zuchthaus verhängte. Sie schreien zu ihm herauf, er möge sich nun verantworten. Sie würden ihn mit Gewalt holen, wenn er nicht freiwillig käme. Der Volksrichter versteckt sich. Der Zimmermann sucht und findet ihn auch. Der Volksrichter bittet jammernd, man möge ihn nicht dem Volk ausliefern, sondern in eine Zelle sperren. Der Zimmermann legt ihm Handfesseln an und sperrt ihn ein. Allein erscheint er auf der Straße, er will erklären, daß es besser so sei. Die Menge hört nicht. Sie schreit, der Richter müsse durch die Volksversammlung auf dem Markt verurteilt werden. Benkendorf wird herausgeholt.*"
(Aus: Stefan Brant, Klaus Bölling: Der Aufstand. Vorgeschichte, Geschichte und Deutung des 17. Juni 1953. Stuttgart 1954. S. 148 ff, über Vorgänge in Brandenburg)

Das Wahllokal muß in der nahen Grundschule ein-

gerichtet gewesen sein. Die Holzkästen mit dem Schlitz, die man Urnen nennt. Die sogenannten Wahlkabinen, auf Tische gestellte Schirme. Die behördlicherseits gelieferten Bleistifte, am Haltefuß mit einer Schnur befestigt. Die in einer Reihe hinter ihren Tischen sitzenden Wahlhelferinnen und Wahlhelfer, Angestellte des Öffentlichen Dienstes. Ein paar Jahre später wird D. selbst Wahlleiter sein.
Das alles funktioniert, ist pünktlich organisiert, als hätten die Deutschen ihre Regierungen seit Jahrzehnten demokratisch gewählt: keine Wahlschlachten mehr wie in den 30er Jahren, keine Sandwichmänner mit Parteiparolen vor den Lokalen. Diese Wahl verläuft nüchtern: man geht zur Wahl sonntags, wie man in die Kirche geht oder seinen Hund ausführt, das Pflichtgefühl überwiegt. Aber auch die Einsicht, wie wenig eine Stimme wiegt.
Ich weiß nicht, was ich wählen soll, hat Anna gesagt. Vielleicht die FDP?
D. widersteht der Versuchung, seine Frau vom demokratischen Sozialismus überzeugen zu wollen. Er sagt nur, er werde SPD wählen. Das habe er sich vorgenommen, als er noch im Lager war.
Diesen kleinen Dicken wählst du, den Ollenhauer?
Dann ziehen sie ihre Mäntel an, legen das Baby in den Kinderwagen – die Tochter wird bei den Großeltern verwahrt – und wandern zum Wahllokal, vorbei an den rußigen Häusern der Siedlung, die Hauptstraße entlang. D. schiebt den Kinderwagen und rechnet: wenn dieser Sohn so alt ist wie er jetzt, wird

man das Jahr 1986 schreiben, und im Jahr 2000 wird er 48 sein – ob er selbst dann noch lebt? Ob Deutschland dann wohl wiedervereinigt ist? Daß der ihn eines Tages würde fragen können, weshalb er nicht ‚im Widerstand' war, kommt ihm nicht in den Sinn. Die Diskussion über die Schuld der Deutschen an den KZ-Greueln war fast schon beendet, als er aus Rußland zurückkam: Heuss hatte das Wort geprägt, es gäbe keine Kollektivschuld eines ganzen Volkes, wohl aber eine kollektive Scham. Bei dieser Wahl heute geht es um die Frage, ob man das alles bejahe, was Adenauer in Gang gesetzt hatte: die Europäische Wirtschaftsunion. Die Montanunion. Die Zahlungsunion. D. hat von diesen Fragen kaum mehr als eine nebelhafte Vorstellung. Er will seine Stimme der SPD geben, weil sie eine demokratische Partei ist und für die soziale Gerechtigkeit eintritt. Für den sogenannten kleinen Mann.

D. bewacht den Kinderwagen, während Anna ins Wahllokal geht. Noch immer sieht sie in ihrem abgewetzten dunkelblauen Tuchmantel und dem Kopftuch, unter dem das blonde Haar hervorsieht, wie ein Mädchen aus, das sich unter die Erwachsenen verirrt hat.

Feierlich ist D. nicht zumute, als er selbst die Schule betritt und seinen Wahlschein vorlegt. In einer Minute ist alles vorbei, er hat SPD angekreuzt, den Zettel in den Umschlag geschoben und ist zur Urne gegangen – ein ganz normaler Vorgang, wie eine Bestellung im Laden: man notiert seine Wünsche, und eine unsichtbare Maschinerie liefert neue Machtverhältnisse. Keine Bekenntnisse mehr. Keine vor aller Augen beschriebenen, dann öffentlich gezeigten Stimmzettel. Kein Gebrüll, keine Gesänge, keine Massenhaftigkeit. Nur ein kleiner, ordentlicher Vorgang unter dem Schutz dieser Pappwände, die einen kabinenhaft umgeben – und man hat als Wähler seine Macht ausgeübt. Niemand würde einen angreifen, einen bloßstellen können. Niemand fragt Gesinnungen ab.

D. lächelt, als er aus dem Wahllokal kommt.

Du siehst ja so amüsiert aus, sagt Anna. Hast du die Kreuzchen auch an der richtigen Stelle gemacht?

Sie schüttelt den Kinderwagen ein wenig, der Sohn quietscht vor Vergnügen: es ist alles leicht geworden. Keine Flammenzeichen, keine Fahnen. Kein Mantelsaum der Weltgeschichte, den es festzuhalten gilt, auch wird am deutschen Wesen niemand genesen. Kein schöner Land? Man wird sehen.

Als sie nach Hause gehen, hat D. dann doch Zweifel, ob er nicht lieber eine andere Partei hätte wählen sollen: diese Zweifel werden ihn begleiten.

D. trägt einen Hut. Einen Mantel. Eine Krawatte. Er sieht aus, wie das Fotoalbum die Väter der 50er Jahre zeigt: zum Totlachen. Lange Haare? Bärte? Pullover und Karottenhosen? Ein Stück der noch dunklen Zukunft, das die Enkel belustigen wird. Täglich um die gleiche Zeit steigt er in die Straßenbahn, die quer durch die Stadt zum Rathaus rattert.

Es sind immer noch die alten Vorkriegswagen, fast auf die Minute genau kauft er sich am Kiosk eine Zeitung und betritt wenig später das Büro. Wenn er die erste Seite der Zeitung überflogen hat, stürmt die Kollegin herein, wie immer leicht verspätet, wirft ihren Mantel über den Kleiderhaken und stellt den kleinen Topf mit Wasser aufs Fensterbrett, nimmt aus ihrem Schreibtisch den Tauchsieder und schüttet das Kaffeepulver in den Papierfilter. Wenn die Geschäftsführerin kommt, bekommt auch sie eine Tasse Kaffee: ohne dieses morgendliche Ritual läuft in diesen Räumen nichts, niedriger Blutdruck ist bei Damen wohl weit verbreitet. Heute stellt Fräulein Braun – man redet einander noch förmlich an – die Tasse anders hin als sonst. D. streift sie mit einem Blick, wird aufmerksam, glaubt ihr so etwas wie Kummer anzusehen. Unmöglich, sie zu fragen.
Sie zündet sich mit fahrigen Händen eine Zigarette an und trinkt erst einen Schluck, ehe sie sagt: Eigentlich darf ich es Ihnen ja noch nicht sagen, aber Sie erfahren es ja sowieso gleich – unsere Stelle wird aufgelöst. Kein Geld mehr.
Was? Woher haben Sie das? Er möchte zweifeln, aber es gibt keinen Zweifel, sagt sie, es gehe um Zuschüsse vom Land, die nicht bewilligt worden seien. Deshalb fielen auch Bundesmittel aus, die Kommunen allein könnten die Arbeit nicht mehr finanzieren.
Zwar ist immer davon die Rede gewesen, aber im-

mer im Ton der Zuversicht. Die können doch auf unsere Arbeit nicht verzichten, hieß es, die würden sich ja nur selber schaden. Gerüchte wurden kolportiert, daß Direktor M. mit dem Minister sprechen würde, als Parteifreund. Und der Beiratsvorsitzende hätte einen Draht nach Bonn. Schlimmstenfalls würden sich eben die Kultusminister der Länder mit der Sache befassen müssen. D. glaubt die schlechte Nachricht nicht, es ist ihm unmöglich, gleich das Schlimmste für möglich zu halten. Noch ist er zu jung für Skepsis, später wird man ihn schelten, daß er auf den ersten Blick stets den Fehlschlag für denkbar hält. Er stopft sich die Pfeife und qualmt vor sich hin, stellt immer neue Fragen, aber es scheint, als ob alle Hoffnungen getrogen haben: keine Wunderwaffen. Keine überraschende Wende mehr, es geht nicht mehr weiter, nur noch höchstens drei Monate.
Sie tun mir wirklich leid, sagt die Kollegin. Schließlich haben Sie Familie. Und sie sagt, sie fände es toll, daß er so ruhig bliebe. Obwohl doch seine Existenz auf dem Spiel stände.
D. muß lächeln: seine Existenz? Er sitzt hier am Tisch und raucht seine Pfeife. Er ist gesund, weder kriegsversehrt noch krank. Er hat das Lager III in Wilna überstanden und das Vierteljahr in der Strafbrigade – was kann ihm schon passieren?
Als die Geschäftsführerin kommt, merkt sie sofort, daß etwas in der Luft liegt. Mit einer eckigen Bewegung reißt sie sich die Baskenmütze vom Kopf,

schüttelt ihr Haar und mustert ihre beiden Mitarbeiter mit einem resignierten Blick.
Ihr sitzt da, sagt sie, wie die Hühner, wenn's donnert? Was ist los?
Gestern ist noch ein Anruf aus Bonn gekommen, sagt die Braun. Als Sie im Rathaus waren.
Und?
Eine Absage.
Eine Absage? Die Bargfeld schüttelt den Kopf und greift nach dem Zigarettenpäckchen. Ich hätte es mir denken können. Sie wissen, was das bedeutet?
Schweigen ist auch eine Antwort. Was kann man schon sagen, in einer solchen Situation! Es ist ein Kummer, daß diese Arbeit abgebrochen wird, aber keine Bedrohung der eigenen Existenz. Man weiß, man wird eine neue Stelle finden. Die Anzeigenseiten der Zeitungen stehen voller Stellenanzeigen – kein überfüllter Arbeitsmarkt, keine Arbeitslosigkeit. D. kennt das Schreckenswort aus seiner Kindheit, als sein Vater mit seinem kleinen Baugeschäft in den Konkurs ging und keine Arbeit mehr fand. Er glaubt, dies sei für immer vorbei. Das Programm der KPdSU kennt als Menschenrecht das Recht auf Arbeit, das hat ihn in Rußland beeindruckt. Als er in den Westen kam und meinte, im kapitalistischen System müsse es zwangsläufig Krisen und Arbeitslosigkeit geben, als Folge konkurrierender Überproduktion, erklärte man ihm, diese Zeiten seien vorbei, Keynes habe die Formel für die Bewältigung dieses Problems gefunden. Die soziale Marktwirtschaft ver-

füge über Instrumente, solche Entwicklungen zu steuern. Es werde nie wieder eine Weltwirtschaftskrise noch Massenarbeitslosigkeit geben.
Keine Ängste also heutzutage, dem Tüchtigen steht die Welt offen.
Ein seltsamer Tag. Kein Brief wird mehr getippt, kein Papier studiert. Es ist, als habe jemand die Unruhe angehalten, nun tickt nichts mehr, die Zeit bleibt stehen. Aberwitzige Pläne, um die Stelle zu retten, schillernde Seifenblasen, die der Phantasie entspringen und im Licht der Vernunft zerplatzen. Schließlich fängt jeder an, von seinen eigenen Problemen zu sprechen: Die Kollegin lebt mit ihrer kranken Mutter zusammen. Sie sind Flüchtlinge aus Schlesien, sie haben, und dies ist die Wahrheit, alles verloren. Der Vater war Apotheker in Glogau – Glogau? Wo liegt das? Jetzt wohnen sie zur Untermiete in Essen-Rüttenscheid. Das wird als Schicksal erlebt und nicht ohne Würde getragen, noch spricht niemand vom Elend der Palästinenser, ahnt niemand etwas von den Flüchtlingsströmen in Vietnam, in Afrika. Die Geschäftsführerin wird nach Bremen zurückgehen. Aber was wird mit D.? Die beiden Frauen scheint das heftiger zu beschäftigen als ihn selbst.
Pünktlich, nur wenige Minuten nach Dienstschluß, verläßt D. das Büro. Auch die Straßenbahn ist pünktlich. Er stellt sich wie jeden Tag auf den vorderen Perron, links hinter den Fahrer, der mit seinen zwei Kurbeln den schüttelnden quietschenden Wa-

gen über die Kreuzungen steuert. D. hat die Strecke im Blick, ihm ist, als führe er selbst. Schon als Kind hat er immer hinter dem Fahrer stehen wollen, wenn er mit der Straßenbahn zum Zoologischen Garten fuhr, zur Völkerschau, oder mit dem doppelstöckigen gelben Bus nach Lichterfelde zu seiner Großtante Felicitas, die aus Chile stammte und für ihn immer eine gläserne Bonbonniere voller Schokoladenherzen bereithielt.
Und was sagt er Anna, wenn er nach Hause kommt? Wird sie erschrecken, wenn er ihr berichtet, daß die Dienststelle aufgelöst werden muß, aus Mangel an Mitteln? Und daß er bald wieder arbeitslos sein wird? Er kennt sie noch nicht genau genug, um zu wissen, wie sie reagieren wird. Vielleicht sollte er sie schonen. Sie nicht beunruhigen mit solchen Problemen! Sie ist noch erschöpft von der Geburt, ihr Herz ist schwach. Wenn es nun stimmt, ist es besser, mit ihr darüber zu reden oder nicht? Ohne es zu wissen, hat D. eine Vorstellung von sich, die nicht von ihm selbst stammt, sondern auf unklare Weise in sein Denken eingedrungen ist: der Mann ist Ernährer. Eine Frau ist schutzbedürftig. Wer keine Frau ernähren kann, ist ein Versager. Er muß möglichst schnell Arbeit finden, eine Stelle, die vernünftig bezahlt wird. Schließlich muß er allerhand aufbringen, allein die Miete für die Wohnung, von den Alimenten ganz zu schweigen. Notfalls muß ich eben auf den Bau gehen, sagt er sich zum Trost. Es muß ja nicht der Bergbau sein. Arbeit finde ich immer.

Pünktlich fast auf die Minute hält die Straßenbahn, wo sie immer hält. D. steigt aus, die Aktentasche unter dem Arm. Eine Thermoskanne hat er sich verbeten, aber gegen ein Stullenpaket kann er sich nicht wehren. Das Butterbrotpapier wird zusammengefaltet und wieder mit nach Hause gebracht. Er wird danach gefragt, wenn er versäumt, es abzuliefern.
Er überquert die Straße und geht wie jeden Tag an der Buchhandlung vorbei, daneben liegt ein Blumengeschäft, und an der Ecke hat sich eine Fahrschule eingerichtet. D. sieht sich im Schaufenster und wundert sich: noch hat er sich an den Anblick dieses Zivilisten nicht so ganz gewöhnt. Ob er seiner Frau erzählen wird, was er heute erfahren hat, weiß er noch nicht.

Seitenweise Stellenanzeigen: Substituten. Zeitnehmer. Produktmanager. Älteres Ehepaar für Haus und Garten gesucht. Chefsekretärin mit französischen Sprachkenntnissen. PRAKLA sucht Bergingenieure. Wer mag PRAKLA sein? Repräsentanten und Assistenten. D. liest solche Anzeigen, wenn er sonntags in der Badewanne liegt, er durchstreift den Dschungel der Wirtschaft in immer neuer Verwunderung: was ist ein Substitut? Was macht ein Produktmanager? Diesmal ist D. nicht arbeitslos geworden: Querverbindungen zwischen oberen Etagen der Kommunen, empfehlende Telefongespräche mit der hiesigen Kulturbehörde. Schließlich hat man ihn gefragt, ob er bereit sei, als Angestellter nach BAT VII,

selbstverständlich mit Aufstiegsmöglichkeiten...?
Ja, fein, er möge sich doch dann mit Dr. Würselen
selbst in Verbindung setzen.
So steht er nun in Essen im Foyer des Büchereigebäudes. Die Direktion ist im ersten Stock untergebracht, kein Mensch ist zu sehen, nicht einmal einer dieser graubekittelten Hausmeister. Es sieht aus, als sei das gesamte Personal einer Seuche zum Opfer gefallen. Er hätte sich zunächst telefonisch – richtig, ein Fehler. Er hat darüber nicht nachgedacht. Er hat sich wie ein Soldat verhalten: der ruft nicht an, der meldet sich persönlich bei seinem Vorgesetzten, D. scheint das selbstverständlich. Er geht die Treppe hinauf, den Korridor entlang: leere Amtszimmer. Im Stich gelassene Schreibtische. Einige Türen verschlossen. Aber er hatte Stimmengewirr gehört. Schließlich steht er vor einer Tür, hinter der ganz offensichtlich gefeiert wird: „Direktor Dr. Carl Würselen. Anmeldung im Sekretariat". D. nimmt den Hut vom Kopf, faßt noch einmal nach der Krawatte und öffnet die nächste Tür. Sein erster Blick fällt auf ein Waschbecken, in dem unter einem laufenden Wasserhahn mehrere Sektflaschen liegen. Der Raum ist voller Menschen, meist älteren, aber weiblichen Geschlechts, die sich rote Pappnasen oder winzige bunte Hütchen aufgesetzt haben. In der Mitte steht ein kleiner, freundlicher Herr mit einer Stirnglatze, der schräg auf dem Kopf ein sogenanntes Krätzchen trägt und sich zu D. umdreht.

Mit nervösem Zwinkern faßt er D. ins Auge: Wo kommen Sie denn her?
D. nimmt ein wenig Haltung an, ohne es zu merken, und stellt sich mit seinem Namen vor. Bestimmte Bewegungen kann er sich erst nach Jahren abgewöhnen.
Ach Sie sind das, sagt der kleine Herr ungerührt und zwinkert noch einmal. Dann kommen Sie mal morgen wieder. Oder bleiben Sie einfach hier. Wir feiern nämlich Karneval. Heute ist schließlich Faschingsdienstag.
Das sagt er mit leicht rheinischem Akzent, als sei damit alles erklärt.
Nehmen Sie sich ein Glas und setzen Sie sich zu uns, Sie gehören ja sowieso bald dazu.
Eine blasse, magere Dame, blonder Knoten, Hornbrille, Strickkleid, erklärt, sie sei Fräulein Rosinski und säße beim Chef im Vorzimmer, drückt D. ein Wasserglas in die Hand und schenkt ihm ein.
Unser Chef ist Rheinländer, sagt sie. Wenn der nicht Karneval feiert, wird er krank.
Im Dienst?, denkt sich D. Wieso im Dienst? Dieses Wort hat für ihn immer noch einen friderizianischen Klang: Zucht und Ordnung. Fleiß und Treue. Pflichterfüllung um der Sache willen. Mit dem Krückstock soll der gichtige König mit dem Dreispitz seinen Untertanen eingebleut haben, was es heißt, Preuße zu sein. Dienst? Da erstarben sozusagen alle menschlichen Gefühle. Dienst ist Dienst, und Schnaps ist Schnaps. Will sagen, wer im Dienst

ist, der ist keiner menschlichen Regung zugänglich. Und jetzt dies? Er sieht nicht freundlich aus, der junge D., wie er da so steht in seinem grauen Flanellanzug, den blaurot gestreiften Schlips fest an den weißen Nylonkragen gezurrt, ein Wasserglas in der Hand, das mit Sekt gefüllt ist, und sich die Damen ansieht, die ihn umgeben.
Ein Herr kommt auf ihn zu, der sich als Vertrauensmann von der ÖTV vorstellt. Blasses altes Kindergesicht mit aufgerissenen Augen, schmächtige Figur, einen blauen Siegelring am Finger, er trägt einen Anzug mit Weste.
Was haben Sie für eine Besoldungsgruppe?, fragt er. Sind Sie in der Gewerkschaft?
Nein, sagt D., ich bin nicht in der Gewerkschaft. Ich bin nirgends –
Sagen Sie das nicht, meint der Gewerkschaftler und schüttelt bedeutsam den Kopf, sagen Sie das nicht! Auch wer außerhalb steht, trifft eine Entscheidung. Den luftleeren Raum gibt's nicht, politisch gesehen. Ist alles politisch, was wir machen. Alles.
Das kennt D. schon aus Moskau. Aber er nennt dann doch seine Besoldungsgruppe, als er danach gefragt wird:
BAT VII.
Lächerlich, schnaubt der Mann und schwenkt sein Sektglas: Wir werden das ändern. Wir werden die Stellen anheben, Prost! Sie gehören zu uns, verstanden?
Eine stämmige alte Dame mit einem Bubikopf steu-

ert auf den Kollegen zu und greift ihn unter den Arm: Er redet schon wieder von der Öh Te Vau, stimmts? Sie sind bestimmt der neue Kollege?

Ja, sagte D., aber können Sie mir nicht verraten, was Öh Te Vau bedeutet?

Oh Gott, sagt sie. Oh Gott! Sie haben ja gar nichts mehr ihm Glas!

Sie greift nach einer halbvollen Flasche, die auf einem der Bücherregale steht, und schenkt nach: Wundern Sie sich nicht! Wir sind alle ein bißchen verrückt hier. Aber das macht nichts. Morgen sind wir alle wieder vernünftig. Prost!

Als D. mit schwerem Kopf das Haus verläßt und an der Haltestelle auf die Bahn wartet, fällt sein Blick auf ein riesiges Plakat: eine blonde Schönheit hebt eine kleine Flasche wie eine Trophäe in den blauen Himmel und lacht den Betrachter an. Darunter steht, in einer schwungvollen Schrift: MACH MAL PAUSE – TRINK COCA-COLA.

Verrückt, so ein Satz, denkt D. Wer wird für sowas schon Geld ausgeben? Aber als er ein paar Wochen später zum ersten Mal den Kronkorken abhebelt und das leicht kohlensäurehaltige Getränk probiert, fällt ihm der Satz wieder ein: Mach mal Pause. Das Zeug schmeckt gar nicht so schlecht.

So hat er sich das nicht vorgestellt: Koje neben Koje, aneinandergereiht wie in einem riesigen Stall, Halle hinter Halle, durchzogen von träge fließendem Menschenstrom, und nichts als Bücherwände, Bücherstapel, Bücher schichtweise übereinandergelegt oder nebeneinander ausgebreitet, Großfotos von Dichtern wie Thomas Mann, Reinhold Schneider, James Joyce, in den Kojen an kleinen Tischen Verlagsmenschen, Sekretärinnen, ab und an in der Menge ein Inder, ein europäisch gekleideter Farbiger, Schulkinder, die in ihren Tragetaschen Prospekte sammelnd, durch die Hallen stürmen. D. treibt seit Beginn der Buchmesse von Halle zu Halle. Er hat es schnell aufgegeben, sich anhand des Katalogs zu informieren. Kunstbücher soll er sich ansehen, für den Sachbuchbestand. Aber in dieser brodelnden Menge zerrinnen die Eindrücke zu einem Brei von Bildern. Nun strebt er dem Ausgang zu, er hat Hunger. Da sieht er einen stämmigen Mann vor einer Verlagskoje stehen und hört ihn brüllen, das sei eine Schweinerei. Das Zeug hier müsse verschwinden! Was die Leute sich eigentlich dächten! Und während Messeordner herbeistürzen, gestikulierende ältere Männer, die ihn zu hindern versuchen, räumt er mit ein paar Handgriffen die Schauregale ab, auf denen die Verlagsproduktion ausgelegt ist. D. liest Titel wie „Legion Condor unbesiegt" oder „Auf der Rollbahn" oder „Wiking an allen Fronten". Die Bücher fliegen in hohem Bogen vom Regal, nun bildet sich ein Pulk von Menschen um den Mann, der die Ordner anbrüllt, er sei selbst Aussteller, man solle ihn in Ruhe lassen. Diese Nazischweinereien würden hier nicht geduldet!

Dabei blickt er sich wild um, als gälte es, den nächsten Gegner auszumachen.
Buchheim, sagt jemand leise, das sei der Verleger Buchheim, D. sagt der Name nichts, erst Jahre später erinnert er sich, daß er ihn ja von Angesicht kennt: ein bärtiges, brodelndes Gesicht, ein galliger Kentaur. D. verläßt die Halle. Wie befreit vom Trubel sieht er, wie sich die Wolkenfelder über den Hallen verfärben, ein seltsames Schauspiel am hellen Tag, perlmuttner Glanz, der sich sachte rötet. Da öffnet sich die Hallentür, er hört Stimmengewirr. Man vernimmt aufbrandendes Gelächter, Beifallklatschen. Ein Trupp dunkel gekleideter Herren kommt herausgeeilt, offensichtlich begleiten sie jemand, der als ein unsichtbarer Kern inmitten dieses Menschenwirbels steckt. D. hört eine tiefe Stimme, einen Baß in unverkennbarem Schwäbisch. Heuss, sagt jemand, das ist der Heuss. Und nun sieht D. den Bundespräsidenten leibhaftig, einen Hut auf dem Kopf, im grauen Anzug, eine biedermeierliche Erscheinung, wie er stehen bleibt und zum Himmel sieht. Das ischt ein Anblick, sagt er staunend, phänomenahl! Wieder Gelächter, und der Pulk schiebt weiter, in die nächste Halle. Ein Bundespräsident, der höchste Repräsentant, ohne Polizei, ohne Leibwache, ohne Marschmusik?
D. erinnert sich noch genau, wie der Auftritt des „Führers" inszeniert wurde: wartende Massen. Musik mit klingendem Spiel. Dann die Durchsagen, er sei unterwegs, schließlich der „Badenweiler

Marsch". Dann der furchterregende Einzelne, der mit seinem Gefolge hereinschritt, ein ruheloser Marschierer. Tosende Rufe „Heil! Heil! Heil!" Und in Moskau? In Moskau, hat man sich dann im Lager erzählt, in Moskau wurden die Straßen gesperrt, wenn die Minister in ihren schweren Limousinen mit verhängten Fenstern durch die Straßen jagten, da blieb der weise Lenker und Führer der Völker, der Generalissimus, abgeschirmt wie ein Gott. Zu finster, zu blutig war seine Herrschaft, als daß man sich Volk hätte leisten können.

D. lächelt, ihm gefällt der unaufgeregte Professor aus Schwaben, der es sich leisten konnte, sich an Wolken zu freuen.

In diesem Augenblick muß sich so etwas wie eine Beziehung gebildet haben zwischen dem Bürger D. und seinem Staat, der sich so bürgerlich gab, so ohne pompöse Grimassen. Zugegeben, eine sentimentale Beziehung. Das änderte sich erst 1968, als die Studenten in Berlin gegen den Schah von Persien demonstrierten und die Polizei gegen die Demonstranten eingesetzt wurde, als Ohnesorg starb.

Wenn er zur Straßenbahnhaltestelle geht, sieht er über dem Eingang des dreistöckigen Hauses das rote Schild „KPD Geschäftsstelle". Ein paar Schritte weiter: ein Fahrradgeschäft. Eine Wäscherei. Dunkle, hohe Häuser. Meist sind die Jalousien heruntergelassen. Immer geht er auf der anderen Straßenseite, wirft aber einen Blick hinüber. Erst an der Ecke überquert er die Fahrbahn und geht an dem mächtigen Gebäude der Deutschen Bank vorbei. Und immer fällt ihm der Schwabe im Lager Wilna III ein, der mit ihm über die FDP gesprochen hat. Und dem er gesagt hat, er wolle Kommunist werden, wie man sagt, man wolle evangelisch werden. Oder Vereinsmitglied im Sportverein. Weshalb will er das nicht mehr? Expropriation der Expropriateure, Absterben des Staates, jeder nach seinen Leistungen, jeder nach seinen Bedürfnissen? D. kann daran nicht mehr glauben. Daß es Klassen und Klassenkämpfe gibt, hat er verstanden, und daß er sich mit den sozial Schwachen solidarisiert, ist für ihn eine Frage der Moral, nicht der politischen Gesinnung. Das Wort „Besitz" hat für ihn keinen Inhalt. So bestimmt das Sein das Bewußtsein.

Morgen für Morgen diese oder ähnliche Gedanken, nicht genau gedacht: was denkt schon ein Mensch, der in der Morgendämmerung in sein Büro geht, in aller Schärfe zu Ende!

An diesem Morgen sieht er vor der Geschäftsstelle der KPD einen Bereitschaftswagen der Polizei stehen. Daneben einen Lastwagen. Akten werden herausgetragen. Er blickt ein paar Mal hinüber, als müsse er sich vergewissern, daß er wirklich sieht, was er sieht. Was geht da vor? Die Geschäftigkeit der Polizei, diese stumme Eile, denn man hört nur halblaute Befehle, keinen Lärm, irritiert. Unheimlich kann man die Szene nicht nennen, dazu verläuft das alles zu still, zu geordnet. Trotzdem fühlt D. ein Unbehagen. Derlei sollte es nicht mehr geben, in einem demokratischen Land, denkt er, das erinnert an böse Zeiten.

Morgens liest er dann in der Zeitung, die KP sei nach Art. 21 Abs. 2 GG verboten, das heißt: wegen subversiver Tätigkeit, als verfassungswidrig.
Man schreibt den 17. August 1956. Vor ein paar Wochen ist in der Bundesrepublik die allgemeine Wehrpflicht verkündet worden. Gomulka wird in Polen Parteisekretär und verkündet Unabhängigkeit und Demokratisierung. Großbritannien und Frankreich greifen Ägypten an – Alarmbereitschaft der US-Flotte. Die USA warnen die UdSSR vor Aktionen gegen Österreich, Westberlin oder die Türkei. Alarmbereitschaft der Atombomber – auf beiden Seiten. D. liest es in der Zeitung. Im Kino läuft „Ich denke oft an Piroschka".
Wir müssen mal wieder ins Kino gehen, sagt D. zu seiner Frau. Wie wäre es heute abend?
Meinst du, ich könnte die Kinder allein lassen?
Warum nicht, sagt D. Die Nachbarin wird aufpassen. Fünf Jahre sind sie jetzt verheiratet. Vor sieben Jahren ist er aus dem Lager zurückgekommen. Es ist ihm fast selbstverständlich geworden, dieses Leben, so wie es ist. So wie es ist? Eine Unruhe bleibt. Er traut dem Frieden nicht.
Am nächsten Morgen ist im Radio von Unruhen in Budapest die Rede. Die Russen sollen an der ungarischen Grenze Truppen zusammengezogen haben.

Das „Radio Freies Europa" spricht von einer Volkserhebung.

„Zu den Studenten hatten sich Angehörige aller Bevölkerungsschichten gesellt. Über hunderttausend Menschen befanden sich am Abend des 23. Oktober auf den Straßen und Plätzen. Sie waren unbewaffnet, aber von einer rauschhaften Tatbereitschaft erfüllt. Eine tausendköpfige Menge zog zum riesenhaften Stalin-Denkmal am Rande des Stadtparks und fällte den Koloß. Eine zahlreiche Gruppe ging zum Rundfunkgebäude, um die Verlesung der Forderungen der Jugend im Radio zu verlangen. Die Staatsschutzwache im Rundfunk ließ die Tore versperren, verweigerte auch einer Abordnung von Demonstranten den Zutritt, und als daraufhin die – noch immer unbewaffnete – Menge wütend gegen die Eingänge stürmte, eröffnete die Wache das Feuer. Damit begann das Blutvergießen und die Revolution."
(In: Denis Silagi: Ungarn. Hannover: Verl. f. Literatur u. Zeitgeschehen 1964)

D. ist noch krankgeschrieben. Ihm macht eine Infektion zu schaffen. Er ist beim Arzt gewesen und am Landgericht vorbeigekommen. Er sieht, wie die Leute hineingehen, die eiligen Rechtsanwälte mit dem Talar über dem Arm. Polizisten. Zeugen. Beklagte und Kläger. Er ist hineingegangen in das mächtige Gebäude, hat die schwarze Übersichtstafel mit der weißen Steckschrift studiert und ist schließlich aufs Geratewohl in den Saal gegangen, durch dessen geöffnete Tür ein paar Menschen kamen: offenbar ist dort gerade eine Verhandlung zu Ende gegangen. Er geht hinein und setzt sich in eine der Zuschauerbänke. Ein paar ältere Männer sitzen da,

zwei alte Frauen und zwei Halbstarke. Daß sie dem nicht gleich die Rübe abhacken, sagt einer der Männer und schüttelt den Kopf. Den müßten sie so hinmachen, wie der den Rentner hingemacht hat. Mit dem Rasiermesser. Dreiundsechzig Schnitte. Das muß man sich mal vorstellen! Na ich weiß nicht, sagt der andere und mustert D. mit einem schrägen Blick, nickt dann einem Neuankömmling zu, der gerade hereinkommt, und holt aus seiner Aktentasche ein Butterbrot, in das er hineinbeißt.
Nee, sagt er dann, das wäre auch nicht richtig. Der ist ja auch bloß ein armes Schwein.
Das regt nun wieder den auf, der „Rübe ab" gefordert hat. Sie streiten sich ein wenig, bis einer nach der Uhr sieht: das dauert ja heute wieder! Bestimmt fehlt wieder ein Schöffe. Was wird denn noch verhandelt? fragt ein junger käsig aussehender Mann mit mächtiger Tolle, noch 'ne Mordsache?
Jetzt kommt erst der Kriegsverbrecher, sagt der, der hier das große Wort führt. Das Schwein hätten sie auch schon längst totschlagen sollen.
Was hat er denn verbrochen? will der junge Mann wissen. War er beim KZ?
Was soll er verbrochen haben? Juden hat er umgebracht. Reihenweise Juden, verstehst Du?
D. sieht sich um. Die beiden alten Frauen hören aufmerksam zu, auch sie versorgen sich mit Essen aus ihren Einkaufstaschen. Die Zuschauerbänke haben sich inzwischen mit Besuchern gefüllt, D. sieht einen Herrn von offensichtlich militärischer Vergangen-

heit. Unverkennbar das Auftreten, der Blick, das Goldene Sportabzeichen am Revers. Das wird ein Mann der äußersten Rechten sein. Allerdings liest er nicht die „Soldatenzeitung", sondern die „Welt". Der ist offenbar der einzige, der einen anderen Grund hat hier zu sein als nur Neugier. Vorsichtig mustert D. die Besucher. Die meisten scheinen Rentner zu sein, „Schaulustige" würde sie der Polizeibericht nennen: Television live, Motiv: Neugier. Und Schadenfreude, dazu eine gute Portion Häme. Wenn Steinhausen ihn hier sehen könnte! Ohne Steinhausen säße er bestimmt nicht in Düsseldorf auf dieser Holzbank im Zuschauerraum des Schwurgerichts. Steinhausen ist Jurist. Genauer gesagt: Oberlandesgerichtsrat. Ein einäugiger schlanker Mann Ende 40, der bei Kälte eine schwarze Augenklappe trägt, D. hat einige Zeit gebraucht, bis er den Blick des richtigen Auges hat erwidern lernen. Sie kennen sich nun schon fast zehn Jahre und treffen sich seit 1951 regelmäßig, immer in derselben Kneipe nahe dem Hauptbahnhof. D. erinnert sich noch genau, wie er Steinhausen kennengelernt hat. Im Winter 47/48 kam ein Trupp Offiziere ins Lager Dolgobrudnaja. D. war Barackenältester. Für den Außendienst war er damals nicht mehr zu gebrauchen. Seine Beine waren bis zu den Knien geschwollen, er bewegte sich kraftlos wie ein Greis. Als D. die Namen der neu Angekommenen aufrief, als sie alle mit diesem „Hier!" antworteten, das in Kasernen und Lagern üblich war, meldete sich auch Hans Freiherr von Steinhau-

sen, ein kantiger Mann in geflicktem Tuchmantel, allerdings mit einem „Ja!". Daß er jeden Abend in einem Buch las, wenn er mit dem Baukommando von der Arbeit gekommen war und seine Fußlappen am Ofen zum Trocknen aufgehängt hatte, machte ihn auffällig. D. fragte ihn, was er da läse: es war Stifters „Nachsommer". Damals konnte man diesen Titel noch nennen, ohne Befremden hervorzurufen. Nach ein paar Wochen war das Kommando in ein anderes Lager verlegt worden. D. hatte Steinhausen aus den Augen verloren, bis er ihm auf der Königsallee in Düsseldorf über den Weg gelaufen war.
Im Krieg ist Freiherr von Steinhausen Oberzahlmeister gewesen, keine ehrenvolle Tätigkeit. Als D. ihn gefragt hatte, wie denn ein Mann wie er habe Zahlmeister werden können, hatte er mit Schärfe erklärt, er hätte wegen seiner Behinderung nicht an die Front gehen können, sondern als Jurist in Hitlers Armee eine Funktion übernehmen müssen, die er unter diesem Mordregime unter keinen Umständen hätte übernehmen wollen. Er habe deshalb seine Verbindungen bewußt ausgenutzt, um dem zu entgehen. Verwandt mit den alten Familien, hatte er schon frühzeitig vielfältige Kenntnis von der Verschwörung des 20. Juli 1944. Seine Mutter wie seine Frau hat er damals durch ein geharnischtes Gespräch mit dem Gestapo-Müller aus dem Gefängnis in der Ernst-Albrecht-Straße (Berlin Mitte) befreit.
Daß er in Thüringen begütert gewesen war, erfuhr D. fast beiläufig. Damit Eichen eine gleichmäßige, mög-

lichst astfreie Holzstruktur bilden könnten, müßten sie einen ganz bestimmten Abstand haben, sagte Steinhausen eines Abends in einem ganz anderen Zusammenhang. Als D. fragte, woher er das denn wisse, sagte er nur, zu seinem Besitz Groß-Gottersdorf habe auch Wald gehört, alte Eichenbestände. Einen solchen Wald könne man übrigens nur hegen, wenn man in Generationen dächte.
Gegen Korpsstudenten hatte D. vieles einzuwenden, Steinhausen war beim Kösener S.C. gewesen. Daß Adlige Sozialdemokraten sein könnten, wollte D. nicht in den Kopf: Steinhausen war 1952 in die SPD eingetreten. Tatsächlich hatte er „zum Widerstand" gehört, machte aber davon kein Aufhebens. Daraus Vorteile zu ziehen, wäre ihm nicht in den Sinn gekommen. Als sie sich einmal über Kriegsverbrechen unterhalten hatten und D. bezweifelte, daß die Justiz in der Lage sei, den politischen und moralischen Schutt aufzuräumen, den der Krieg hinterlassen habe, hatte Steinhausen ihn gefragt, ob er denn wolle, daß Kriegsverbrecher straflos ausgingen? Nein, das gewiß nicht.
Und ob er überhaupt schon einmal an einem Prozeß teilgenommen habe und wisse, wovon er rede?
Nein, auch das nicht.
Dann solle er sich demnächst in einen Gerichtssaal setzen. Am besten bei einem Schwurgerichtsprozeß.
Nun sitzt er hier und denkt: Wenn nun ich der Angeklagte wäre, was dann? Nein, er hat keine Juden umgebracht, er hat niemanden in den Elektrozaun ge-

jagt, er war nicht bei der SS, sondern nur Offizier einer Panzerdivision – er hat sich kein Verbrechen zuschulden kommen lassen, er ist sich keiner Schuld bewußt. Aber wenn ihn nun die Mütter, die Frauen verklagt hätten, deren Söhne, deren Männer ihr Leben verloren haben unter seinem Befehl? Oder die Juden von Kielce, weil er an der Spitze der Kradschützen eingedrungen ist in die Judenvorstadt, im Sommer 1941? Gründe finden sich leicht, um einen Mann anzuklagen, der damals –
Jetzt wird der Angeklagte hereingeführt, ein schmächtiger alter Mann. Ein Rechtsanwalt in schwarz glänzendem Talar wirft einen mißtrauischen Blick in den Zuschauerraum, bevor er sich setzt und auf seinen Mandanten einredet. Ein zweiter, jüngerer Rechtsanwalt erscheint und nimmt ebenfalls neben dem Beklagten Platz. Der Wachtmeister schließt die hohe Tür, dann wendet er sich den Besuchern zu, die auf den Zuschauerbänken sitzen, und fordert sie halblaut auf, sich zu erheben.
Also stehen sie schwerfällig auf, ganz wie in der Kirche. Auch D. erhebt sich, an der Stirnwand des Saales öffnet sich eine schmale Tür, und das hohe Gericht erscheint. Kurze Not – sanfter Tod. Nein, kein Sultan mit Scharfrichter, kein Herzog mit Gefolge. Es erscheinen der Vorsitzende, ein untersetzter Mann mit grauem Bart, zwei Beisitzer. Einer ist der Berichterstatter. Er trägt Akten und wird später das schriftliche Urteil formulieren. Ein Ersatzrichter, für den Fall, daß einem der Richter Menschliches zu-

stößt, sie alle in Talaren wie auch die Protokollantin. Dazu Schöffen, Ersatzschöffen, Bürger, eine stumme Prozession. Sie bleiben vor ihren Plätzen stehen, verneigen sich kurz vor dem Publikum, dann setzen sie sich. Die Richter nehmen ihr Barett ab. Einen Augenblick lang herrscht Stille – dann beginnt der Prozeß.

Polenreise

*Und Siegesboten kommen herab: Die Schlacht
Ist unser! Lebe droben, o Vaterland,
Und zähle nicht die Toten! Dir ist,
Liebes! nicht einer zuviel gefallen.*

Friedrich Hölderlin
Der Tod fürs Vaterland

Die Reise nach Pommern, Pomorze. Man wird verschiedene Objektive brauchen, Nah- und Weitwinkel, um die neue Wirklichkeit zu erfassen. In die Zukunft reichen sie nicht, diese Hilfsmittel: wie wird dies alles im Jahre 2038 aussehen? In 50 Jahren? Ein blühendes Land? Eine vergiftete Wüste? Aber wie es vor fünfzig Jahren war, das wird sichtbar, in Bruchstücken.

Den Koffer in der Hand, ein schlaksiger Junge von achtzehn Jahren in Zivil, bin ich am 17. November 1938 durch das Kasernentor des I.R. 5 (mot.) gegangen, in eine andere Welt, in ein Leben, über das ich heute noch nachzudenken habe. In die Kaserne, beiderseits der Kreckower Straße am Stadtrand von Szczecin, kaum aussprechbar für unsereinen, denn „sz" wird wie das „sch" in „Schuh" ausgesprochen und „cz" wie das „tsch" in „Tscheche", aber wie spricht man „szcz" aus? Vielleicht wie „sch" in „Schuh"? Also: Stettin. Die Juden von Stettin sind, ein armseliger Rest, in Belzyce bei Lublin umgekommen, alle – Carola Stern hat das in einem ihrer Bücher aufgeschrieben.

Stettin, die alte Hauptstadt Pommerns, Garnison für das motorisierte Infanterieregiment Nr. 5, das schon im Ersten Weltkrieg gekämpft hat und in den Kriegen zuvor, der Wahlspruch lautete NIMMER DAS ZWEITE AN RUHM UND EHRE. Das ist vorbei auf elende Weise – und war schon 1938 absurd, als ich den Eid auf Hitler schwor. Rückkehr nach Stettin. Meine Mutter ist hier aufgewachsen. Mein

Großvater war hier Direktor des Stadtgymnasiums, ein kluger Humanist und ein schwer herzkranker Patriot, der Bedeutendes als Erzieher leistete und „hellenisch" dachte und fühlte, ein Goetheverehrer, der noch 1915 vaterländisch Erhebendes an die Jugend richtete, gereimt. Stettin, das ich im März 1945 erlebt habe, als die SS-Division Georg Frundsberg zur Verteidigung eingerückt war und die russischen Armeen am anderen Ufer des Haffs standen. Da war Himmler schon sogenannter Oberbefehlshaber an der Ostfront. Und jetzt? Durch Schlaglöcher rollt der Wagen, vorbei an trostlosen Mietskasernen, der Innenstadt zu, dem Platz Bramaportowa entgegen, Blumenrabatten und Fontänen. Da steht es, das alte Berliner Tor, die barocke Prunkpforte aus dem frühen 18. Jahrhundert, nun etwas verloren hinter einer Bauwüste – der Platz wird umgestaltet – und eingeschalt, weil dieses Prunkstück restauriert werden muß. Über die einzige Oderbrücke drängen sich die Fahrzeuge, oft abenteuerliche Gefährte, verwitterte Aufbauten, verbeulte Kotflügel, finstere schwarze Wolken ausstoßend und von Baustellen beengt: rush hour in der Großstadt. Heute 360 000 Einwohner, seit 1720 zu Preußen gehörend, von Schweden käuflich erworben, nun also polnisch. Noch berührt mich die Begegnung nicht, auch nicht der Anblick der Hakenterasse, des Hafens, in dem ein sowjetisches Forschungsschiff liegt, ein schneeweißes Ungetüm, das auf den seltsamen Namen „Kiesewetter" hört. Betonpisten umschlingen den alten Backsteinturm aus dem 13. Jahrhundert, der jetzt Baszta Plaszczy heißt, und hoch über flachen Bauten nahe dem Oderufer erhebt sich die liebevoll restaurierte Burg der Herzöge von Pommern mit ihren zierlichen Renaissancemustern.

Das Wiedersehen mit Stettin also: kaum zu beschreiben. Lastadie, Paradeplatz, die alten Straßen, all das, was war, mit einem Schleier von Trauer, von Grau, ja von Schäbigkeit überzogen wie in einem schlechten Traum: ich erkenne kaum etwas wieder. Erinnerungen tauchen auf – und was für Erinnerungen! Und immer mehr Scham, fast schon Entsetzen – das steigert sich dann: Ich steige mit M. in die uralte ratternde Straßenbahn in Richtung Kreckow, erkenne die alten Wohnblocks des I.R. 5 (mot.) Stettin, die polnischen Uniformen, steige aus und drehe mich um. Dort ist der Block, in dem ich mit neunzehn Jahren Soldat geworden bin. Dort ist die Wache, durch die der Kompaniechef, die Mütze schneidig auf dem Ohr, im Geländewagen ins Kasernengelände fuhr. Ich sehe in einen Abgrund an Zeit, denke an Tote und Lebende, an mich selbst: wofür gelebt? Wofür der „Einsatz"? Nach diesem Augenblick tiefster Bestürztheit wird sich auf dieser Reise die Scham steigern, so blind gewesen zu sein, so mißbrauchbar, und die Wut auf diesen „Oberbefehlshaber der Wehrmacht", den „Führer". Ein Glück, daß man mich nicht in ein Studio bittet, um mir einen Film zu zeigen, der nie gedreht worden ist: Ich sähe mich selbst, wie ich auf dem Kasernenhof stehe und Rekruten drille. Wie ich mich im Kreis meiner Kameraden bewege. Ich sähe mich über die Straße in Lichterfelde-West gehen, über die Drakestraße und zum S-Bahnhof. Ich bin in Uniform und muß den Gruß der SS-Dienstgrade erwidern, die aus der Kaserne kommen, wir alle fahren in die Stadt: junge Männer in Uniform, die ihre Frauen, ihre Mütter und Bräute besuchen wollen. Der Film würde mich zeigen, wie ich angreife, schieße, kämpfe – nein, kein Nahkampf Mann gegen Mann, nur Schüsse auf kurze Entfernung. Waldkampf, Angriff über offenes Gelände. Ich brülle Soldaten an. Ich gebe Befehle. Nein, niemand wird mich zeigen können, wie ich Gefangene erschieße. Russen prügle. Und Juden? Da ist die Szene im sogenannten Polenfeldzug 1939, die ich schon einmal beschrieben habe – wer könnte leben, wenn er nicht vergessen dürfte.

Die Straßenbahn rattert, als wolle sie aus den Schienen springen. Häuserreihen gleiten vorbei, verwitterte Fassaden. Ich höre ringsum nur Polnisch. Die Leute nehmen keine Notiz von uns, obwohl jeder sieht, daß wir Deutsche sind, Angehörige dieses kapitalistischen, bedrohlichen Deutschland mit seinen mächtigen Vertriebenenorganisationen, das man nur achten, nicht lieben kann. Polen hat nach der zweiten polnischen Teilung 125 Jahre gewartet, bis es 1919 wieder Staat wurde – wie lange werden die Deutschen warten, bis sie alte Ansprüche stellen? Gedanken, die jeder Pole denkt, aber nicht jeder sagt. Abends im Lokal: Hecht und Barsch stehen auf der Karte: niéma. Aber es gibt polnischen Borschtsch, die würzige Brühe aus roten Rüben. Und sogar eine Flasche Bier. Am Nebentisch sitzen junge Leute in Jeans und Karottenhosen. Sie sind selbstbewußt, diese jungen Leute – vielleicht Studenten? Vielleicht junge Kaufleute? Kein Zweifel, hier haben sie eine Zukunft, hier in ihrem eigenen Land.

Der Herr heißt Tadeusz Twardowski, stammt aus der Gegend von Bydgoszcz und wird wenig mehr als fünfzig Jahre alt sein. Graues Haar, ein freundliches, braungebranntes Gesicht. Er ist Verwaltungsbeamter gewesen, erst im polnischen Reich, dann im Generalgouvernement, was bedeutet haben muß, daß er im Widerstand gearbeitet hat. Dann hat er geholfen, das heutige Polen aufzubauen, das unter den Stiefeln der SS schon fast zertreten war. Ja, die Austreibung der Deutschen, die sei schlimm gewesen: ein taktvoller Mann. Kein Wort über die Enteignung der Polen im sogenannten „Warthegau", die als Knechte auf ihren Höfen blieben, als umgesiedelte Wolgadeutsche die Hofstellen besetzten. Kein Wort über die alte Wut, über die Massenausweisungen von Polen aus Preußen im Jahr 1885, als 25 914 Personen von der preußischen Gendarmerie außer Landes gebracht wurden. Durchaus korrekt, diese Maßnahme, sie wurden abgeschoben, die illegalen Einwanderer aus Kongreßpolen, denn der Reichskanzler Fürst Bismarck hatte erklärt, man wolle die fremden Polen los sein, weil man an den eigenen genug habe. So kam es zu dieser Abschiebung, die kein Pole je vergessen hat, so wenig wie die preußischen Wortbrüche von 1791 und 1863 – nein, von alledem ist nicht die Rede.

Wir sitzen in der Halle des Hotels „Bromberg" und trinken Tee. Herr Twardowski, nun ein Freund, wird mit uns die weitere Reiseroute besprechen, und er fragt mich, ob ich denn auch einer von den Deutschen sei, die hier gelebt haben? Überall rollen ja die Busse mit Heimatvertriebenen, die schweren sauberen Wagen aus der Bundesrepublik, in denen Senioren mit ihren Angehörigen dorthin fahren, wo Eltern und Großeltern gelebt haben, bereit zu einem nicht immer leichten Wiedersehen mit Stätten der Kindheit. Nein, sage ich, ein Heimatvertriebener sei ich nicht. Ich hätte als Soldat in Stettin in Garnison gestanden. Beim I.R. 5 (mot.). Allerdings sei meine Mutter in Stettin groß geworden, wo ihr Vater Direktor des Stadtgymnasiums gewesen sei. Stettin, sagt Twardowski, das ist für mich keine freundliche Erinnerung. Dann erzählt er, wie er sich als Sechzehnjähriger zu Fuß von Bydgoszcz nach Stettin durchgeschlagen habe. Er sagt „Stettin" nicht „Szczecin". Da sei sein Vater in einem Internierungslager gewesen: kaum auszudenken, ein junger Pole, ohne Papiere, in jenen Zeiten, als Krieg war –

Ob er ihn gefunden habe?

Ja. Er habe elend ausgesehen, er habe hart arbeiten müssen, obwohl er ein gebildeter Mann war, der

Vater, ein früher wohlhabender Mann, Fabrikbesitzer. Er, der Sohn, habe ins Lager gelangen können und ihm zu essen gebracht. Landsleute hätten ihm geholfen. Aber Prügel hätte auch er bekommen.
Wie es gewesen sei, damals, als die Deutschen kamen?
Nicht alle Deutschen sind schlimm gewesen, sagt er. Anfangs ging es, als noch das Militär die Befehlsgewalt hatte. Da hätte man zum Beispiel in den Parkanlagen Bänke aufgestellt mit der Aufschrift FÜR POLEN VERBOTEN.
Da hätten die Soldaten die Mädchen auf die Knie genommen. Niemand könne ihnen verbieten, auf den Bänken zu sitzen, aber niemand könne auch den Mädchen verbieten, auf ihren Knien zu sitzen. Nach ein paar Tagen sei es dem Kommandeur zu dumm geworden. Er habe den Soldaten befohlen, die Bänke einzusammeln und vor dem Parteibüro abzustellen.
Wie es denn gewesen sei mit dem Bromberger Blutsonntag? Man wisse doch, daß da Tausende von Deutschen umgebracht worden seien!
Das Thema läßt Twardowski nicht kalt. Er wirkt erregt, als er berichtet, wie es wirklich war: die Deutschen hätten gut gelebt in Polen, vor 1939. Ein gutes Auskommen hätten sie gehabt. Und deutsche Schulen. Aber es seien schon bald Nazis unter ihnen gewesen. Die hätten Hitler unverschämte Briefe geschrieben und sich beklagt. Dann sei der Krieg gekommen, die deutschen Truppen seien einmar-

schiert. Die Deutschen in Bromberg hätten versucht, die Herrschaft in der Stadt an sich zu reißen. Das sei verhindert worden, immerhin war Krieg! Überall die deutschen Panzer im Vormarsch!
Und dann?
Dann seien die polnischen Truppen durch Bydgoszcz marschiert, nach Osten, an die Front am Bug. Da hätten die Deutschen aus Dachluken und Fenstern das Feuer auf sie eröffnet. Wenn sie sich still verhalten hätten, wäre ihnen nichts geschehen. Man weiß nicht, wieviele Deutsche umgekommen sind, viele Tausend. Dann aber sei die SS gekommen und hätte Rache geübt. Was ich gewesen sei, als Soldat, fragt mich Twardowski. Ich berichte und erwähne beiläufig, ich sei über vier Jahre in sowjetischer Gefangenschaft gewesen.
Das interessiert alle Polen, auch ihn, er will Genaueres wissen. Schließlich fragt er, ob ich schlecht behandelt worden sei. Ob man mich geschlagen hätte? Nein, niemand hat mich geschlagen, sage ich, und als wir gehungert hätten in den Lagern, hätten die Russen auch gehungert. Das gefällt Twardowski nicht. Er hätte gern ein etwas düstereres Bild. Inzwischen trinken wir das „Wässerchen", das er aus einer kleinen Taschenflasche herbeigezaubert hat, und besprechen die Route: über Morag, Olstyn bis nach Mragowo, also über Mohrungen und Allenstein bis nach Sensburg.
Von Preisen sprechen wir, von der Inflation, von der Wohnungsnot und von der Rolle der Kommunisten.

Ach, sagt er, kein Mensch kümmert sich um die Kommunisten. Das sind junge Bürschchen, die was werden wollen in der Partei – wer nimmt die schon ernst!
Und die Solidarnosc?
Da legt er die Hand aufs Herz wie der amerikanische Präsident beim Abspielen der Nationalhymne und sagt in stolzem Ton: Solidarnosc lebt in unserem Herzen!

„Ich darf hier in diesem Zusammenhang und in diesem allerengsten Kreis auf eine Frage hinweisen, die Sie, meine Parteigenossen, alle als selbstverständlich hingenommen haben, die aber für mich die schwerste Frage meines Lebens geworden ist, die Judenfrage. Sie nehmen es alle als selbstverständlich und erfreulich hin, daß in Ihrem Gau keine Juden mehr sind. Alle deutschen Menschen – abgesehen von einzelnen Ausnahmen – sind sich auch darüber klar, daß wir den Bombenkrieg, die Belastungen des vierten und vielleicht des kommenden fünften und sechsten Kriegsjahres nicht ausgehalten hätten und nicht aushalten würden, wenn wir diese zersetzende Pest noch in unserem Volkskörper hätten. Der Satz „Die Juden müssen ausgerottet werden" mit seinen wenigen Worten ist leicht ausgesprochen. Für den, der durchführen muß, was er fordert, ist es das Allerhärteste und Schwerste, was es gibt."
(Heinrich Himmler am 6. Oktober 1943 in Posen vor den Reichs- und Gauleitern. In: Heinz Höhne: Der Orden unter dem Totenkopf. Die Geschichte der SS. München, Bertelsmann o. J.)

Am Empfang des „Hotels Orbis Merkury" in Posen herrscht – nein, Hochbetrieb wäre das falsche Wort.

Es herrscht Hektik. Eindrucksvolle Herren, die man früher als „Wirtschaftsführer" bezeichnet hätte, belagern das Office, allesamt sofort als Deutsche zu erkennen. Dazwischen, etwas ärmlicher gekleidet, wenn auch nicht ohne eine gewisse Bemühtheit, sich westlichem Standard anzupassen, die polnischen Geschäftemacher, die Dolmetscherinnen, und natürlich Messegäste aus Skandinavien, aus England, aus aller Welt. Insgesamt nur wenige Damen, vielleicht Chefsekretärinnen, auch wohl Unternehmerinnen und gewiß auch ab und an ein Fräulein, das sich besonderer Zuwendung erfreut, erkenntlich an heftigen Farben, am hungrigen Blick – es ist Messe in Poznan. Unglaublich, wie das trotz der derzeitigen wirtschaftlichen Malaise funktioniert. Das bestellte Zimmer ist tatsächlich reserviert, und während ein energischer Herr einen Fünfzigmarkschein aus der Brieftasche zieht und die Hotelsekretärin mit geschulter Beredsamkeit zu überzeugen versucht, daß da bestimmt noch ein Doppelzimmer frei sei, falls sie liebenswürdigerweise noch einmal genau nachsehen würde, schiebt mir die Dame den Anmeldezettel zu und verlangt die Pässe. Das Zimmer liegt im 6. Stock, es hat westlichen Standard, die Wasserhähne funktionieren, auch die Toilette. Wir sehen zum Fenster hinaus, Posen liegt uns zu Füßen – „Messestadt Poznan". Die Freundin entnimmt dem Reiseführer, was sich ihm entnehmen läßt.

Dann gehen wir in die Stadt, stehen vor dem mächtigen Denkmal zu Ehren der Toten von 1956, wuchtige, in den Himmel ragende, geschwungene Pfeiler, von Solidarnosc errichtet, die mitten im Herzen dieser Stadt und vor den Augen der sowjetischen Freunde an Freiheit gemahnen. Auch dies schon Geschichte, schon abgefiltert und versunken – oder eine Flamme unter der Glut? Wer weitergeht, wer als Deutscher einen Blick für „deutsches Kulturgut" hat, wird sich wie zu Hause fühlen: links der Hauptstraße steht ein Klotz von Bauwerk, ein neoromanisches Prunkstück, das Kaiserschloß, erbaut von Franz Schwechten (1841–1924), dem vergessenen Mitarbeiter von Gropius, seine Leistung ein unzerstörbares Werk imperialer Architektur, 1910 fertiggestellt. Heute dient es als „Kulturpalast", was immer das sein mag. Gegenüber liegen Philharmonie und Landwirtschaftsbank – man kennt diese protzigen Fassaden von Bahnhöfen, Oberlandesgerichten, Museen im „Altreich". So hieß das, als ich im Mai 1941 auf dem Durchmarsch nach Rußland hier auf dem Marktplatz mit meinen „Grenadieren" stand, zu friedlicher Besichtigung vom Truppenübungsplatz in die Stadt gefahren, mit geschärftem Blick für Cafés und Bäkkereien, für Mädchen und verdächtige Zivilisten. Wir fühlten uns nicht unbehaglich hier, auch glaubten wir uns im Recht: war Posen nicht eine uralte deutsche Stadt? Wir wußten nicht, daß auf diesem Platz Kaiser Wilhelm II. geschritten war, gewiß in prachtvoller Uniform, daß er sein Volk huldvoll gegrüßt hatte, sein Staatsvolk, und vom Balkon des Schlosses aus – solche Reden werden immer von

Balkons aus gehalten – gerufen hatte: „Jetzt kenne ich hier nur Preußen, und ich bin es der Arbeit meiner Vorfahren schuldig, daß diese Provinz unauflöslich mit der deutschen Monarchie verknüpft und daß sie stets gut preußisch und deutsch bleibe."
Die schwarze Woche von 1885, die Rede von 1902, der Bromberger Blutsonntag von 1939, dessen Mordzahl Goebbels mit 100 multiplizieren ließ, um die rechte propagandistische Wirkung zu erreichen, die Austreibung der Deutschen von 1946, der ganze Ballast der gemeinsamen Geschichte – und jetzt gehen wir über den Rynek, den schönen, alten Marktplatz. Aus jedem Haus hängen Fahnen, denn morgen wird Fronleichnam gefeiert, in jedem Fenster steht die Muttergottes, die nationale Ikone, wir holen den Fotoapparat heraus und nehmen ein Stück dieser Wirklichkeit mit, wir sprechen deutsch und haben keine Furcht: das ist nicht selbstverständlich.

Der Parkwächter hinter dem Hotel blafft mich auf Deutsch an, als ich ihm einen Zloty-Schein entgegenstrecke: Das soll Geld sein? Scheiße ist das!, und stapft davon in seine Bude. Der Mann im blauen Rock, weißhaarig, hat ein paar Ordensbänder am Revers, ein Veteran. Junge Männer fragen im Vorbeigehen, ob man tauschen wolle? Andere bieten Goldbarren an, spottbillig. Für jedermann in Polen ist es im Sommer 1987 eine Überlebensfrage geworden, ob er an Dollar, an deutsche Mark kommt. Ab und an bettelnde Jugendliche, bettelnde Mütter,

wenn auch voller Angst, die Miliz könne sie sich schnappen. Ähnliches habe ich nur in den großen Städten Irlands erlebt oder rund um den Bahnhof Termini in Rom. Schon ist es mir peinlich, an den Schlangen entlangzusehen, die da vor einem Fleischerladen stehen oder vor einem Textilgeschäft. Peinlich? Man gewöhnt sich schnell.
Am weiß gedeckten Tisch in einem der ORBIS-Hotels, dessen Preise sich kein Pole leisten kann, der sein Geld mit Arbeit verdient. Der gut geschulte Kellner gleitet herbei, klappt die Speisekarte auf, es ist der letzte Abend, also: Zweimal Kaviar, bitte! Russischer Kaviar – ein kulinarischer Mythos, ein kleinbürgerlicher Wunschtraum, nun bin ich Tourist in Polen – also warum nicht?
Kein Kaviar, sagt der Kellner. Kein Kaviar, wiederholt er in einem Ton des Bedauerns. Aber dann sagt er: Privat Kaviar meeglich. Hundert Gramm fünfzehn deutsche Mark.
Das reizt nun doch. Vor den sehenden Augen verflüchtigt sich offenbar ein solcher Vorrat, um wie durch Zauberhand auf dem allgegenwärtigen Schwarzen Markt wieder aufzutauchen.
Jeder, sagt uns später ein polnischer Freund, jeder muß handeln. Handelt er nicht, geht es ihm schlecht. Mein Auto? Zwölf Jahre alt, keine Ersatzteile auf dem Markt. Meine Wohnung? Vierzig Quadratmeter für vier Personen, und ich bin bevorzugt als leitender Angestellter. Mein Gehalt? Soviel wie Ihr für eine Nacht bezahlt. Also muß ich sehen, daß ich Dollar

bekomme, egal wofür, oder tauschen kann. Aber was habe ich zu tauschen?

Unter der Serviette schiebe ich dem Kellner dreißig DM hin, unter einem Tellerchen bekomme ich die Dose Kaviar Erster Qualität vom Baikalsee. Ein Volk von Schiebern? Von Spekulanten? Typisch polnische Wirtschaft – dies nun doch nicht. Und woran liegt das alles, vierzig Jahre nach dem Krieg?

An der Ökonomie, sagt der Freund. Eine Reform muß kommen. Wir brauchen den Markt. Aber die Menschen? Wer weiß, was sie dann machen werden, diese Menschen?

Ein Schild verbietet auf polnisch jede Annäherung und droht mit Gefahr: MILITÄR-SPERRBEZIRK. Aber das Zeichen eines Wanderwegs markiert einen Weg, der parallel zur Küste führt, auf der Frischen Nehrung entlang. Rechts und links des befestigten Weges Sumpfwald. Ein Buntspecht fliegt lautlos ab, ein Eichelhäher kreischt, man hört nur den Laut unserer Schritte und ein leichtes Brausen der Wipfel. Nach einer halben Stunde schimmern die ersten Dünen durch die Stämme. Der weiße Sand lockt, wir gehen durchs nun trockene Unterholz, erreichen den Fuß der Düne und steigen durch den rieselnden trockenen Sand langsam aufwärts bis zum Kamm – ein Blick bis zum Horizont, ein atemberaubender Blick: eine tiefblaue See, ein menschenleerer Strand, dicht übers Wasser zieht ein Trupp Kormorane. Kein Schiff ist zu sehen, kein Haus, nichts, nur in der

Ferne ein Wachturm auf einer Hügelkuppe. Hinter uns dehnt sich der Kiefernwald, und dahinter glänzt im Gegenlicht eine andere Wasserfläche, der Leba-See.

Wir steigen behutsam zum Strand hinunter, auch hier ein für uns schwer lesbares Verbotsschild, weit und breit kein Mensch. Also mit bloßen Füßen ins brackige Wasser, Muscheln suchen und Federn, die bizarren Baumstümpfe fotografieren, die Strandlinie, die sich in der Ferne verliert – an dieser Ostsee bin ich schon oft gewesen. Im Lazarett in Saßnitz. Auf der Überfahrt von Swinemünde nach Libau, das heute Lipaja heißt, in den sogenannten Kurlandkessel, zur eingekesselten Heeresgruppe Nord. Am 18. April 1945 bin ich vom Schiff gegangen, mit Ersatz für die Division. Nein, ich denke kaum daran. Ich spüre den leichten Wind und gehe barfuß am Strand entlang, weiter, immer weiter – aber das Motorengeräusch höre ich sofort und sehe mich um: in schneller Fahrt hält ein Jeep auf mich zu.

Also doch. Was wird es geben? Verhaftung? Ein Verhör? Anrufe beim Hotel, um unsere Identität zu klären? Alle alten Ängste schwemmen hoch. Der Jeep hält.

Ein junger, blonder Sergeant redet mich auf Polnisch an. Ich versichere wahrheitsgemäß, daß ich nichts verstände. Ich sei Tourist.

Die Papiere, die wolle er sehen.

Langsam gehe ich dorthin, wo die Freundin sich

sonnt. Sie hat den großen Fotoapparat in ihren Beutel geschoben und die Papiere bereit.

Zwei Mann mit Maschinenpistolen sitzen im Jeep, der Sergeant ist ausgestiegen. Er studiert, was wir vorzuweisen haben: die Pässe liegen im Hotel. Dann sagt er, es sei verboten, hier zu sein.

Ich verstehe.

Er zeigt in den Wald: dort sei der Weg! Ein nüchterner, freundlicher junger Mann, der seine Pflicht tut. Er nickt, steigt in seinen Jeep und fährt davon. Wir suchen unsere Sachen zusammen und verschwinden im Wald. Ich wage nicht, mir vorzustellen, wie ein deutscher Wachmann reagieren würde, träfe er im Sperrgebiet auf ein Paar, das kein Deutsch versteht, vielleicht sogar Polnisch spricht und nicht einmal richtige Papiere bei sich hat. Ich gebe zu, mein Herzschlag hat sich beschleunigt, als der Jeep auf mich zu hielt.

Von Szczecin nach Ustka. Von Lebork bis Gdansk. Mit Abzweigungen nach Malbork und Frombork, das sind Marienburg und Frauenburg – es ist nicht leicht, zu begreifen, wenn man das erste Mal durch diese Landstriche fährt. Selten ein frischerer Farbanstrich an Zaun und Fenster, immer und immer wieder die verwitterten Fassaden in den Städten, die erblindeten Fenster, die niemals mehr reparierten Schäden, die sich aus dem Verschleiß ergeben. Da drängen sich böse Schlagworte auf, düstere Betrachtungen. Aber ein deutscher Besucher ohne Nachdenklichkeit ist hier fehl am Platze: wie ist Polen doch entstanden? Gewiß, das Stichwort Yalta sagt es, und es sagt doch zu wenig – von Boleslaw Chrobry wäre zu reden, und von den Jagiellonen, als das polnische Reich eine politische Realität war wie weiland das Heilige Römische Reich Deutscher Nation, auf das sich noch das „Dritte Reich" bezog, wenn nicht auf Vandalen und Goten. Von den immer neuen Aufständen in Warschau und Krakau gegen russische Zarenwillkür, von der „sächsischen Nacht" und Männern wie Tadeusz Kosciuszko oder General Dabrowski oder Pilsudski – und dann erst läßt sich ahnen, was es bedeutet, aus leeren, vom Krieg verwüsteten Landstrichen zwischen Ostsee und Karpaten unter Aufsicht und Anleitung des „großen sozialistischen Bruderlandes" einen Staat aufzubauen: Wilna und Lemberg waren verloren, Stettin und Breslau gewonnen. Zehntausende von Umsiedlern aus Ostpolen, aus Litauen wurden eingeschleust in ein Land, das im Krieg acht Millionen Menschen verloren hatte und sich auf den Trümmern von Warschau daran machte, den polnischen Traum vom eigenen Staat endlich und dauerhaft zu verwirklichen. Ein einziges Element allerdings gab es, das über alle Jahrhunderte hinweg, seit die Pruzzen missioniert worden waren, die Identität des polnischen Volkes, auch im Untergrund, auch auf den Barrikaden 1795 und 1830, verkörpert und bewahrt hat. Das war der polnische Katholizismus, der inbrünstige Glaube an Maria, die „Königin Polens". Ihr dienen auch General Jaruzelski und Papst Johannes Paul II., die beiden Polen, jeder auf seine Weise.

Aus den kleinen Landstädten, wie sie in den Heimatbüchern der vertriebenen Ostpreußen und Pommern heute noch abgebildet werden, sind Orte mit verändertem Gesicht geworden: wo alte Häuser den Marktplatz umstellten und der polnische Denkmalschutz nichts mehr retten konnte, sind Grünanlagen entstanden, wuchsen moderne Kästen, Wohnblocks oder Supermärkte aus dem Boden. Meist umgibt ein Kranz dieser Wohnblocks vom Charme der Neuen Heimat das Städtchen, auch gibt es hier und da industrielle Ansiedlungen. Das Ganze verrät nicht einen Hauch städtebaulicher Planung, das ist „auf der grünen Wiese" entstanden, und eine Art Niemandsland breitet sich aus zwischen den Häuserblöcken, den alten Stadtteilen, in denen ein sorgsam restauriertes Tor, unzweifelhaft Backsteingotik, oder ein spätbarockes Bürgerhaus die Geschichtlichkeit bis zurück zu den Deutschordensrittern oder Johann III. Sobieski bezeugen. Nur Danzig, ein Schatzkästchen restaurierender Kunst, die Hansestadt, die sich nur unter der Drohung preußischer Kanonen dazu bequemen wollte, die polnischen Privilegien aufzugeben und nach fast dreihundert Jahren wieder deutsch zu werden, nur Gdansk macht da eine Ausnahme, Gdansk in Nordpolen.

Der festlich wirkende Platz, der eigentlich eine verbreiterte Straße ist und Ulica Dluga heißt, ehemals Langgasse, im unsicheren Sonnenlicht eines sonst grauen Tages der Artushof, heute Sitz bildender Künstler, der Neptunbrunnen, die schmalbrüstigen, skulpturengeschmückten, auch bemalten Bürgerhäuser aus polnischer Glanzzeit, all das, was der Reiseführer ordentlich aufzählt, ist mit eigenen Augen zu sehen – die Mühe der Rekonstruktion aber, diese unendlich geduldige und liebevolle Arbeit polnischer Architekten, Restauratoren und Handwerker ist kaum mehr nachzuvollziehen. Einen Augenblick lang habe ich eine Schreckensvision: den Reichsführer SS Heinrich Himmler, umgeben von den Totenvögeln seines Gefolges, mit dem mißtrauischen Blick aus dem Kneifer, die Lippen unterm Hitlerbärtchen fest zusammengepreßt, wie er sozusagen auf Urlaub vom Tod durch die Langgasse marschiert und sich zeigen läßt, was sie da so fertiggebracht haben, die Polacken – er würde die Stiftung Ahnenerbe wohl mit Schädelmessungen beauftragen und selektieren lassen, was den hohen Anforderungen arischer Erbgesundheit nicht entspricht. Zum Glück aber dauert dieser Spuk nur kurz, kürzer noch als ein Alptraum. Und die Wirklichkeit?

In der kleinen Bar an der Ecke gegenüber dem Artushof an hölzernen Tischen: Bigos, eine mit allerlei Gewürz und einem Schuß Sahne illuminierte Kohlsuppe, leicht eingedickt und lecker. Auf dem Platz draußen wird man angesprochen – nicht wie hier

von Stadtindianern, fetten Schluckspechten, die einen anmurmeln „haste 'ne Mark?" – nein, hier in Danzig sind es andere, teils Spekulanten, teils clevere Polen, die im Vorübergehen ihr Glück versuchen, teils auch Kinder, die dem Touristen Postkarten anbieten, Leporellos mit Stadtansichten oder einfach Kirchenprospekte, die sie aus den Gotteshäusern gestohlen haben, ihr Ziel: eine Mark. Oder noch besser: Eintausch von Mark gegen Zloty.
Brauchen Sie Zloty? fragen Männer und bieten an: 1:2 bei offensichtlich unbedarften Touristen, häufiger 1:4, manchmal auch 1:6. Aber das ist kaum ernst zu nehmen, da lauert Betrugsabsicht, die mit der Geldgier der Deutschen Geschäfte macht. Da sind Tricks üblich: der Mann hat die DM-Scheine in der Hand, um sie zu zählen, schreit plötzlich „Achtung – Miliz!" und verschwindet in der Menge. Mir gefällt diese schlaue Form des Schröpfens. Daß ausgerechnet wir Deutschen aus der Bundesrepublik Nutznießer der polnischen Nöte sind, mutet peinlich an.
Als wir gehen, zeigt die Freundin auf ein Gebäude: Da sei die Post, in der die polnischen Postbeamten sich verteidigt hätten – Graß habe das ja beschrieben in der „Blechtrommel". Wie konnte ich einen Augenblick lang übersehen, daß der Krieg um Danzig ging! Mourir pour Danzig? Nein, das kann es nicht gewesen sein, doch nicht das! Und ich sehe mich unterm Stahlhelm, den Karabiner in der hoch erhobenen Faust, als Kompaniemelder am 3. August 39 morgens um 4 Uhr 45 den Grenzfluß Kamionka

südlich Konitz durchwaten – fast hätte ich es vergessen.

Es ist vollkommen still. Die Sonne scheint auf die hölzernen Baracken, die mit dreistöckigen Betten vollgestellt sind. Gras zwischen den Steinen, Betonpfähle, verrosteter Stacheldraht: eine Idylle. Am Ende der Reihe der niedrige Ziegelbau: die Gaskammer. Mit solchen Lagern bin ich vertraut – auch wir Kriegsgefangene waren in solchen Baracken untergebracht. In Litauen. In Rußland. Nördlich Moskau. Südlich Tula, dort, wo die Steppe begann. Ich gehe aufrecht durch die Baracken, mein Schritt ist fest, ich bin Tourist, ich weise meine Gefährtin auf dies und das hin: Namen. Statistiken. Fotos aus der Hölle. Ich kenne dies alles und kenne es doch nicht – in den Kriegsgefangenenlagern der Sowjetunion wurde zwar auch gestorben, an Fleckfieber, an Hunger, an Krankheiten. Vielleicht auch an der Gleichgültigkeit, der finsteren Verachtung mancher Lagerverwaltungen den Deutschen gegenüber, diesen Männern, die die russische Heimat verwüstet hatten – aber niemand wollte die Masse der Kriegsgefangenen vernichten. Auslöschen wie Ungeziefer. Die heilige russische Erde von ihnen säubern und sie „deutschenfrei" machen, wie Deutschland „judenfrei" gemacht werden sollte: man kennt diese Tiraden, diese wahnsinnigen Anschläge. Ich gehe über knarrende Holzbretter, über befestigte Lagerwege durch das Lager Stutthof, nahe bei Danzig, und mühe mich, das Ent-

setzen nachzuvollziehen. Aber die Steine reden nicht mehr, nicht die Barackenwände, nicht die Dokumente, es ist alles nur noch „Ausstellung", historisches Museum. Belehrendes Material. Wenn es nun ein Lager gäbe, das man nur besichtigen darf, wenn man einen Tag und eine Nacht dort verbringt? Nur 24 Stunden zu den Bedingungen von 1939.
In der Nacht vom 31. August zum 1. September 39 wurden in Danzig 1500 Menschen verhaftet. Nach Listen der Polizei und des Selbstschutzes, als „unerwünschte polnische Elemente". Am 2. September kam der erste Transport, 250 Mann, auf das Gelände des Lagers Stutthof gebracht. Das erste Krematorium wurde am 10. September 1942 in Gang gesetzt, zwei Öfen. Es arbeitete bis März 1945. In der ersten Hälfte des Jahres 1944 wurde, laut Informationsblatt, die Gaskammer gebaut und das Lager als Vernichtungslager eingeplant. Vergast wurden u. a. Jüdinnen aus Griechenland und Ungarn.
Betreten bin ich und stumm, aber wie ausgeleert. Die ungarischen Jüdinnen, die hier umgebracht wurden – ich sehe sie nicht vor Augen, man müßte diese Toten sehen müssen, alle –
Ich gehe durch das Gelände wie ein Herr, steige in meinen Wagen und fahre zurück ins Hotel. Irgend etwas stimmt nicht. Ich weiß nicht, was es ist. Vielleicht, daß ich überlebt habe.

„Wir werden die großen Reichsautobahnen bauen, die quer durch unser Land gehen. An diesen Reichsautobahnen wer-

den große Siedlungsdörfer mit Deutschen entstehen. An wohl gewählten strategischen Punkten werden große militärische Zentralen geschaffen werden, um die herum in einem weiten Gürtel sich allmählich das deutsche Leben entwickeln wird."

"Der Führer hat mir die Befugnisse erteilt, in dieser Richtung Vorbereitungen zu treffen. Weiter im Osten wird einmal der Gotengau entstehen, und das Generalgouvernement wird dann einmal der Vandalengau werden können. Die Vandalen sind bekanntlich der meistverleumdete germanische Stamm gewesen. Hier waren ihre Wohnsitze, hier haben sie die erste germanische Kultur aufgebaut. Dieser Vandalengau soll dann auch dazu beitragen, vor der ganzen Welt jene furchtbare Schuld zu tilgen, daß man einen der edelsten deutschen Stämme so verunglimpft hat, daß die Bezeichnung geradezu zu einem Schimpfwort wurde..."

"Aber was soll mit den Juden geschehen? Glauben Sie, man wird sie im Ostland in Siedlungsdörfern unterbringen? Man hat uns in Berlin gesagt: weshalb macht man diese Scherereien; wir können im Ostland oder im Reichskommissariat auch nichts mit ihnen anfangen, liquidiert sie selber. Meine Herren, ich muß Sie bitten, sich gegen alle Mitleidserwägungen zu wappnen. Wir müssen die Juden vernichten, wo immer wir sie treffen und wo es irgend möglich ist, um das Gesamtgefüge des Reiches hier aufrechtzuerhalten.
(Aus dem Diensttagebuch des Generalgouverneurs Hans Frank, 16. Dezember 1941)

Es gibt Bauwerke, die vollkommen dem Bild entsprechen, das wir uns von ihnen gemacht haben: der Tower. Das Schloß von Versailles. Neuschwanstein. So geht es auch dem, der jenseits der Nogat zum ersten Mal die Marienburg erblickt. Ein mächtig hingelagerter backsteinroter Festungsbau, Sitz des Deutschritterordens, lange ein jedem Preußen, jedem Deutschen wichtiges Bauwerk – strenge, kalte Linien, wuchtige Mauern, Deutschheit in Stein, möchte man sagen.

Wir stellen den Wagen ab, gehen über die mächtige Fußgängerbrücke und auf den Vorplatz, besichtigen, was zu besichtigen ist: die elegante Gotik des Komtursaales, die Fallgatter und Zugbrücken, die mächtigen Außenwerke und Türme, alle sorgsam restauriert, ein Eindruck von Kälte und Macht. Man erinnert sich: „Ordensburgen" hießen die Zuchtstätten für den Führernachwuchs im sogenannten Dritten Reich. Das besagt gewiß nichts gegen die Kulturleistung des Ritterordens, der im Auftrage Konrad von Masowiens die heidnischen, damals also nicht zur Menschengemeinschaft zählenden wilden Pruzzen unterwarf, die Aborigines jener Landstriche – das besagt nur etwas über die Vorbilder, auf die sich machtbesessene Uniformträger in ihrem Elitewahn bezogen haben.

Wir gehen auf dem Boden des Wassergrabens, stoßen auf eine bronzene Gedenkplatte, auf der verzeichnet ist, wann Kaiser Wilhelm II. höchstselbst geruht hat, diese Mauern zu inspizieren: wenige Jahre, bevor der Erste Weltkrieg ausbrach und schließlich der polnische Staat wieder erstand, genau 125 Jahre nachdem er von der Landkarte gelöscht worden war, durch Preußen, Rußland und Österreich.

Nein, daran denke ich nicht, während ich durch dieses mächtige Bauwerk wandere, nur daran, daß ich schon einmal hier gewesen bin. Sechzehn Jahre muß ich alt gewesen sein. Zu Pfingsten 1935 veranstaltete der VDA eine Ostpreußenfahrt – also trat ich in den VDA ein, die Reisekosten waren minimal. Es sollte ja das Deutschtum im Ausland gestärkt werden, im Sudetenland und im Banat, in Schleswig, in Tirol und in Kärnten. Ein schlaksiger Sechzehnjähriger also, der im Rudel mitlief, die Lieder aus dem „Zupfgeigenhansel" sang und manche anderen dazu, der als hochgewachsener Blonder eine Fahne anvertraut bekam, eine VDA-Fahne, irgendeinen blauen Lappen am schwarzen Schaft mit silbern blecherner Fahnenspitze – die trug er nun also durch Danzig, bei glühender Hitze. Sie wurden, wie das damals hieß, umjubelt, diese deutschen Jungen. Denn Danzig, das damalige alte, noble, verwitterte Danzig, nicht das restaurierte heutige Gdansk, galt als so deutsch wie der Rhein, und von Danzig aus dann ging es zur Marienburg. Nicht mit Bussen, wie heute, nicht mit diesen chromblitzenden, stromlinig gestylten Touristenbombern, sondern mit der Eisenbahn. Oder auf offenen Lastwagen, mit flatternden Fahnen, wer weiß – das war der Stil der neuen Zeit. Man nannte das „Grenzlandfahrt". Die jubelnden Deutschen in Danzig hatten den Jungen, die vorbeimarschierten, Schokolade zugeworfen, Sprudel zugesteckt, ganze Flaschen, auch Obstsekt, Bärenfang, den schweren Männerschnaps mit Honig, und sogar Eierlikör.

Den Sechzehnjährigen möchte ich sehen, der solche unbekannten Sachen an sich vorbeigehen läßt. Berauscht vom Marschtritt, berauscht vom Gesang lief man durch die Straßen. Jede Flasche setzte ich an, trank im Laufen einen Schluck, gab sie weiter.
Da fing denn die Marienburg am Nachmittag dieses Tages in der Hitze sachte an sich zu drehen, auch mein Magen drehte sich: mir waren sie nun wirklich völlig egal, die Ulrich von Jungingen, Hermann von Salza, Wolter von Plettenberg. Zwar hatte ich als „Wölfling" noch 1933 am grünen Fahrtenhemd das Abzeichen des Bundes getragen, das Balkenkreuz auf weißem Schild, zwar hatte ein solches von mir laubgesägtes Schild in unserem „Heim" gehangen, dem Treffpunkt der „Gruppe Normannen", aber das beschäftigte mich nicht, nicht im Augenblick. Ich hatte auf der Toilette erbrochen, war ins Freie gestolpert und hatte mich auf den Rasen geworfen, mit dröhnendem Schädel, zum ersten Mal dieser Zustand, der beim Militär nur wenige Jahre später fast zur Gewohnheit geworden wäre.
Nun bin ich also zum zweiten Mal hier auf der Marienburg, Anno 1987. Es ist lächerlich, aber auch jetzt spielt, nach langer Fahrt, die Toilette eine Rolle. Es gibt auf diesem Hof zwei öffentliche Toiletten: die eine ist fest verschlossen, die andere zur Zeit nicht zu gebrauchen, ein Schild verkündet die Reparatur: was nun? Eine hochblonde, majestätische Polin in ihrem Souvenirshop deutet auf den

Flügel, in dem eine Gaststätte untergebracht ist: Da sei die Toilette öffentlich zugänglich.
Aber auch die Tür der Gaststätte ist fest verschlossen, wenngleich von drinnen Lärm zu hören ist. Eine Gesellschaft? Eine geschlossene Gesellschaft? Eine Hochzeit?
Wir wenden uns noch einmal an die Verkäuferin, die nun ihren Laden verläßt und empört murmelt, das gehe nicht. Entschlossen hämmert sie an Fenster und Türen, bis sie uns Einlaß verschafft hat. Das Rätsel löst sich sofort: keine Hochzeitsgesellschaft, sondern eine Reisegesellschaft aus den USA, eine wunderbare Beute für alle, die vom Gaststättengewerbe leben, eine Beute schwer von Dollars. Das Geld rinnt ihnen aus den Taschen, in kleiner Münze, in großer Münze, sie müssen, rauchen, sie brauchen Zloty; sie sind großzügig mit Trinkgeldern – was für ein Fang!
Vor der Toilette – eine für Damen, keine für Herren, – stehen sie Schlange, die silberhaarigen Damen aus N.Y. oder Oklahoma, St. Louis oder Bloomington/ Indiana, und fühlen sich, was die Hygiene angeht, wie in Innerafrika. Freundlich, wie Amerikanerinnen sind, haben sie bald heraus, daß wir aus der Bundesrepublik kommen.
Daß wir einfach so herumreisen können, erstaunt sie doch sehr. Ob sie auf ihrer schnellen Reise durch das alte Europa verstanden haben, wo sie waren – ob sie es überhaupt haben verstehen können, auch bei bestem Willen? Selbst wir verstehen es ja kaum, an welchem Ort wir sind, hebt man das preußische

Klischee von seinem eigenen Geschichtsbild ab und sieht nach, was darunter sitzt. Als die erste deutsche Bibel, übrigens nicht von Luther, in Straßburg gedruckt wurde, kam die Marienburg unter polnische Herrschaft. Der dreizehnjährige Krieg zwischen Polen und dem Orden, dem „Staat im Staate", endete mit dem Sieg Kasimirs IV. Der zog auf der Marienburg ein, der Hochmeister mußte ihm den Lehnseid schwören.

Die von nun an polnische Marienburg ist zur Zeit des Großen Kurfürsten – man erinnert sich, Stichwort Brandenburg – von den Schweden besetzt worden. Erst 1772, als Haydn seine Symphonien komponierte und Crompton die erste Spinnmaschine erfand, kam das alte Gemäuer zu Preußen: kein Gewinn von symbolischer Bedeutung. Man hat die Burg als Magazin und Kaserne genutzt. Erst zu Kaiser Wilhelm II. Zeiten wurde sie restauriert und wie die Wartburg ins Nationale hochstilisiert, nicht anders wie es jetzt die Polen mit dem Piastenschloß in Szczecin gemacht haben. Aber woher hätte die Reisegruppe aus den USA das wissen sollen?

Der Papst kommt, und Polen schmückt sich – es schmückt sich immer wieder, bereit für Heiliges, wie sieht das aus?

Erst fährt ein Plattenwagen los, die Landstraße entlang dem Gnadenbild entgegen. Ein paar Männer aus dem Dorf haben Stecken vorbereitet, die sie neben der Straße in die Erde rammen. Wo die Straßen von Alleen gesäumt sind – diese Tunnel aus Laub, schattige Gewölbe, wenn sich die Kronen der Buchen, der Linden, der Eschen zu einem Bogen verschränkt haben! – werden von Baum zu Baum Schnüre gespannt. Später kommen die Frauen und Mädchen und befestigen an den Schnüren bunte Fetzen: Blaues, Rotes, Getüpfeltes, Gelbes, dreieckig gerissen aus alten Stoffen, aus Papieren, wie es gerade kommt. So wird die Straße dem wundertätigen Gnadenbild aus Czenstochau entgegengeschmückt, die ganze Straße, viele Kilometer weit, und von dem nächsten Ort wieder weiter, dem übernächsten Ort entgegen. Wenn es gebracht wird, dieses Gnadenbild, eine Ikone der Gottesmutter Maria, die ja die Königin Polens ist und bleiben wird, reist es durch diese geschmückten Straßen. Aber das ist nicht alles: kein Fenster im Ort, das nicht geschmückt wäre, und das ist wörtlich zu nehmen. Nicht nur in den Dörfern, in den verschlafenen Kleinstädten mit ihren niedrigen Häusern aus deutscher Zeit, nicht nur die hölzernen Häuser der Neusiedler, die mit ihren geschnitzten Holzgiebeln und Fensterrahmen oft so wunderschön aussehen – auch die Fenster der mächtigen Mietskasernen, die aus Fertigbauteilen hochgezogen wurden, wo man sie gerade brauchte nach dem Krieg, als auch von der russischen Besatzungsmacht manches in Brand gesetzt worden war, auch dort in diesen grauen Klötzen: jedes Fenster geschmückt! Mit den Muttergottes- und Papstbildern – in den Tagen, in denen wir dort durchs Land fuhren,

war er zum dritten Mal in Polen! – mit Flitter, mit rührenden Girlanden, mit dem ganzen inbrünstigen Ungeschick, das mancher als kitschig empfinden mag, der nicht die mit „Führerbildern" und blutigroten Hakenkreuzfahnen geschmückten Straßenzüge der deutschen Städte erlebt hat. Dieses Gnadenbild, es fährt nicht selbst durchs Land. Es fährt nur ein Abbild. Aber in jedes Haus, das geschmückt ist, wird es getragen, damit es leibhaftig dort sei, wo polnische Herzen schlagen.
Und die Partei?
Ach wissen Sie, sagt ein polnischer Freund, in den ersten Jahren, da hat die Partei diese Prozession verboten und tatsächlich gewagt, die heilige Ikone zu beschlagnahmen.
Und dann?
Die Prozession hat trotzdem stattgefunden – mit dem leeren Rahmen. Jetzt haben wir das Bild wieder. Und dieses Land, denke ich, haben wir Deutschen „germanisieren" wollen!

Auf der Fahrt nach Kartuzy, unterwegs mit einem polnischen Freund. Er hört, daß ich in sowjetischer Gefangenschaft war. Auch meine Familie hat gelitten, sagt Herr G., unter den Russen. Alle verschleppt, meine Mutter bis Mittelasien. Sie ist nach Jahren zurückgekommen, nach Wysoka bei Bydgoszcz, nach Hause. Eine Cousine haben sie vergewaltigt, den Großvater erschossen.
Warum?

Ihr seid alle Hitler, haben sie gesagt, das machte für sie schon keinen Unterschied mehr, ob sie Deutsche vor sich hatten oder Polen.
In Mittelasien, sagt G., habe ich einmal eine Turkmenin getroffen. Sie kam auf mich zu, als ich auf dem Basar in Samarkand war. Sie flüsterte: Ob ich Deutscher sei? Ich hatte mit einem ehemaligen Kriegsgefangenen deutsch gesprochen.
Ich sah sie an: ein altes turkmenisches Weib, braungebrannt, in der Landestracht.
Ja, sagte ich, ich sei Deutscher.
Sie faßte nach meiner Hand und sah sich scheu um. Offenbar fürchtete sie, man könne hören, was sie sagt.
Ich bin Polin, sagte sie, aus Warschau. Man hat mich verschleppt, als 1944 die Rote Armee – ich war auf der Flucht, Sie verstehen, mein Herr?
Ich gab ihr Geld und schwieg, sagte G. Was hätte es ihr geholfen, zu erfahren, daß auch ich Pole bin!
Wir saßen im Auto, aßen Butterbrot, tranken Tee.
Sie haben Glück gehabt, sagt G., daß Sie aus Rußland zurückgekommen sind. Man geht da leicht verloren.
Ich weiß, ich erinnere mich. Als wir im Mai 45 fragten, wann wir denn nach Hause kämen, hieß die Antwort stets „morgen"! Aber dieses „morgen" besagt im Russischen nur, daß es geschehen wird. Nicht mehr heute, aber bald, irgendwann in der riesigen Zukunft – so riesig wie das Land.
Immer ist da alles möglich, das Leben unberechen-

bar wie die Natur. Schreckliche Winter. Glühende Sommer. Ströme, deren andere Ufer man nicht mehr sieht. Völkerschaften eines ganzen Erdteils: Kalmükken, Tartaren, Mordwinen, Ukrainer, Ungarn, Esten, Kirgisen. Wann es nach Hause geht? Bald, Brüderchen, bald – weißt du nicht, daß du verloren bist, wenn du hierzulande ungeduldig wirst?
Wir saßen im Gefängnis mit einem russischen Soldaten, der kurz vor Kriegsende desertiert war. Er schlief auf seinem stinkenden Schafspelz, als wir im Juni 1945 eingeliefert wurden, vier Offiziere, die man aufgegriffen hatte auf der Flucht. Ein paar Tage später kam er vors Tribunal. Schon nach einer Stunde kam er zurück. Nun, was ist, fragten wir. Was hast du bekommen? Er warf vor Freude die Lammfellmütze in die Luft und fing sie wieder auf: Nur zehn Jahre, Brüderchen! Stell dir das vor! Nur zehn Jahre Sibirien!
Wir erschraken, wir kannten das Land nicht. Er grinste uns an und meinte: „Leben kann man überall!"
Warum so nachdenklich, fragt mein polnischer Freund und bietet mir einen Schluck Wodka an. Warum nicht? Ich denke an Rußland, sage ich, und er erzählt: er sei in Sibirien gewesen. Ein Flug über die Taiga, ein paar tausend Kilometer nur Wald, Sumpf, Ströme ohne Ende. Alle dreihundert Kilometer ein Holzkombinat. In der Mitte das Werk, im Kreis der Einschlag. Wenn das Holz abgeschlagen ist, läßt man die Wildnis wachsen, die Maschinen werden abtransportiert, die Baracken verfallen, kein

Mensch denkt an Aufforstung. Umweltschutz? Eine Spielerei für dekadente Westler, die nicht wissen, was Sibirien ist.

Nein, unser Freund mag die Russen nicht, kein Pole scheint sie zu mögen. Mag er die Deutschen? Mögen wir die Polen? Schwierige Frage für Menschen, die zu zwei so komplizierten Völkern gehören. Daß Masuren jetzt polnisch ist, verdanken sie Hitler. Und Stalin. Und Churchill. Und jedenfalls Boleslaw Chrobry.

Ein Baumstamm, ein in die Länge gezogenes, bärtiges Gesicht, große durchdringende Augen – so steht er vor dem Dom von Cammin im Schatten des roten Ziegelgemäuers. Eine mächtige Figur aus Stein. Unter dem archaischen Helm ein düsteres Gesicht, auch hier der Held aus fast sagenhafter Zeit: Boleslaw Chrobry, das heißt „Der Tapfere". Was sagt der Reiseführer?

„B.C. erobert die Pomerellen, Danzig, Schlesien, Krakau, Sandomir, die Oberlausitz und Rotrußland, läßt sich in Gnesen zum polnischen König krönen und wird vom deutschen Kaiser Heinrich II. anerkannt."

Geboren wurde er wann? Keine Angaben. Aber 992, nach dem Tod seines Vaters, Herzog Mieszko I., übernimmt er die Herrschaft über Polen, ein christlicher Ritter römischen Glaubens, eingebunden in die Traditionen des Heiligen Römischen Reiches. Das ist erst tausend Jahre her, aber was sind tausend Jahre im Schicksal der Völker! Wenn heute Polen katholisch ist, wenn es überhaupt wieder ein Staat ist, Pomorze und Masury inbegriffen, verdankt es das jenem fernen Herrscher. Kein Pole, der nicht im Gespräch darauf hinwiese, Polen sei einmal einer der großen Flächenstaaten Europas gewesen, größer als Preußen. Kein Pole, der Boleslaw Chrobry in seinem Herzen nicht ehrte wie unsereiner Karl den Großen, falls ihm sein Geschichtsbewußtsein nicht gänzlich abhanden gekommen ist oder, vor lauter Gegenwartseifer, seine Geschichtskenntnisse ihn nicht schon bald im Stich lassen, gleich hinter Bismarck, Lassalle und Marx.

Welche Anstrengung, nach Jahrhunderten vollkommener Unterdrückung durch Rußland, Preußen und Österreich, nach dem Zusammenbruch des polnischen Staates im Zweiten Weltkrieg, nun wieder einen Staat zu organisieren, eine Volksdemokratie! Die Bevölkerung vom Krieg entwurzelt, aus östlichen Provinzen herangekarrt, aus Galizien, aus der Ukraine, damit Boleslaw Chrobrys Traum Wirklichkeit werde: der Traum vom Großpolen! Kein Wunder, daß man sie überall trifft, die großen Denkmäler der großen Vergangenheit. In jeder Stadt gibt es die „Adam-Mickiewicz-Straße", das „Kosciuszko-Denkmal" und eben auch die Erinnerung an Boleslaw den Tapferen, der sie zu seiner Zeit, zur Zeit der Schwerter und Helme, alle besiegte und unterwarf.

Man macht Ausflüge in Masuren, vom Hotel aus, Ausflüge in die Natur. Auf dem Luknainen-See, nur mit dem Fernglas auszumachen, viele Hunderte von Schwänen, schon in deutscher Zeit war das ein Naturschutzgebiet. Hinter Ruciane-Nida am Sniardwy-See ein Feldweg, der an einem zerfallenen Gutshof vorbei zum Seeufer bringt. Wir halten, um zu fragen, ob er an irgendeiner Stelle näher an den See führe. Die Frau in Gummistiefeln, die am Zaun das Heu zusammenharkt, um es noch vor dem aufziehenden Regen einzubringen, reckt das Kreuz und sieht mich an, ein bißchen spöttisch, wie mir scheint. Nein, sagt sie, und ihre Sprache klingt nicht wie die einer Masurin oder Polin, da kommen Sie nicht viel weiter.
Sie trägt ein Kopftuch, ihr Gesicht ist braungebrannt, ihre Gestalt hager. Sie wirkt wie eine der Frauen, die aus dem Rheinland hierher evakuiert worden sind, der Bomben wegen, und hier hängengeblieben sind – was für Schicksale würden auftauchen wie aus großer Tiefe, würde man fragen können. Nein, ich frage nicht, wir sprechen über das Wetter. Lassen Sie den Wagen stehen, sagt sie. Hier kommen Sie nicht viel weiter. Sie wirft einen Blick auf das Nummernschild und sagt, da sei sie auch schon gewesen. Aber sie sagt es so, daß man nicht fragen kann, wann und wie, denn sie streicht sich das Haar aus der Stirn, greift ihren Rechen und arbeitet weiter.
Langsam rollt der Wagen weiter: Fliederbüsche und ein Storchenpaar auf dem Dach. Ich denke daran,

wie die litauischen Milizionäre, als sie uns auf der Flucht durch die Wälder aufgegriffen hatten und uns, die Maschinenpistole im Anschlag, ins nächste Gefängnis brachten, nach den Störchen schossen. Überall in den Wiesen standen sie, die Störche, und flogen mit langsamen Flügelschlägen davon, schwangen sich höher und segelten in die Weite. Wir sahen ihnen nach, wir vier Gefangenen, mit den auf den Rücken gefesselten Händen. Auch die junge Frau sah ihnen nach, die stumm und widerwillig, mit leerem Gesicht, für die Posten einen Eimer Wasser heranschleppte, als wir vor einem Haus hielten – eine junge Frau in einem halb zerstörten Haus in einer Landschaft, in der es kilometerweit kein einziges Dorf mehr gab, nur Ruinen und ausgeglühte Panzer und streunende Hunde und die Leere des Todes. Auch sie sah, wie die Posten auf den Storch schossen, der auf der nahen Wiese stand, ehe sie uns mit einem leeren Blick streifte und ins Haus zurückging. Später, im Lager, erfuhren wir, daß einige Frauen von den Russen gehalten wurden, um Hunderte von Kühen zu melken, die man an einigen Stellen zusammengetrieben hatte. Das war, noch ehe die Elendszüge der verschleppten Frauen aufbrachen in die Torfmoore bei Bialystok, in die Todeslager hinter dem Narew.
Im Westen baut sich eine dunkle Wolkenwand auf, aber es kann noch Stunden dauern, bis der Regen kommt. Wir lagern an einem Feldrain zu einer Art Picknick. In der Ferne am Waldrand steht ein Bock

und springt ab. Das Dach des Gutshofes ist zu sehen und die alten Hofeichen, die gelb blühenden Rapsfelder und Birken am Wegrand, kein Motor ist zu hören, kein Flugzeuglärm, über dem Wald zieht ein Bussardpaar seine Kreise: Masuren wie aus einem Bildband, eine heile Landschaft. Zu Hause werden wir im verdunkelten Zimmer die Dias sehen, mit Freunden, wenn es sich so trifft. Dann werden die Bilder in Kästen geordnet, die Kästen gestapelt, neben den Serien aus Mallorca, denen aus Südfrankreich, von der dalmatinischen Küste.
Eine halbe Stunde später rollen wir zurück. Die Frau hat das Heu in langen Streifen zusammengeharkt, sie stützt sich auf den Rechen, am Zaun hält ein weißer Mercedes mit dem Kennzeichen aus Stuttgart. Der Fahrer fragt, wie weit man denn hier näher an den See käme, wenn man den Feldweg weiter führe –

„So blieb man auf einem kleinen Gutshof bei A. und wartete dort auf die Russen. Sie kamen am 25. Januar gegen Abend. In dem Durcheinander, das nicht geschildert zu werden braucht, weil es überall das gleiche war, wurde mein Bruder mit dem Messer schwer verletzt. Meine Mutter konnte ihn noch notdürftig verbinden. Dann kamen andere Russen, fragten, wer er sei, und erschossen ihn dann mit meiner Mutter zusammen ... Beim Zusammentreffen mit den Russen wurden noch sechzehn weitere Menschen erschossen oder verbrannt. Den Frauen ging es wie überall. Was an jüngeren Männern noch da war, wurde mitgenommen."
(Hans Graf Lehndorff: Ostpreußisches Tagebuch. Aufzeichnungen eines Arztes aus den Jahren 1945–1947. München 1961)

Rundfahrten auf dem Spirdingsee, dem Mauersee. Auf dem Parkplatz stehen zwei Busse aus der Bundesrepublik neben den Wagen der Touristen. Der kleine weiße Dampfer tutet, im letzten Augenblick stürmen wir über den Landesteg aufs Schiff, das stark besetzt ist, man hört breites Ostpreußisch, auch ein paar Berliner scheinen dabei zu sein – und Polen. Die polnische Fahne am Heck bläht sich sachte, ein Kanal wird durchfahren, dann öffnet sich der See. Möwen begleiten das Schiff, wie an Fäden gezogen steigend, fallend, mit blitzschneller Bewegung nach Brotbrocken schnappend. Vor mir steht ein etwa zwölfjähriges Mädchen, hinter ihr offenbar ihr Vater, ein Mann in mittleren Jahren, beide füttern die Möwen wie die Frauen ringsum.
Seid ihr denn verrückt, tönt plötzlich eine deutsche Männerstimme. Die scheißen uns doch die Klamotten voll! Hört doch auf damit, das kriegt man nie wieder raus!
Vergebliche Warnung. Die Brotbrocken fliegen weiter ins Blau, mit häßlichem Schrei werfen sich die Möwen in die Fallinie, schnappen voll Gier nach allem, was ihnen zugeworfen wird.
Nun nehmt doch Vernunft an, Leute! höre ich die Stimme schimpfen und sehe mich um, kann den Mann aber nicht entdecken, der nun die Mitreisenden geradezu anbrüllt: Was das denn solle? Und wer die Reinigung bezahlen würde? Man solle doch endlich aufhören mit diesem Mist, sonst würden sie alle vollgeschissen! Sie würden nachher schon sehen –

Ein paar Frauen lassen sich einschüchtern. Das Mädchen und ihr Vater scheinen nicht gehört zu haben und füttern weiter, nun von den ringsum auf den Bänken sitzenden Deutschen mißbilligend beobachtet. Hier geht es um Ordnung und Sauberkeit, um das gesunde Volksempfinden, der Ton erinnert an Zeiten, als es hieß „Flaggen heraus!", als verdunkelt werden mußte, als Blockwarte an den Türen lauschten, ob jemand Feindsender hörte. Ich stehe auf und gehe auf das Vorschiff, bis nach einer Weile auch dort die Brotbrocken fliegen und Möwen anlocken – dieses Mal dauert es eine Weile, bis der Mann übers Schiff brüllt, ob man denn immer noch nicht vernünftig geworden sei. Ein Berliner übrigens, einer von den Menschen, die auf keinen Fall Macht über andere bekommen dürfen und denen es immer gelingt, sich Autorität anzumaßen. Ob er weiß, dieser Berliner, daß er der Typ des häßlichen Deutschen ist? Und ob er es begreifen würde, wenn es ihm jemand sagte?
Wir tuckern über den spiegelglatten See, in dem sich mächtig die Haufenwolken spiegeln. Inseln rücken heran und bleiben zurück, schließlich hält das Schiff auf eine Insel zu, bestanden mit mächtigen Bäumen, in deren Kronen ganze Kolonien von Kormoranen nisten. Sie schwärmen kreischend um ihre Nester, deutlich zu erkennen, nur nicht so nahe wie im Tierpark: man hebt die Ferngläser ans Auge, die Teleobjektive, Hände fingern an Okularen, schrauben an Einstellungen, es geht um Trophäen, um das gestochen scharfe Bild.

Jetzt bleibt auch diese Insel zurück, jedermann ist zufrieden. Die Möwen begleiten das Schiff noch immer, nun kaum noch beachtet. Nur manchmal hebt einer die Kamera und versucht, eine Möwe im Flug zu erwischen, gegen den blauen Himmel und die ruhig ziehenden Wolken.

Inzwischen ist die Freundin ins Gespräch gekommen, hat erfahren, daß es sich um eine Reisegruppe ehemaliger Ostpreußen handele. Die meisten seien hier aus der Gegend, aus Nikolaiken oder Sensburg, auch ein paar Berliner seien dabei. Erfahrungen übers Hotel werden ausgetauscht und über Sehenswürdigkeiten – ob wir auch zur Wolfsschanze führen? Nein, das nicht, sagt die Freundin, aber Tannenberg?

Der Reiseleiter wird bemüht, der genau wissen soll, ob es lohnt, dorthin zu fahren.

Hat keinen Sinn, sagt er. Man sieht ja nichts mehr.

Dann fragt er mich, ob ich auch von hier sei.

Ich sei, sage ich, kein Ostpreuße. Ich sei Mitglied der Deutsch-Polnischen Gesellschaft, die sich zum Ziel gesetzt habe, Brücken zu schlagen zwischen Polen und Deutschen.

Ihm scheint das unbehaglich zu sein, er sieht mich an: Ach so, sagt er. Und: Na ja.

Es ist ein stämmiger Mann im Freizeitlook, das Fernglas auf der Brust, die Parka überm karierten Sporthemd. Ich sage ihm, daß ich mich gut vorbereitet hätte, man müsse viel wissen, wenn man viel sehen wolle.

Jaja, sagt er, ich lasse meine Leute auch nicht so einfach los. Ich sage denen, was gesagt werden muß, damit sie Bescheid wissen.
Mehr sagt er nicht, aber ich bin nicht ganz sicher, ob wir über dieselbe Sache reden, und so ziehe ich den Teufel am Schwanz:
Aber ich war schon im Krieg hier, sage ich. Ich habe im Juni 1941 vor dem Einmarsch nach Rußland auf dem Gut Dommelhof südlich Nikolaiken gelegen. Ich war damals junger Ordonnanzoffizier in einer Panzerdivision.
Was? sagt er, sein Blick wird wärmer, ich kenne das. In manchen Kreisen schätzt man diesen Teil meiner Biographie besonders. In welcher Division?
Da ist sie nun, die deutsche Seniorenfrage, die schnelle Orientierung ermöglicht unter Gleichgesinnten: Panzer oder Flak? Norwegen oder Monte Cassino? El Alamein oder Kursk? Ein Wort, und man versteht sich, weiß ungefähr, mit wem man es zu tun hat.
Ich war, sage ich, in der 12. Panzerdivision.
Was, sagt er strahlend, ich auch! Ich war auch in der Zwölften P.D. Aber bei der Waffen-SS!
Da hätte man denn doch gerne mehr gewußt, aber für ein solches Gespräch war hier nicht der Ort.
Nach Hohenstein zu fahren lohne nicht, sagt er noch, ehe er sich abwendet und zu seinen Leuten zurückgeht, da sei leider nichts mehr zu sehen.
Als der Vergnügungsdampfer schließlich wieder durch den Kanal schob und endlich anlegte, war ich

erleichtert, ich hatte genug von diesem Ausflug. Am Landeplatz wartete eine polnische Schulklasse, die Kinder schrien begeistert durcheinander, als sie auf dem Deck den Mann mit seiner Tochter sahen. Der nahm seine Tochter in den Arm und sagte etwas zu ihr, ehe er den Kindern zuwinkte.

Als wir das Schiff verlassen hatten, drehte sich die Freundin zu mir um. Das war ein Lehrer, sagte sie leise. Ich hab verstanden, was er gesagt hat. Er hat zu seiner Tochter gesagt: Ein Glück, daß sie dich nicht vollgeschissen haben, die Möwen. Er hat es auf Polnisch gesagt.

„*Ich lasse mir den Schriftsteller Wiechert aus dem K.Z. vorführen und halte ihm eine Philippika, die sich gewaschen hat. Ich dulde auf dem von mir betreuten Gebiet keine Bekenntnisfront. Ich bin in bester Form und steche ihn geistig ab. Eine letzte Warnung! Der Delinquent ist am Schluß auch ganz klein und erklärt, seine Haft habe ihn zur Erkenntnis und zum Nachdenken gebracht. Das ist auch sehr gut so. Hinter einem neuen Vergehen steht nur die physische Vernichtung.*"
Joseph Goebbels am 30. August 1938 (In: Die Tagebücher des Joseph Goebbels. Sämtlich Fragmente. Hrsg. von Elke Fröhlich. Teil I Aufzeichnungen 1924–1941. Band 3: 1. 1. 1937–31. 12. 1939)

Wer in der Bundesrepublik Wälder sagt, meint Stangenholz. Fichten zumeist, auch Buchen. Forstbetriebe meint er, von sauberen Wegen durchzogen. An den Kreuzungen der Schneisen ordentlich gesetzte Steine mit Ziffern, und an den Bäumen die bunten Markierungen der Wanderwege. Futterraufen für

das Wild, das zahlreich vorkommt, am Abend in Gruppen am Waldrand steht. Überwachte, geordnete Wälder sind das, eingezwängt zwischen Bahnlinien, Ortsrändern, Autobahnen. Schon sind Turmfalk und Marder abgewandert in die Vororte. Amseln trifft man in den Gärten eher als im Wald, der sich mit schütterer Krone verwahrt gegen Dunst und Gift.
Aber wer von Elblag nach Südosten fährt, in Richtung Olsztyn, lernt andere Wälder kennen. Schon die Felder: weit bis zum Horizont, ein Himmel darüber gespannt, als kenne dieses Land kein Ende. Dann schiebt sich von Ferne der Wald heran, ein dunkler Strich, schließlich öffnet er seine Buchten, nun umgibt er die Straße, über die das Auto sachte schnurrt, und baut sein Gewölbe über ihr auf. Buchen und Eichen gemischt, dann wieder riesige Fichten, eine Birkengruppe, nein, ein ganzes Ballett von Birken, das weit ins Feuchte reicht, Erlen, dann wieder eine weite Lichtung, ein Kampfplatz für Hirsche – und das ist erst der Anfang. Tiefer im Wald dämmern Farn und mächtige Ameisenhügel, schwellende Moose und Gestrüpp. Am Boden versteckt blühen winzige Orchideen. Im Bach werden Forellen spielen. Im Sumpf schützt sich das Schwarzwild vor Hitze und Lärm. Es soll Fuchs und Dachs geben und im Mai den Schnepfenflug: Wälder zum Verlaufen. Irgendwo südlich Nikolaiki steht noch das Forsthaus, in dem Ernst Wiechert geboren wurde. Das ist heute das Ziel: ein Haus im Wald, am Rande des großen Forstes.
Ernst Wiechert: in den 30er Jahren eine leise, aber un-

überhörbare Stimme. Als die Johst und Annacker, die Schirach und Menzel ihre Fahnenlyrik schrieben, sprach er von der Stille der heimatlichen Wälder, von Zucht und Besinnung. Seine „Rede an die Jugend" ging von Hand zu Hand – kein Manifest politischen Widerstandes, aber ein Zeichen für alle, denen der braune Lärm auf die Nerven ging. Es könne wohl sein, stand da, daß ein Volk aufhöre, Recht und Unrecht zu unterscheiden und daß jeder Kampf Recht sei. „Aber dieses Volk steht schon auf einer jäh sich neigenden Ebene, und das Gesetz seines Untergangs ist ihm schon geschrieben." Kein Mann des politischen Widerstandes, eher ein Warner nach dem Bild der biblischen Propheten, die er oft beschworen hat, ein Mann der Wälder, der seine Stimme erhob und dafür ins KZ Buchenwald kam, freilich nur für eine kurze Zeit: er stammte ja vom Lande, war deutsch, nicht jüdisch, man ließ ihn noch einmal laufen. Ich hatte als Siebzehnjähriger an ihn geschrieben, Rat gesucht und bekommen. Später kam noch eine Fotopostkarte, die zeigte ihn vor seinem Haus in Wolfratshausen bei München mit seinem Schäferhund: für Eingeweihte ein Zeichen, daß er lebte, überlebt hatte, nach dem „Totenwald". Ich habe das alles erst nach dem Krieg erfahren.

An diesem Tag hängen die Wolken tief, Regen näßt den Wald, Nebel zieht durch die Stämme. Ich halte an einer Stelle, die im Reiseführer beschrieben ist, und schon kommt ein Pole, der Mann ist hier Waldarbeiter, wie sich später herausstellt, und teilt in ge-

brochenem Deutsch mit, im Wald sei das Grab vom Bruder, kleines Grab – er zeigt die Größe mit den Händen, ein Kindergrab – er könne uns führen.
Der Reiseführer hat es beschrieben. Ein seltsames Angebot, dieses Kindergrab. Aber warum nicht?
Also gehen wir den Waldweg entlang, bis hinter einer Wegbiegung das Kindergrab auftaucht, bepflanzt mit gelben und blauen Stiefmütterchen. Auf dem Kreuz steht PAUL WIECHERT 1890–1895. Ausdruckslos mustert der Pole seinen Gast: Was treibt sie hierher, diese Deutschen?
Wir gehen den Weg zurück, in dem niedrigen Kätnerhaus aus Backsteinen, das früher Forsthaus war, wohnt jetzt diese Familie. Seine Frau erscheint in der Tür, nicht eben erfreut über die Störung. An der Mauer verzeichnet eine Tafel in polnischer Schrift, hier sei der deutsche antifaschistische Dichter Ernst Wiechert geboren und aufgewachsen. Ich gebe dem stummen Hausherren, ein wenig verlegen, meinen Zlotyschein und sehe mich um, denke an die raunenden Sätze, die Wiechert mir schrieb, in winziger Schrift, dieser ehemalige Studienrat aus Königsberg, der an die Zeitlosigkeit von Dichtung geglaubt hatte und an das einfache Leben und heute fast vergessen ist: nach ihm kam „Oskar Matzerath", der Zwerg aus der Kaschubei.

„Dann sah er von der Seite, wie zwei der Gefangenen – Schutzhäftlinge hießen sie nun – von dem Ende des niedrigen Gebäudes einen seltsamen hölzernen Gegenstand holten,

einen Bock mit vier Füßen, in der Längsrichtung zu einer länglichen Mulde vertieft, mit Riemen, die lose herabhingen. Und noch während er überlegte, zu welchem – wahrscheinlich bösen – Zweck dies Instrument dienen mochte, hörte er die scharfen, pfeifenden Schläge im Takt fallen und den hohen entsetzten Schrei des Geschlagenen. Er sah starr geradeaus, über die Buchenkronen in den sich abendlich färbenden Himmel hinein, aber er zählte mit, zählte mit, um es nicht zu vergessen vor jenem Gericht, an das er dachte, zehn, fünfzehn, fünfundzwanzig Schläge. Das Schreien war zu einem Röcheln geworden, dem Röcheln eines Tieres, dem das Lebensblut entströmt, und eine kalte Stimme rief: „Halt!"
(Ernst Wiechert: Der Totenwald. Ein Bericht. 1945. München)

Die lange Allee verrät nichts. Auch die Landschaft nicht. Felder und Wälder, Laubwälder mit Rehwild, mit Rotwild, die Äcker voller Weizen, Kartoffeln, Raps. Aber über diese Felder müssen sie gekommen sein, auf diesen Straßen, die Panzer, die sich durch die schneeverwehte Landschaft des Januars 1945 vorwärts gekämpft haben. Die deutschen Panzer, weil sie die seit dem Sommer 44 von den Russen eroberte Kreisstadt Goldap wieder freikämpfen, die russischen Panzer, weil sie endlich, endlich den faschistischen Gegner vernichten wollten, damit Frieden werde. Das alles ist längst Geschichte, gehört schon kaum noch ins eigene Leben.
Wir halten ein paar Kilometer vor Goldap. Rechts führt ein Fußpfad an einem Ferienheim vorbei zu einer Anhöhe. Von dort wird man weit ins Land sehen können, über die Romintener Heide nach Norden, dorthin, wo Gumbinnen liegt und Insterburg,

das jetzt Chernachovsky heißt. Es ist dies ein sentimentaler Ort für Heimatvertriebene. Mit 272 Metern hebt sich der Goldaper Berg aus der Ebene, man sieht Seen blinken, die dunkle Decke der Wälder. Um ein Kiefernwäldchen kreisen Kolkraben, Hugin und Munin, die Vögel des germanischen Schlachtengottes Wotan, die ihm Kunde brachten von den Schlachtfeldern. Auch meine Begleiterin schaut nach Osten, denn ihre Väter und Vorväter waren Forstmeister in der Rominter Heide, erzählten von „1A Hirschen", von der Pirsch mit Kaiser Wilhelm II., auch das ist vorbei, wirkt wie aus einem Panoptikum. Im Gras finde ich eine Patronenhülse, stecke sie ein und verliere sie bald wieder.

Wir gehen zum Wagen zurück, rollen in die Stadt. Wir wissen, dort ist kein Stein auf dem anderen geblieben. Aber das zu wissen ist zu wenig. Man muß es sehen: dort, wo das Rathaus stand, umrahmt von alten Häusern, breitet sich eine mäßig gepflegte Grünanlage aus, umgeben von schnell hochgezogenen Wohnblocks. Dieses Goldap ist eine polnische Provinzstadt, nein, ein Ort mit polnischer Bevölkerung, ein Ort ohne Geschichte, als hätten die Menschen dort sich hastig im Unvermeidlichen eingerichtet. Nur die weiße, mit finanzieller Hilfe der Heimatvertriebenen sorgsam restaurierte Kirche des 17. Jahrhunderts schlägt eine Brücke ins Dunkel: Pest und Feuersbrünste, Tatareneinfall und Kriegsnot, es ist alles überstanden, vergessen wie der Tritt eines Stiefels in einen Ameisenhaufen. Was lernt der Mensch, was begreift er überhaupt – außer, „daß das Leben weitergeht"?

Hier wäre von Eike Schweitzer zu reden, schon der Genauigkeit wegen – ein blondgelockter Schulkamerad, Abiturient des Jahrgangs 1937 am Bismarck-Gymnasium in Berlin-Wilmersdorf. Dieser Schüler Schweitzer, der als „Mischling" galt, sein Vater war Jude und nach London ausgewandert, leistete seine Dienstpflicht beim Reiterregiment in Fürstenwalde nahe Berlin. Bei Kriegsausbruch wurde er in Polen eingesetzt, später in Frankreich, wurde seiner Tapferkeit wegen dekoriert, und während seine Mutter mit dem jüngeren Bruder im Sommer 1941 die Ausreise in die USA über Cuba erstritt, ermöglichte ein Hitler-Erlaß es „bewährten Mischlingen", bei Eignung Offizier zu werden: Eike Schweitzer wurde Offizier. Er hat in seiner Einheit lange in Rußland gekämpft, kam im Januar 1945 auf Urlaub nach Berlin und fuhr nach wenigen Tagen zu seiner Panzertruppe zurück, die den Einbruch der Russen in Masuren abzuriegeln versuchte. Dort ist er durch Artilleriebeschuß gefallen. Ein „Halbjude". Ein Offizier der von Hitler geschaffenen Wehrmacht. Ein Verführter – oder ein Mann, der seine Pflicht tat?

Ich habe an ihn denken müssen, in diesem nun polnischen Goldap. Seine Geschichte kenne ich, und die seiner Schwester, die schon 1937 zum Widerstand stieß, in „Schutzhaft" war, in Deutschland überlebt hat – und ich denke: wenn man alle die

Schicksale der Menschen kennte, allein in einem Ort wie Goldap – alle, die töteten und getötet wurden, die darum kämpften, daß die Faschisten vertrieben würden und jene, die darum kämpften, daß die Heimat nicht zum Kriegsschauplatz würde, alle die Frauen, die Kinder, die sterben mußten, die vollständige Geschichte der Menschen an einem einzigen Ort des Schreckens, dann müßte es doch möglich sein, den alten Wahn zu überwinden und die neuen Ansprüche, dann müßte es doch möglich sein, eine Ordnung des Friedens zu sichern unter den Menschen. Aber ich denke auch: so alt ist dieser Wunsch, die Verkündigung Christi vom „Frieden auf Erden", und so ohnmächtig ist unsere Einsicht.

„Zuerst brannte die Scheune des Bauern Ha., die auf einer Anhöhe lag. Dann wurden wir Frauen und Kinder in ein Zimmer meiner Wohnung eingeschlossen. Kurz darauf holte man die Männer, darunter auch achtzehn Kriegsgefangene, die bei den Bauern in Kronau und Grundensee gearbeitet hatten, aus den Häusern und erschoß sie. Insgesamt wurden 52 Männer und Frauen durch Genickschuß getötet. Anschließend wurde das ganze Dorf ausgeplündert. Auf der Straße lag alles durcheinander: tote Menschen, totes Vieh, Fleisch, Brot, Mehl, Zukker. Auch die Wohnungen wurden verwüstet. Wir Frauen waren so erschüttert, daß wir nicht einmal weinen konnten und den Verstand zu verlieren glaubten. Nach einigen Tagen berieten wir Frauen, wie wir unsere Toten beerdigen könnten. Es waren nur noch vier alte Männer im Dorf, die sich versteckt hielten, und wir hatten nur Wagen, aber nicht ein einziges Pferd zur Verfügung. Eines Tages verfuhr sich ein Flüchtling und kam mit Pferd und Wagen in unser Dorf. Ich bat ihn, uns zu

helfen. „Ja, dazu hat mich Gott bestimmt", sagte er ... Wir trugen die Toten zusammen, luden sie auf flache Wagen und fuhren sie zum Friedhof. Dort gruben wir drei Massengräber für Deutsche, Franzosen und Russen, denn der Russe hatte auch seine eigenen Leute erschossen. Wir beteten ein „Vaterunser" und übergaben 52 Menschen der Erde."
(Katharina Göbel in: Der Kreis Lötzen. Ein ostpreußisches Heimatbuch. Würzburg 1961)

Unser polnischer Freund zeigte nach vorn: Jetzt kommen wir zur „Wolfsschanze", so hieß das ja wohl – wollen Sie es sehen? Wollte ich es sehen? Was war zu sehen? Wollte ich, nun als Tourist, als Überlebender, als Voyeur der Zeitgeschichte durch die Trümmer streifen, mich umblicken und sagen: hier also haben sie gehaust, die Ameisen des Militärstaates, hier haben sie, die bessere Einsicht schließlich gewaltsam unterdrückend, auf der Karte noch immer Striche gezogen mit Blut, Berichte diktiert aus Lügen, die Augen fest zugedrückt und weitergemacht, bis alles in Scherben fiel? Und hier, in der Mitte des unsichtbaren Netzes aus Gläubigkeit und Hörigkeit, saß der Mann aus Braunau, feldgrau, düster, das Hirn voller wilder Phantasien, die alle auch Deutschlands Phantasien waren, und nickte nach dem Lagevortrag, das hieß dann: Panzer marsch!
Wenn mir damals, als ich in der 12. Panzerdivision eine Panzergrenadierkompanie führte, zum Beispiel beim Angriff auf Gibelas, der Durchbruch gelungen wäre und ich die Front der russischen Gardeschützendivision aufgerollt hätte, wenn ich nicht an Bein

und Schulter verwundet worden wäre während dieses Angriffs, wenn ich wegen überragender Tapferkeit vorm Feind bereits mit dem Ritterkreuz ausgezeichnet gewesen wäre und nunmehr als Träger des „Eichenlaubs" ins Führerhauptquartier befohlen worden wäre, um die Auszeichnung aus SEINER Hand zu empfangen – ich wäre vermutlich stolz gewesen auf diese Auszeichnung. Und hätte mir einer gesagt: Erschieße den Mann, er ist Deutschlands Untergang, rette das Vaterland, erschieß ihn!, ich weiß, weder meine Einsicht noch mein Mut hätten ausgereicht. Ich sehe mich da stehen in meiner Uniform, straff aufgerichtet, diesem „Führer" gerade in die Augen blickend, ich wäre mit Herzklopfen zu jedem Gehorsam bereit gewesen. Und hätte er mir befohlen, nach Auschwitz zu gehen, was dann?
Nein, ich will dort nicht als Tourist umherwandern, eine Flasche Limonade in der Hand, und mir sagen lassen, wo der Block A war und wo der Bahnhof.
Dahinten, hinter dem Hügel, sagt der polnische Freund, der uns in seinem grauen Trabant durch die Gegend fährt, dort ist der Flugplatz, von dem Graf Staufenberg abflog, nach dem Attentat. Wir rollen die Straße entlang, rechts und links schütterer Laubwald. Wie gestrandete Schiffsrümpfe ragen die mächtigen Betonklötze der gesprengten Bunker aus dem Unterholz, eine Häufung bedeutungsloser Trümmer, die von Touristenbussen angesteuert werden. Nein, ich möchte nicht aussteigen und mir alles ansehen, alles und nichts, und auch nicht hören, was

sie so reden, unsere deutschen Touristen, die hier umherwandern wie durch die Bleiklammern Venedigs oder die Verliese des Tower! Nach ein paar Minuten bleibt der Wald hinter uns zurück.

Nun, sagt unser Freund, fahre ich Sie nach Stynort und dann ins Naturschutzgebiet hinter Wegorzewo, vielleicht sehen wir sogar Biber.

Ostpreußen (Heeresgr. Nord): Abwehr bei Wormditt. Nördlich Allenstein weiter Druck. Im Süden weitere Absetzung geplant, um „Großdeutschland" zum Schutz von Königsberg herausziehen zu können. An der Ostfront drang der Gegner von Lötzen über die Seen und schob sich in Richtung der Anlage „Wolfsschanze" vor, die bereits gesprengt ist. Im Nordosten ist die Front in Bewegung geraten. Der Feind kam bis an die Front von Königsberg heran. Lagebuch 27. 1. 45.
(Aus dem Kriegstagebuch des Oberkommandos der Wehrmacht. Hrsg. v. Percy Ernst Schramm. München 1962)

Der Bernhardiner liegt uns zu Füßen, wir sitzen auf einer grüngestrichenen Bank vor dem niedrigen Haus und warten. Der Sohn wird gleich kommen, sagt die Frau, die den ungebärdigen Enkel hütet und ihrer Schwiegertochter zusieht, die im Garten Wäsche auf die Leine hängt: ein Vormittag in Mazury. Sie spricht gut deutsch, diese Frau, und sie beantwortet eine nicht gestellte Frage: Nein, im Westen möcht' sie nicht leben. Alles zu laut, zu viel, zu teuer. Anfangs wäre es ja schwer gewesen, aber jetzt? Es geht, der Sohn arbeitet als Möbeltischler, sie haben Land, das Auskommen ist gesichert.

Dann kommt er, der Sohn, die Stange auf der Schul-

ter, ein ruhiger, fester, junger Mann, der uns mit freundlichem Lächeln zunickt. Er wird uns fahren auf der Krutinna, diesem langsam ziehenden kleinen Fluß, der vom Jez. Mokre, vorbei an Krutyn, quer durch die Johannisburger Heide fließt. Man steigt in einen flachen Kahn und wird stromauf gestakt, und wenn nicht am Ufer entlang ein Wanderweg ginge, man würde sich noch tiefer einlassen können in diesen Wald, der an größere Ströme, größere Urwälder denken läßt. Ein Schwanenpaar mit seinen Jungen dreht sich aufgestört im Kreis. In der Tiefe des Waldes streicht ein Raubvogel ab, der junge Mann hält den Kahn an, wenn einer von uns den Fotoapparat zum Auge hebt. Er spricht kein Deutsch mehr, für ihn wäre es gleich, ob er Deutsche aus der BRD oder aus der DDR führe, wäre da nicht die ‚harte Währung‘, es geht um die D-Mark West.
Nach einer halben Stunde kehren wir um, gleiten den Fluß zurück. Allein dieses lautlose, wiegende Gleiten auf dem klaren Wasser durch die Waldesstille reinigt die Sinne: nirgends das ferne Brausen des Verkehrs, kein röhrender Flugzeuglärm und nicht einmal das erbitterte Kreischen einer Motorsäge in weiter Ferne – nichts. Schließlich tauchen die ersten Häuser von Ukta auf, Kinder winken, eine Herde Gänse stürzt sich ins Wasser, eine nach der anderen: Bilder wie aus alten Kinderbüchern. Später sitzen wir noch vorm Haus, nur nicht so hastig mit dem Abschied, der zottige Bernhardiner will gekrault sein, die Frau setzt sich zu uns, und ich frage:

Wie haben Sie das nur überstanden, das Kriegsende hier in dieser Abgeschiedenheit? Na, antwortete sie, es war nicht so schlimm, wir haben es überlebt. Und nach einer Pause: neulich sei die Schwester ihrer Mutter hier gewesen, das erste Mal seit der Flucht, die sei aus Bochum gekommen. Die sei im Heimatdorf von einem Haus zum anderen gegangen, auch wo nichts mehr gewesen sei, nur ein paar Trümmer und Büsche, und hätte alles erzählt, was gewesen war – da hätten sie viel geweint.

Wir sind nahe der Grenze, uns führt der Naturschutzbeauftragte der Woiwodschaft Suwalki, ein kenntnisreicher Mann. Fast lautlos gehen wir auf dem schmalen Pfad zwischen moosgepolsterten Bäumen am Kanal entlang, vorbei an einem von Bibern frisch gefällten Baum, dann taucht auch die Biberburg auf, meterhoch übereinandergeschichtete Äste, tief unter Wasser führt ein Zugang in den Bau, die flache Kuppel ragt über das Gestrüpp – aber weit und breit ist kein Biber zu sehen auch nicht zu hören. Feuchtigkeit hängt zwischen den Wipfeln wie ein nasses graues Tuch. Es ist so still, daß schon die raschelnde Bewegung stört, mit der ich im Regenzeug mein Fernglas hebe, um einem fernen Raubvogel nachzusehen, einem Schwarzen Milan.
Ringsum Wald, dessen Wurzeln im moorigen Wasser erstorben sind, mit dürren Kronen. Ein Fischreiher stakt am Ufer entlang, am anderen Ufer quarren Kolkraben, kreisen um eine alte Fichte, unversehens

schwebt mit ausgebreiteten Schwingen ein Adler über den See und zieht in mächtigen Kreisen hoch und weiter, bis er hinter den Bäumen verschwindet.
Hier seien die Adler ungestört, sagt unser polnischer Freund. Es gäbe noch einige Horste, alle seien bekannt und würden überwacht. Sonst würden auch hier die Gelege ausgeraubt, die herrlichen Tiere von Jägern abgeschossen. Es gäbe Auftraggeber im Nahen Osten, die zahlten jeden Preis – selbst für einen ausgestopften Raubvogel.
Es ist schon fast Mittag. Wir werden mehr nicht sehen können, als wir jetzt sehen: irgendwo in diesem riesigen Areal liegen Elche in der Dickung, ziehen Hirsch und Fuchs ihre Spur.
Weiter also, nach Stynort. Wir fahren über die Brücke des Mauersees. Ein paar Segelboote kreuzen vorm Wind, dann stehen wir vor dem zweiflügeligen Bau.
Unser kundiger Begleiter zieht ein abgegriffenes Buch aus der Tasche, das Buch der Marion Gräfin Dönhoff: „Namen, die keiner mehr kennt".
Sie kennen das natürlich, sagt er. Das brauch ich nicht zu fragen. Aber eines wüßte ich doch gerne: wie ist Heinrich Graf Lehndorff umgekommen? Auch aufgehängt an Fleischerhaken, auf Hitlers Befehl, wie die anderen Verschwörer? Oder wie?
Wir stehen vor dem Schloß und blättern, da steht: „Und dann am 4. September 1944 das Ende am Galgen von Plötzensee."
Der Pole klappt das Buch zu und steckt es ein.

Ich wußte es nicht mehr, sagt er. Dann führt er uns zu einem der gußeisernen Pfähle, die vor dem Schloß stehen. Wer beritten kam, band hier sein Roß an, dann versorgten es die Reitknechte. Und auf diesem Pfahl ist ein altes Wappen zu erkennen, mühsam entziffern wir, daß es von der geborenen Gräfin Dönhoff stammt, die einen Lehndorff heiratete und mit fünfundzwanzig Jahren verwitwet ist. Diese Marie Eleonore hat 1689 das Schloß gebaut, also vor dreihundert Jahren. So alt ist auch die berühmte Eichenallee.

Wir erfahren, daß sich der polnische Denkmalschutz viel Mühe gegeben hat, um die Bausubstanz des Schlosses zu erhalten. Ein Dach ist gesetzt, der Anstrich ist erneuert worden. Man hat dieses Gebäude nicht abgerissen wie zum Beispiel Schloß Finckenstein, dessen Ziegel zum Wiederaufbau Warschaus verwandt wurden. Übrigens sei vor Jahren die alte Gräfin hier gewesen und habe angeboten, sie wolle das Schloß wieder herrichten lassen. Auf eigene Kosten, aber mit deutschen Handwerkern. Das habe man auf der polnischen Seite nicht akzeptieren können. Später sehen wir tief im verwilderten Park die berühmten alten Eichen von Steinort, mindestens 600 Jahre alt, bizarr sich reckende Riesenbäume von gewaltigem Umfang, und fahren die Eichenallee hinunter zum Jez. Mamry, über dessen blinkende Fläche Bleßhühner ziehen: eine Idylle? Selbst dieser Ort ist gezeichnet.

"Steinort ist eines der schönsten und ältesten Schlösser Ostpreußens. Hier hatte Ribbentrop sein Hauptquartier aufgeschlagen, um stets in der Nähe Hitlers zu sein. Natürlich war für Ribbentrop das Schloß nicht großartig genug. Er ließ es im Innern umbauen. So wurde im Erdgeschoß ein Kino eingebaut, in dem er sich abends Filme vorführen ließ ... Die schönsten Blumen und die seltensten Leckerbissen, die auch dem verwöhntesten Deutschen seit Jahren fremd waren, wurden mit dem Flugzeug trotz aller Brennstoffknappheit von Kopenhagen eingeflogen, denn nichts war ihm gut und teuer genug."
(In: Fabian von Schlabrendorff: Offiziere gegen Hitler. Zürich 1946. S. 128 ff)

Swieta Lipka könnte im Chiemgau stehen. Oder irgendwo zwischen den Hügeln hinter dem Starnberger See, mit dem Rücken zu den föhnigen Alpen. Aber Swieta Lipka, das früher Heiligelinde hieß und mindestens so barock ist wie die Augustinerkirche in Dießen am Ammersee, dieses Swieta Lipka steht mitten in der Landschaft bei Rezszel, dem alten Rössel, und strahlt in Weiß, in Zartrosa und Gold, geliebt von allen, besucht von Schulklassen, Pfarrgemeinden, Betrieben. An Ferientagen steht da Bus an Bus, aber das stört nicht einmal die Kunstbeflissenen, wenn sie dieser schönsten Kirche weit und breit ihre Reverenz erweisen. Ohne Gläubige, ohne die Inbrunst der Verehrung wäre sie leblos, diese strahlend mütterliche Wallfahrtskirche, auch sie der Königin Polens geweiht.

Daß da in der Deutsch-Ordenszeit ein Kirchlein gestanden haben soll, ist längst vergessen, denn dieser

1687–1730 errichtete Bau ist polnische Gegenwart und Vergangenheit zugleich. Er stammt aus der Zeit, als die Jesuiten in diesem Vielvölkerstaat ihren Anspruch auf geistliche Führung untermauerten und Jan Sobieski III. gegen die Türken kämpfte, als das mächtige polnische Großreich von Gdansk bis Krakau reichte. Wilnaer Hochbarock also, wie der Kunstführer berichtet. Wir gehen durch das großartige schmiedeeiserne Tor, das der Schmied von Rössel schuf: Handwerk, mit Händen gemacht. Der Hochaltar und die acht Nebenaltäre, alle wie aus einer Werkstatt, stammen in der Tat von Deutschen aus Königsberg, das Altarbild indessen vom damaligen Hofmaler Altomonte, einem Italiener – Italien in Polen, das wäre dann in der Tat eine Geschichte für sich aus der Zeit, als Polen noch Wacht gegen die Türken hielt und Europas Blicke auf Krakau gerichtet waren.

Wir betrachten, was zu betrachten ist, setzen uns in eine der Bänke und ahnen nicht, was uns bevorsteht. Plötzlich nämlich beginnt die Orgel zu spielen, auch sie barock und großartig im Glanz. Wir hören – und dann sehen wir auch: Engel, die Posaune blasen. Eine Maria, die nickt. Einen Heiligen, der ihr antwortet. Das ganze mächtige Gebilde ist belebt von Figuren, wie man sie von den alten astronomischen Uhren kennt, das schlägt und tickt, taktiert und jubiliert, und all die Blondschöpfe unten in der Kirche starren offenen Mundes nach oben, und die Erwachsenen schütteln mit dem Kopf, so hübsch ist das.

Und ich denke, die Geistlichen in ihren Soutanen, die mit ihren Schäflein von weither gekommen sind, die sind in aller Demut stolz auf soviel entzückend fromme Spielerei. Ebenso großartig, wie sie begonnen hat, bricht die Musik ab. Die Figuren erstarren, als sei nichts gewesen, und man lächelt ein wenig und möchte das alles auf der Stelle noch einmal hören: was hier polnisch ist, was deutsch, das ist mit einem Male recht unwichtig geworden.

Strömender Regen, immer neue Wassermassen prasseln auf das ärmliche Land, der Wagen rollt durch tiefe Pfützen. Kaum erkennt man durch den heftig arbeitenden Scheibenwischer das Ortsschild von Morag, das ist Mohrungen, die Geburtsstadt Herders, Stichwort: „Stimmen der Völker in Liedern". Von hier aus also kulturelle Impulse über die Liedersammlung der Romantik „Des Knaben Wunderhorn" zum „Zupfgeigenhansel", zum folk song? Gewiß, aber auch zur Volkskunde, zur Ethnologie. Dieser Herder öffnete den Blick übers Antike hinaus, in die slawische Kultur, trieb vergleichende Studien, soviel ist gewiß – aber wo ist das Herder-Museum? Wir rollen durch die kleine Stadt, umrunden das aus rotem Ziegel errichtete gotische Rathaus, überqueren den leeren Platz, versuchen radebrechend von Passanten, die durch den Regen hasten, zu erfragen, wo denn dieses Museum sei – wir erwarten ein großes Schild wie vor den Museen der Bundesrepublik, Hinweise, deutliche Zeichen – und sind schon längst am Gegenstand unseres Interesses vorbeigerollt: es ist in einem Flügel des ehemaligen „Dohna-Schlößchens" untergebracht. Wir parken den Wagen am Rand des freien Platzes vor dem Gebäude – Blumenrabatten und Wege scheinen hier noch in Planung zu sein – erreichen den Eingang über eine Fläche aus gelbem Lehm, fast schon eine Seenplatte, unter dem fragwürdigen Schutz unseres Regenschirms. Das Museum ist geöffnet, ein Glück, und es ist trocken.

Wer von der Schule her noch eine dunkle Ahnung von Weimar und seinen Klassikern hat, erinnert sich: der Mann lebte in Riga. Goethe, damals siebenundzwanzig Jahre, ein Freund und Ratgeber des Herzogs von Weimar, hat ihn nach Weimar geholt. Mit dreiundzwanzig Jahren hatte Herder über die neuere deutsche Literatur geschrieben, zwei Jahre später über den Ursprung der Sprache, ein hochinteressanter Mann also, etwas älter als Goethe und seit 1776 Superintendent in Weimar, wo er zum Begründer der neueren deutschen Geschichtsphilosophie wurde, – und neuerdings in Polen beheimatet? In einem polnischen Museum präsentiert?

Die stillen Räume zeigen in der Tat einen Herder, wie man ihn nicht kennt: Kindheit und Jugend, Studium und frühe Schriften sind wie üblich dokumentiert mit Briefen, Drucken und Erstausgaben, auch die Straßburger Begegnung zwischen Goethe und Herder, die „gewissermaßen zur Geburtsstunde der literarischen Programmatik des Sturm und Drang" wurde, die Werbung um Karoline Flachsland, deren Bildnis von J. L. Strecker als Kopie ausgestellt ist. Aber man sieht auch bäuerliches Gerät, dies als Bezug zum Volkstum, Modelle des Geburtshauses und des Städtchens Mohrungen um 1170 und ein Porträt des Fürstbischofs von Ermland Ignacy Krasicke (1735–1801), man sieht Leibniz und Rousseau, aber auch die polnischen Aufklärer Sniadecki und Stascic. Mit anderen Worten: der polnisch-slawische Hintergrund des Mannes wird deutlich, die Jugend auf dem Land, Begegnung mit vielerlei Idiomen, das kulturelle Wurzelgeflecht einer Landschaft, die mitten in Europa gelegen, wie Deutschland vielfältigen Einflüssen von außen ausgesetzt war. Der Prospekt rückt eben dies, bei korrekter Darstellung des Lebenslaufes, ins Blickfeld und schildert mit besonderem Nachdruck Herders Friedensgedanken, wie er sie in seinen „Briefen zur Beförderung der Humanität" entwickelt hat. Ich kann mich nicht erinnern, je vorher von den „Sieben Gesinnungen der großen Friedensfrau" gehört zu haben. Draußen rinnt noch immer der Regen, man löst sich nur schwer aus diesen stillen Räumen, die so viel von polnischer, deutscher, europäischer Kultur erzählen und so wenig geeignet sind für auftrumpfenden Chauvinismus gleich welcher Art. Mich hat am meisten die Nachbildung von Herders Arbeitszimmer berührt, sozusagen naturgetreu in Weimar kopiert – fast hätte ich vergessen, daß Weimar ja zum sogenannten „Ostblock" gehört, zur Deutschen Demokratischen

Republik. Anläßlich der „Tage der Kultur der DDR in Polen", so die monströse Formulierung einer guten Sache, ist dieses Museum im Oktober 1986 der Öffentlichkeit übergeben worden. Noch haben sich nur wenige Besucher ins Besucherbuch des Museums eingetragen. Es ist ja noch kein Jahr alt, und doch bildet es schon ein unübersehbares Gegengewicht zu den Trümmern der Wolfsschanze und zu dem Spektakulum die „Schlacht bei Grunwald".

Sie bauten Kirchen, Kasernen, Villen. Und sie bauten das Tannenbergdenkmal, später „Reichsehrenmal" genannt, die Fachleute nennen das „memoriale Architektur". Das Tannenbergdenkmal, eingeweiht 1927, veranschaulicht, wie es damals hieß, die „heroische Lebenseinstellung" und die „Härte der Krieger". Über der flachen Landschaft erhob es sich mit seinen acht Wehrtürmen, die durch mächtige Mauern verbunden waren, über dem Schlachtfeld, das nach Tannenberg hatte benannt werden müssen, weil man dieses Mal gesiegt hatte: 1410 war der Deutschritterorden in jener Gegend geschlagen worden, dann hatten die Russen dort im Herbst 1914 eine vernichtende Niederlage erlitten. Der schon pensionierte General Paul von Hindenburg hatte sich als Glücksfall erwiesen, ein gradliniger, unerschütterlicher, beschränkter Mann, über Nacht war er zum Retter der Nation geworden, er hatte Ostpreußen vor den Russen gerettet, noch einmal gerettet. Dieser Sieg von Tannenberg also sollte gewür-

digt, veranschaulicht werden. Das Denkmal ist 1927 eingeweiht worden, Jahre vorher geplant, betrieben, finanziert, nicht von Hitler, sondern in der Weimarer Republik: 1927 wird Goebbels Gauleiter von Berlin, die Hitlerjugend wird gegründet, Pilsudski wird der Diktator Polens – aber hier ist von heroischer Lebenseinstellung die Rede und von der Härte der Krieger: Joel 2,13 „Wer Wind säet, wird Sturm ernten".
Wie eine Wehrburg erhob sich das Denkmal über der flachen Landschaft. Die beiden Architekten, Brüder mit gemeinsamem Büro am Reichskanzlerplatz, der später in „Adolf-Hitler-Platz" umbenannt wurde und heute „Theodor-Heuss-Platz" heißt, haben die Idee des Heroischen bedeutend erfaßt, konservative Herren alle beide, Professor Johannes Krüger meist in Knickerbockern und mit Fliege, ein eher künstlerischer Typ, Professor Walter Krüger eher ein Kaufmann, aber auch er begabt. Als junge Witwe hatte D.s. Mutter dort gearbeitet, der Junge hatte sie ab und an im Büro besucht, war von den Kolleginnen bestaunt worden: Was, so einen großen Sohn hast du?
An den Wänden die Risse, die Blaupausen des Monuments. Das stand in Ostpreußen für die Ewigkeit, um vom Sieg des Feldherrn zu künden – und was für ein Sieg! – fast schon eine Legende! Ich habe die Worte noch im Ohr, die „der Führer" ins Mikrofon rief, als Hindenburg im sogenannten Feldherrenturm beigesetzt wurde, selbst mir, dem Fünfzehnjäh-

rigen, klangen sie lächerlich: „Und nun, toter Feldherr, gehe ein nach Walhall!"

Heute fahre ich mit dem Wagen durch Olsztynek, also Hohenstein, dem Reiseführer folgend. Von Mauerresten ist die Rede: „Sie können sie finden, wenn Sie von der Kreuzung der Straßen nach Allenstein, Elbing und Neidenburg in Richtung Neidenburg fahren und die erste kleine Straße nach rechts (ausgeschildert nach „Drweck") einbiegen. Nach 1 km, gleich hinter dem Ortsende, geht nach rechts ein einseitig mit hohen Fichten bewachsener Feldweg ab. Er führt zu einem kleinen Wäldchen. Dort können Sie das Auto stehen lassen. Von diesem Wäldchen schräg nach rechts führt Sie ein Feldweg etwa 300 m auf den von dort sichtbaren recht unscheinbaren Hügel, auf dem einstmals das so würdige Denkmal stand." Würdig? Man fragt sich denn doch, ob das der rechte Begriff ist für ein Monument der heroischen Lebenseinstellung und der Härte der Krieger – dafür hat sie wohl doch zu entsetzliche Opfer gefordert, diese Einstellung.

Die Wolken hängen tief. Wir wollen nicht riskieren, auf dem aufgeweichten Feldweg hängen zu bleiben, und gehen zu Fuß an den Fichten entlang bis zum beschriebenen Wäldchen. Da wird hinter dem Gebüsch ein weißer BMW mit einem Lüneburger Kennzeichen sichtbar. Ringsum eine verregnete, flache Landschaft, kaum vorstellbar, daß dies der Ort des „Reichsehrenmales" gewesen sein soll. Ist es hier? frage ich den braungebrannten Herrn am

Steuer. Das kommt darauf an, was Sie suchen, sagt er. Wenn Sie suchen, was wir hier gesucht haben: dort drüben ist der Hügel. Sie finden nichts mehr.
Die Szene hat etwas Verschwörerisches, ganz nach der Melodie: „Wenn alle untreu werden, dann bleiben wir doch treu", möglichst durch alle Strophen. Gewiß, der Herr aus Lüneburg ist, wie sich herausstellt, nach Anleitung desselben Reiseführers gefahren wie wir, ein Reiseführer für Heimatvertriebene, vor allem einer, der festhält am Gewesenen: harmlos. Oder etwa doch nicht so harmlos?
Ich gehe den Feldweg weiter, der Hügel ist mit Gestrüpp bewachsen. Ich stoße auf Pfützen und Müll und die dürftigen Reste einer Backsteinmauer. Unvorstellbar, daß an dieser Stelle paradiert wurde mit Trauermärschen und klingendem Spiel! Ich sehe mich als Sechzehnjährigen in Berlin: der Bildhauer Bronisch steht auf dem Gerüst und glättet das markige Antlitz eines Kriegers, überlebensgroß, der breitbeinig Wache steht, vor sich das Gewehr, den Kolben zwischen den Stiefeln, den Blick in die Ferne gerichtet, vermutlich nach Walhall – zwei solcher Wächterfiguren sollen rechts und links der „Feldherrengruft" stehen. Ich darf dem Künstler bei der Arbeit zusehen, selbst „musisch begabt", wie das damals hieß. Die Soldatengestalt muß sechs Meter hoch gewesen sein, ein heroisches Standbild aus Granit, ein würdiges Denkmal? Nichts ist von alldem zu sehen: zwei Türme des Denkmals, lese ich im Reiseführer, seien von deutschen Soldaten im Januar

1945 gesprengt worden. Die Polen haben zum Glück keinen Stein auf dem anderen gelassen, sonst würden auch hierher die deutschen Touristen strömen, wie sie zur „Wolfsschanze" fahren, um einmal dort zu stehen, wo ER gestanden hat – ich gehe zurück, ich fühle mich uralt. Die Freundin hat inzwischen Mohn fotografiert, die glühend rote Pracht zwischen schütterem Getreide. Mir fällt ein Vers von Klabund ein, der aus der Knabenzeit hängen geblieben ist: „was bleibt vom heldentum? ein morscher hügel, auf dem das unkraut rot wie feuer steht." Was bleibt? Klabund, der Emigrant, gestorben in Davos, seine Frau Carola Neher umgekommen in Stalins Archipel Gulag – nichts bleibt, ist das die Wahrheit von Tannenberg?

Begegnung in Rom

Alles prüfe der Mensch, sagen die Himmlischen,
Daß er, kräftig genährt, danken für alles lern'
Und verstehe die Freiheit,
Aufzubrechen, wohin er will.

Friedrich Hölderlin
Lebenslauf

Wer je dort Gast gewesen ist, vergißt die hohen Zypressen nicht, die mächtigen, rotbraunen Amphoren beiderseits des Weges, der zur Villa führt. Den Kies, der unter jedem Schritt knirscht. Rechts der Brunnen mit dem moosbewachsenen Antlitz des Neptun, links die beiden Säulen, die an die Säulen auf der Piazetta von Venedig erinnern. Dann das Haus selbst, zweiflüglig, mit einer klassizistischen Fassade, mitten in einem von Mauern umgebenen Park: eine Oase, sagt man wohl. Eine Oase des Friedens, da streift Klassisches die Stirn, große Erinnerungen an Göthen in Italien. Der schöne Mensch hingelagert ins Bild, Tischbein. Oder auch: Göthe am Fenster, den Zopf lässig gebunden, in leichter Bekleidung.

D. hat sich das Frühstück auf der Terrasse gerichtet. Den Tee, den Toast, die bittere Orangenmarmelade hinausgetragen und den Tisch gedeckt. Nun sitzt er in der Sonne, ein leichter Wind bewegt das weiße Tischtuch, trägt von der Nomentara den Lärm herüber, das Brausen der Verkehrsschlacht: was soll er tun? Einmal, ein einziges Mal ist D. einem Menschen begegnet, der Auschwitz überlebt hat, einer Frau. Vor Jahren, als er in München den Kriegsverbrecherprozeß gegen Harster und Konsorten begleitet hat, um endlich zu erfahren, wie ein Mensch zum Mordgehilfen werden könne, hat er die Frau getroffen. Wie sie aussah? Keine Erinnerung mehr. Eine ältere, unauffällige Frau, die ihn nach der Urteilsverkündung angesprochen hat: Wenn er Interesse habe, könne er sie gelegentlich besuchen. Sie sei in Auschwitz gewesen.

In Auschwitz?
Ja, in Auschwitz.
Er hat sich den Namen notiert, die Adresse. Dann hat er sich mit einem Kopfnicken verabschiedet und ist im Gewühl verschwunden. Wer in Auschwitz war, hat mehr als eine Hölle überlebt. Kein Wort, das schrecklicher klingt, in aller Zukunft schrecklicher klingen wird als dieses – ein Wort ohne Vergleich. Die Verliese des Vatikans? Die Teufelsinseln? Cayenne und Workuta? Nichts erreicht diese Dimension des Schreckens: eine Todesfabrik.
D. schob damals den Besuch auf, anfangs mit guten Gründen, später aus Trägheit. Schließlich ist ihm der Besuch unmöglich geworden, denn die Frist, die er hatte verstreichen lassen, schien ihm unverzeihlich. Vielleicht würde sein Besuch jetzt sogar als Belästigung, sein Zögern als verletzend empfunden! Nach Monaten hatte er schließlich den Namen vergessen, trotz hastigen Suchens den Zettel mit der Notiz nicht mehr gefunden, dann gab er auf und wandte sich anderen Dingen zu. Er hat von dieser Frau nichts mehr gehört, sein Gewissen beruhigte sich. Aber nun, nach zwanzig Jahren, ist es zu einer ähnlichen Konstellation gekommen. Wieder gibt es da jemanden, der Auschwitz überlebt hat, wieder ist es eine Frau, und wieder überfällt ihn die Scham wie eine Krankheit: wie soll er reagieren?
Man begegnet einander im Park, an der Bocciabahn. Im Leseraum. In der Bibliothek, weil jeder

mit der freundlichen Bibliothekarin gerne ein paar Worte wechselt in all dieser Stille. Also wie?
Gestern noch ist sie an ihm vorbeigegangen und hat seinen Gruß freundlich erwidert. Erst vor ein paar Tagen hat D. erfahren, daß dies Frau Krystyna Salomon sei, eine Überlebende von Warschau, von Auschwitz und Birkenau, ein Gast wie er selbst. Diesmal wird D. sich nicht entziehen können, er weiß es. Was tun?
Soll D. sich in aller Form vorstellen und sagen: Mein Name ist D., aber ich bin nicht der, für den Sie mich halten. Ich bin an der Spitze einer Kompanie durch Ihr Land gerollt. Ich habe als Offizier gegen Ihre Soldaten gekämpft. Und nicht genug damit, ich habe vor dem Ghetto gestanden, die Mauer gesehen und mir dabei nichts gedacht – allenfalls, daß hier eben Juden interniert wurden: Führerbefehl, wenn Sie mich verstehen. Eine Sache, die mich nichts anging. Oh bitte sehr, würde die Dame sagen, die Jüdin ist und im Ghetto gelebt hat und im Lager Birkenau – oh bitte sehr, das macht doch nichts! Würden Sie mir einmal die Zuckerdose herüberreichen?
Und wenn er nichts sagt? Wenn sie aus anderer Quelle erfährt, daß er damals ihr Feind war. Ihr Mörder, wäre er ihr in Uniform entgegengetreten und hätte sie, die polnische Jüdin, in Sträflingskleidung an einem Ort getroffen, an dem zu sein ihr verboten war – und wo wäre ihr erlaubt gewesen zu sein, außer im Lager? Nein, er hätte sie nicht erschossen, nicht eigenhändig getötet, das gewiß nicht. Aber viel-

leicht hätte er sie in barschem Ton gefragt, was sie hier zu suchen hätte, in Freiheit? Und hätte dann jemandem den Befehl gegeben, die Frau festzunehmen. Oder wenigstens „nach oben" eine Meldung zu machen. Schon aus Sicherheitsgründen – wußte man denn damals in Polen, in einem Land, in dem selbst Halbwüchsige hinterrücks auf Soldaten schossen, wer schuldlos war und wer schuldig?
Also, was sollte er tun? Die Dinge auf sich beruhen lassen? Oder sich stellen? Schließlich würden es noch Wochen sein, die sie hier gemeinsam würden verbringen müssen. Diesmal würde er der Begegnung nicht ausweichen können. Oder wäre es klüger, sie schriftlich wissen zu lassen, daß er es vorziehe, ihr aus dem Weg zu gehen, um sie und sich selbst nicht Verlegenheiten auszusetzen, weil er auf ihre Fragen keine Antwort wisse? Er schiebt die Teetasse zurück, hört das Vogelgezwitscher in den mächtigen Zypressen. Vor genau zwanzig Jahren hat er in München im Gerichtssaal gesessen, um Augenzeuge jenes Prozesses zu sein, welcher der Sühne dienen sollte und der Gerechtigkeit. Aber wer waren die Täter? Und wer waren ihre Richter? Und war auch dieses Mal Justitia blind? Was für Bilder kommen ihm da, wenn er an den Prozeß gegen Harster denkt, den Höheren SS- und Polizeiführer beim „Wehrmachtsbefehlshaber in den Niederlanden"!

„Der Angeschuldigte Dr. Harster leitete bis zu seiner Versetzung Ende August 1943 auch die mit dem ersten Massen-

transport am 15. Juli 1942 begonnene „planmäßige Abschiebung der Juden . . . nach den vom Reich bestimmten Plätzen. Die Angeschuldigten Zoepf und Slottke wirkten an der gesamten, nach Versetzung des Angeschuldigten Dr. Harster von dessen Nachfolgern Naumann und Dr. Schöngarth bis Anfang September 44 fortgeführten „Entjudung" der Niederlande mit. Die Aktion war gegen die gesamte rund 140000 Personen zählende jüdische Minderheit in den Niederlanden gerichtet. Die Angeschuldigten handelten nach dem Auftrag, die Masse der Juden dem „Arbeitseinsatz im Osten", d.h. grundsätzlich dem KL Auschwitz zuzuführen, wenige Rückstellungsfälle vorzugsweise in das „Propagandalager" Theresienstadt und in das „Aufenthaltslager" Bergen-Belsen einzuweisen und im übrigen – von besonderen Einzelfällen abgesehen – möglichst nur die in gültigen Ehen mit Ariern lebenden Juden, die sogenannten Mischehejuden, zurückzulassen. Dabei waren sowohl Widerstände und Unruhen als auch das „Untertauchen" und die Flucht von Juden durch geeignetes Vorgehen zu verhindern."
(In: Begl. Abschr. des Eröffnungsbeschlusses der 1. Strafkammer des Landgerichts München II vom 9. November 1966 betr. Dr. Wilhelm Harster, Wilhelm Zoepf, Gertrud Slottke. Aktenzeichen 14 b JS 48/59. 10 a JS 29 a,c/60, gez. Göppner, Landgerichtsdirektor)

Die Stimmung im Saal richtet sich gegen die Verteidiger. Auch sie wie der Staatsanwalt, wie die Herren Richter, in schwarzer Robe. Wieder sitzen die Angeklagten hinter der niedrigen Holzbank, wieder hat Dr. Harster seine Krücken sorgsam angelehnt, der Justizwachtmeister die Höhe der Mikrofone richtig eingestellt, wieder dieses strahlende Frühlingsblau, das durch die hohen Glasfenster hereinscheint, und die gravitätische Prozession, wenn Richter und Geschworene den Saal betreten – wieder ein Tag, der dazu aufgebraucht wird, um die Wahrheit zu ermitteln, kein Standgericht, kein kurzer Befehl UMLEGEN, keine Mütze wird in den unter Hochspannung stehenden Stacheltrahtzaun, keine Kapsel wird in einen sogenannten Waschraum geworfen, keine Genickschüsse, keine Foltern.

Aktenordner auf den langen Tischen, Protokolle, Gesetzeskommentare, Präzedenzfälle: warum werden solche Menschen überhaupt noch verteidigt? Recht soll gesprochen werden, und heute haben die Verteidiger das Wort: der Verteidiger Dr. Leer erhebt sich, der Dr. Harster und Zoepf verteidigt, ein starkknochiger Mann, und formuliert – vor jeder Stellungnahme – die Trauer um die Opfer des Nationalsozialismus. Das klingt ein wenig zu gewandt, obwohl ernst gemeint, und die holländischen Journalisten äußern ihren Unmut, als stände es einem Deutschen nicht an, derartiges auszusprechen und schon gar nicht einem, der die Mörder auch noch verteidigt. Die juristische Argumentation, mit Geläufigkeit vorgetragen, beruht auf der Feststellung, man könne nicht strafrechtliche Gesichtspunkte mit der Verurteilung einer historischen Epoche verquicken, und so stellt Dr. Leer die Frage, ob das vom damaligen Staat befohlene Unrecht im strafrechtlichen Sinne Unrecht sei – aber selbst wenn man dies bejahe, obwohl ja damals auf allen Hochschulen gelehrt worden sei, der Wille des sogenannten Führers habe rechtschöp-

fende Kraft und Hitler sei Hüter der ungeschriebenen, konkreten Rechtsidee – selbst dann solle das Maß der Schuld proportional zur Entscheidungsfreiheit der Angeklagten bemessen werden. Es wird beschworen der Begriff SCHICKSAL, und es wird gefragt, was schon der ehemalige Bundesanwalt Güde gefragt hat, ob nämlich nach zwanzig Jahren das Bedürfnis nach Judizierung nicht gemildert sei – und wenn die Schuld nur darin bestände, daß einer sich gegen seinen Staat nicht aufgelehnt hat.
Der Herr Vorsitzende, bisher in statuarische Versonnenheit verfallen, hebt die Hand: der Herr Rechtsanwalt möge gestatten, daß die Spule gewechselt wird – gewiß, selbstverständlich, die Spule des Tonbandgerätes. Der Justizwachtmeister kommt gemessenen Schrittes und füllt aus einer Karaffe frisches Wasser in das Glas, das vor dem Rechtsanwalt steht, während die Protokollantin ein neues Band einlegt. Dann fährt der Rechtsanwalt fort, es sei zum Beispiel die Räumung der Krankenhäuser, um Ersatz zu schaffen für zerbombte Krankenhäuser, nicht schlimmer als die Bombardierung selbst. Er weist darauf hin, daß derartige Handlungen einfach anders als eben „kriminell" seien. Mit einem großen Taschentuch trocknet er sich ab und zu die Stirn. Immer neue Gesichtspunkte holt er ans Licht, wendet und dreht sie so, daß sie zugunsten des Mandanten neue Erkenntnisse reflektieren. Und während der Dr. Harster grau und starr neben dem grauhaarigen Zoepf ins Leere starrt, hört man draußen im Ver-

kehrsgewühl das Martinshorn. Irgendwo bahnt sich ein Streifenwagen, ein Sanitätsfahrzeug seinen Weg durch die Straßen, die Aufmerksamkeit irrt ab. HÄTTE DR. HARSTER ALS KORREKTER BEAMTER in anderer Stellung gedient, wäre er nicht – bitte ich, den Strafrahmen unter Berücksichtigung des eben Vorgetragenen – Tatbeitrag erheblich anders zu bewerten. MEIN MANDANT hat die dahinter liegende Tötungsabsicht nicht gebilligt oder gewollt, auch hat er harte Zeiten in Kriegsverbrecherlagern überstanden und zu berücksichtigen ist, daß ein vierter Existenzbeginn ihm nach Verbüßung der Strafe schwerer fallen würde als in jüngeren Jahren – zum Schluß weise ich darauf hin, daß das Vorausempfinden der Strafwirkung als strafmildernd betrachtet werden kann. Ich habe nicht für oberflächliche Milde plädiert sondern versucht, Sie zu überzeugen, daß wir kein Recht haben, die Angeklagten zu verdammen. Es gilt vielmehr in aller Bescheidenheit und unbeirrbarer Ehrlichkeit auch gegen sich selbst, die Grundsätze des Rechtsstaates wiederzufinden, die wir nie hätten verlieren dürfen.
Der Rechtsanwalt verbeugt sich, die Sitzung wird vertagt. Während der Vorsitzende mit seinen Richtern und Geschworenen den Saal durch die kleine Tür verläßt, auch er ein korrekter Beamter, doch nicht in einem Unrechtsstaat, wenn auch damals im Justizdienst, vielleicht Mietsachen oder Ehesachen, nimmt Dr. Harster seine Krücken, zieht sich Fräulein Slottke ihren Pelzmantel an, erhebt sich der

schmalgesichtige Zoepf – was wäre, wenn man sie alle damals schon in Den Haag festgenommen hätte, in den Tagen der Befreiung?

Vor Beginn der Verhandlung hat sich, ohne erkennbaren Anlaß, ein Bogen des hohen schmalen Fensters im Schwurgerichtssaal II aus seiner Verkittung gelöst und ist in den Saal gefallen – tausend Scherben auf dem blank gebohnerten Fußboden. Zum Glück ist der Strafverteidiger Prof. Dr. Aschenauer, der bereits im Talar gedankenversunken hin- und herwandelte, gerade ein paar Schritte weitergegangen, keine Scherbe hat ihn geritzt. Der Wachtmeister schreitet gemächlich herzu, schüttelt den Kopf, geht ebenso langsam auf den Korridor, ohne auch nur zu erwägen, das stählerne, rostige Fenstergerippe aus dem Weg zu räumen. Nach zehn Minuten erscheinen zwei mürrische Putzfrauen und kehren die Glassplitter zusammen. Schließlich beginnt die Verhandlung, zunächst das Plädoyer des Oberstaatsanwaltes, dann das des Nebenklägers Dr. Robert Kempner. Selbstverständliche Zitate, Hinweis auf die Beweisvorlagen, auf die gesammelten Akten, Heranziehung der einschlägigen Paragraphen (§§ 203, 207 StPO), also das Metier, dann die ethischen Hintergründe. Dieser Oberstaatsanwalt, ein junger, gut aussehender Mann sagt, seine Lehrer hätten zwar auf ihn eingewirkt, folgt Zitat aus einem nationalsozialistischen Biologiebuch, doch sein Vater habe es ihn anders gelehrt. Er streckt die von keinem Blut beleckten, von

Schmutz und Pulverrauch nicht geschwärzten, die sauberen Hände mit den sauberen Fingernägeln leicht nach vorn, wippt auf den Zehen, redet mit glatter Stirn, selbst ungeprüft, von der sichtbaren Wiederaufrichtung des verletzten Rechtes durch Sühne, ein schönes Bild, ein weibliches Bild, man kennt solche trauernden Engel von Friedhöfen, eine bronzene Unschuld mit gesenktem Haupt. Er sei, sagt er, eigentlich entschlossen gewesen, für die Angeklagten LEBENSLÄNGLICH zu fordern, das sei er seiner Selbstachtung schuldig. Der Besucher D. schreibt hastig mit, keine Stenographie, also nur Stichworte – nun hebt der Herr Oberstaatsanwalt die Stimme, spricht von der „unermeßlichen Tatfolge" und setzt auseinander, inwiefern die von den Angeklagten verursachte Tatfolge unermeßlich sei. Er läßt einige mildernde Umstände gelten, so das Schuldbekenntnis des Angeklagten Harster, und weist darauf hin, daß die Psychopathologie des Genocids noch nicht genügend erforscht sei. Neben D. hat sich ein stämmiger Mensch im grünen Lodenzeug gesetzt, der sich zunächst aus der schäbigen Aktentasche ein Brötchen einverleibt, dann aber mit hängendem Kopf einnickt – dem tippt jetzt der Justizwachtmeister vom Dienst auf die Schulter und weist ihm die Tür.
Der Mann packt umständlich seine Tasche unter den Arm, stülpt sich seinen verwitterten Jägerhut mit Gamsbart auf den Kopf und verläßt brummend die Empore, vom Justizwachtmeister argwöhnisch betrachtet. Der Besucher D. notiert sich die Episode

und blättert, während der Nebenkläger Dr. Robert Kempner seine Anklagerede beginnt, in seinen Notizen: Harster redet von „jüdischem Bevölkerungsteil", nie von „Juden". Der Film „Jud Süß" machte auf die Holländer außerordentlichen Eindruck. Jüdischer Kunstbolschewismus. D. klappt den Schnellhefter zu, der Ankläger schwenkt jetzt den Text eines Telegramms in der erhobenen Hand, das ihm soeben vom Justizwachtmeister hereingebracht worden ist. Er habe, sagt er, soeben ein Telegramm von den Nonnen erhalten, den Karmeliterinnen, den geistigen Schwestern der Nonne Edith Stein, und bäte das Hohe Gericht, den Text verlesen zu dürfen. Es wird, sagt sich der Beobachter D., ein ergreifender Hinweis auf die christliche Barmherzigkeit sein, den diese Nonnen zu Gehör bringen wollen. Dr. Kempner liest mit lauter Stimme das Bibelzitat. DENN WAS DU DEM GERINGSTEN MEINER BRÜDER ANGETAN HAST, DAS HAST DU MIR ANGETAN.
Dann schildert Kempner, wie er in den Tresoren der Deutschen Bank zu Berlin vor den Bergen von Goldzähnen gestanden habe, die in den sogenannten Schutzhaftlagern den vergasten Häftlingen ausgebrochen worden sind. Er spricht von der ungeheuerlichen Zahl dieser Morde, die jede Vorstellungskraft übersteige, und wendet sich direkt an die Geschworenen, um ihnen zwei Mordfälle vor Augen zu führen: STELLEN SIE SICH VOR, zwei Nonnen werden beim Spaziergang im Forstenrieder Park er-

mordet – und multipliziert gleichsam diese Morde mit tausend, mit zehntausend, mit hunderttausend. Er stellt fest, es habe ein jeder das Gebot gekannt DU SOLLST TÖTEN. Er setzt sich mit der Frage auseinander, was man denn habe tun sollen in solcher Lage, als Befehl Befehl war, und sagt, er sei als Offizier eines Gardeschützenregiments über die Antwort des Generals François belehrt worden. Der habe in ähnlicher Lage erklärt: „Dann werden Eure Majestät wohl auf meine Dienste verzichten müssen." Er erkennt an, daß der Harster von heute nicht der Harster von damals sei – und betrachtet die Strafe unter dem Gesichtspunkt der Abschreckung für jene Kreise, welche die Vergasung der Juden noch heute für richtig halten.

Er vergleicht die Strafmaße, wie sie zum Beispiel erst kürzlich in Essen ausgesprochen wurden, als eine berüchtigte Gangsterbande abgeurteilt worden ist, mit denen der sogenannten Kriegsverbrecherprozesse, er kommt zum Schluß seines Plädoyers. In allen Rollen habe er, sagt Kempner, vierzig Jahre lang der Justiz gedient, außer als Geschworener, und doch fühle er sich nicht fähig, irgendeine zeitlich angemessene Strafe zu empfehlen. Er überlasse dies der Weisheit dieses Hohen Gerichtes.

Der Vorsitzende gibt den Termin der Urteilsverkündung bekannt. D. schiebt den Schnellhefter in seine Aktentasche, ringsum steht man auf, die Holländer machen ein paar ironische Bemerkungen, man schiebt sich zum Ausgang: Hausfrauen, ein paar

Oberschüler, ein Liebespaar, das während der ganzen Verhandlung eng umschlungen in der hintersten Reihe gesessen hat, ein Herr im Lodenzeug, dem man schon von weitem eine nationale Gesinnung zubilligt. D. betrachtet ihn von der Seite, das Gesicht kommt ihm bekannt vor. Er tritt an den mit dem Lodenmantel heran: „Gestatten Sie eine Frage, sind Sie nicht der Vorsitzende der NPD?"
Nein, sagt der Mann, der bin ich nicht.
Der Zuschauer D. geht die steile Treppe hinunter, schiebt sich durch das Gewühl vor dem Schwurgerichtssaal II, sieht nach der Uhr, geht langsam, die breite, steinerne Treppe zum Vestibül hinab, durch die gläserne Schwingtür, durch das große Portal, und tritt hinaus ins Sonnenlicht, das ihn blendet: ein freier Mann.
In wenigen Tagen wird das Urteil verkündet. Landgerichtsdirektor Dr. Göppner wird, angetan mit dem Talar des Richters, mit dem Barett, an der Spitze des Gerichtshofes den Schwurgerichtssaal II des Landgerichtes München II betreten und die Strafe verkünden: Sieben, zehn, fünfzehn Jahre Zuchthaus? Oder Freispruch, nicht den moralischen, aber von der rechtlichen, strafrechtlichen Schuld? Es gab Holländer, die plötzlich mit dem Tode bedroht wurden, weil sie Juden waren. Es hätten auch Rothaarige sein können oder alle, die französische Vorfahren, oder alle, die mehr als 500 000 Gulden auf dem Bankkonto hatten – aber es waren Juden. Von der Vergasung wurde bei Vorliegen ihrer Arbeitsfähigkeits-

bescheinigung abgesehen. Von Auschwitz habe ich nichts gewußt: BUNA-Werke, Versuchsbetriebe geplant, Himmler selbst befahl am 1. März 1943 die Ausdehnung des Lagers auf 40 Quadratkilometer. 100 000 Volljuden aus dem Volkskörper entfernt. Vollzogene Entjudung der Niederlande. Erhöhung der Kopfprämie für die Aufspürung versteckter Juden – ein unfähiger Vorgesetzter, eine tüchtige, vermutlich auch fanatische oder auch nur verbissene Sekretärin, klein, unscheinbar, die Juden bezeichneten sie als katzenfreundlich – die entschied über Leben und Tod. Über Annahme oder Ablehnung eines Antrages im Referat IV B 4, das heißt: Bekämpfung der Juden als Einzelgegner. Das Fräulein Slottke – ich verstehe durchaus, Herr Vorsitzender. Wenn Ihre oder meine Frau abtransportiert worden wäre, oder unsere Kinder nicht den schwarzweißroten Fleck mit dem aufgedruckten D getragen hätten und ebenfalls abtransportiert worden wären, nach Mauthausen zum Beispiel – aber das ist natürlich nicht mehr vorstellbar. Es war eben alles anders. Auch die Kleidung der in den Bunkern I und II bzw. Krematorien I bis IV Vergasten wurden nach der Vergasung in die Sortierstelle gebracht. Schon 1942 sei Kanada I nicht mehr in der Lage gewesen, die Sortierung laufend zu erledigen, schreibt Rudolf Höß. Nein, man kann das einfach nicht mehr hören und nicht mehr lesen. Man weiß das alles schließlich viel zu genau, und weshalb soll man nicht endlich einen Schlußstrich ziehen –

18.3.41
Wien wird nun bald ganz judenrein sein. Und jetzt soll Berlin an die Reihe kommen. Ich spreche das mit dem Führer und Dr. Frank ab. Der stellt die Juden zur Arbeit an, und sie sind auch fügsam. Später müssen sie mal ganz aus Europa raus.
(In: Die Tagebücher des Joseph Goebbels. Sämtliche Fragmente. Hrsg. von Elke Fröhlich. Teil I Aufzeichnungen 1924–1941. Band 3: 1.1.1937–31.12.1939)

Der Tag der Urteilsverkündung, der Tag der Medien:
Ein Trupp ausländischer Journalisten drängt in den Schwurgerichtssaal II. Der grün uniformierte Justizbeamte äußert unwillig, für die Presse seien die ersten drei Reihen reserviert. Der Trupp setzt sich die Stufen hinab in Bewegung, drängt in die erste Reihe vorn an der Brüstung, da erhebt sich eine Putzfrau, wirren Haares wie eine Kassandra, ihren schmerzenden Rücken streckend, die mit einem Lappen gerade noch die blauen Kunststoffsitze abgewischt hat, und keift die Journalisten an: Ja, haben's denn keinen Verstand? Können's denn nicht heraußen warten, bis Einlaß ist?
Die Journalisten lachen sie aus, sie verzieht sich kopfschüttelnd. Der Justizwachtmeister wirft mißbilligende Blicke auf die Ausländer, die ungeniert miteinander reden, zu laut, versteht sich, für die Würde dieses Hauses: Ordnung muß sein.
Die Spannung wächst unter den Journalisten. Wie wird das Urteil ausfallen? Lebenslänglich für alle, wenn schon Todesurteile nicht möglich sind? Man

fragt auch D., was er meine. Er schweigt, zum Richter würde er sich nicht eignen. Fernsehkameras werden aufgebaut: junge Leute in Jeans, mit kurzgeschorenen Haaren, laufen im Saal hierhin und dorthin, installieren Mikrophone, halten Belichtungsmesser in die Höhe, an jenen Stellen, wo in wenigen Minuten Dr. Harster, Wilhelm Zoepf und Gertrud Slottke sitzen werden, um ihr Urteil anzuhören.
Nun entledigt sich der Nebenkläger Dr. Robert Kempner seines Mantels, beige mit braunem Pelzbesatz, und läßt sich in seinen Talar helfen. Scheinwerfer blenden auf, Glotzaugen der Öffentlichkeit: abends vor dem Fernsehschirm, die Füße in Pantoffeln hochgelegt, das Flaschenbier in Reichweite, im dämmrigen Zimmer zwei Minuten Gerechtigkeit – na endlich, gut, daß sie diese Schweine endlich bestraft haben. Zum letzten Male in diesem Saal: die Angeklagten kommen herein, das minutenlange Blitzlichtgewitter, fast lautlos, nur im Zuschauerraum Unruhe. Zum letzten Mal in diesem Prozeß kommt der Hohe Gerichtshof durch die Tür, schon übermorgen neue Termine, Mordsache Schwarz, ein Kellner, der seine Frau erstochen hat –

Man hört stehend zu, der Vorsitzende verkündet mit ausdrucksloser Stimme das Urteil, die Zeitmaße wirken beziehungslos: FÜNFZEHN JAHRE NEUN JAHRE FÜNF JAHRE. Mord aus niedrigen Beweggründen in Tateinheit mit – nein, die Journalisten schreiben nicht mit. Der Text wird schriftlich

ausgeliefert, nur die Urteilsbegründung nicht, die sogleich erfolgen wird. Das Gericht nimmt Platz, der Justizwachtmeister in grüner Uniform breitet die Arme aus, als wolle er Hühner aus der Scheune treiben, und ruft: So, meine Herren, ich bitte die Rundfunkstationen jetzt abzubauen. Die Techniker pflükken die Mikrophone vom Richtertisch, rollen die Kabel ein, schieben die Scheinwerfer in die Ecke und heben sich die schweren Taschen mit dem Zusatzgerät über die Schulter, während die Kameramänner, die Kamera wie der Storch den Schnabel vor sich her tragend, als erste den Raum verlassen. Oben auf der Empore legen sich die Journalisten ihre Blocks zurecht, die Unruhe legt sich, und der Landgerichtsdirektor liest die Begründung des Urteils vor, das nun umspült wird von einem Strom komplizierter Gedankengänge. Mit halber Stimme, fast angewidert von dem, was er da referieren muß, stellt er fest, die Frage, wie es zu diesem Urteil habe kommen können, sei noch nicht gelöst, auch habe die Strafe nur symbolische Bedeutung.
So richtet man es also auf, das verletzte Recht – symbolisch? Keine Hand wird abgehackt, keine Zunge ausgerissen, kein Mann geviertelt, von wilden Gäulen zerrissen, kein Pranger, kein Verlies, keine Rache für die Kinder, die ihre Kleidung ablegten und nicht plärrten, weil auch die Eltern, Vater und Mutter, nackt wie Gott sie geschaffen hat, in den Baderaum gingen? „Je nach Witterung feucht oder trocken, kalt oder warm, weiter je nach Beschaffenheit des Gases,

das nicht immer gleich war, nach Zusammensetzung des Transportes, viele Gesunde, Alte oder Kranke, Kinder, dauerte die Wirkung des Gases fünf bis zehn Minuten. Die Bewußtlosigkeit trat schon nach wenigen Minuten ein, je nach Entfernung vom Einwurfschacht" –

Eine Stimme von der Empore, der Justizwachtmeister: Herr Direktor, der Rundfunk weigert sich, das Tonband abzustellen. Der Vorsitzende blickt unwillig auf: Stellen Sie es ab. Zweiundachtzigtausendachthundertvierundfünfzig Morde. Gezählt, registriert, vom holländischen Roten Kreuz ermittelt, von den Angeklagten Harster und Zoepf als vermutlich richtig anerkannt. Von 91 Kriegerwitwen, die auf Betreiben der Angeklagten entgegen den Richtlinien nach dem Osten, nicht etwa ins mildere Lager Theresienstadt abtransportiert worden sind, waren 21 Frauen über 70 Jahre alt. Fräulein Slottke ist heute, am Tage der Urteilsverkündung, 65 Jahre.

Der Zuschauer D., seinerzeit Offizier der deutschen Besatzungsarmee, ist heute 48 Jahre alt. Er notiert sich Stichworte NIEDRIGE BEWEGGRÜNDE. Niedrig sind Beweggründe dann, wenn sie nach dem gesunden Empfinden sittlich verachtenswert sind. Niedrige Beweggründe sind verachtenswerte Beweggründe. Verachtenswert ist etwas, das niedrig ist. Höhere und niedere Lebewesen. Höhere und niedere Rassen. Die höhere Rasse schützt das höhere Gut, das Leben des Volkes. Können niedere Rassen andere als niedrige Beweggründe haben? Er hat in den letzten zwanzig Jahren ein volleres Gesicht bekommen, die Zahnprothese merkt man kaum, auch die Kurzatmigkeit fällt nicht auf.

Er verabscheut, was geschehen ist, und schämt sich dessen, als habe er selbst die Juden in die Waggons getrieben oder die Wachmannschaften von Westerbork kommandiert – und er kann sich doch immer noch nicht entschließen, diesen grauhaarigen alten Mann verachtenswert zu finden, der als Kriminaljurist auszog, ein braver Schneider zu werden und Sieben auf einen Streich zu fangen, und jetzt büßen wird für seine Schuld. Für seine Uniform. Für seine Unerbittlichkeit und Kälte.

Als D. den Gerichtssaal verlassen hat und sich durch das Menschengewühl im Vorraum einen Weg bahnt, spricht ihn die Frau an, die in Auschwitz war.

Es war, als müßten wir etwas sagen, ungeheuerliche Dinge, jedem einzelnen Deutschen, als müßte jeder Deutsche uns etwas sagen; wir hatten das Bedürfnis, die Summe zu ziehen, zu fragen, zu erklären, zu kommentieren, wie Schachspieler am Ende einer Partie. Wußten diese Menschen von Auschwitz, von dem verschwiegenen täglichen Massenmord vor ihren Türen? Wenn ja, wie konnten sie auf der Straße gehen, in ihre Häuser zurückkehren, ihre Kinder ansehen, die Schwelle einer Kirche überschreiten? Wenn nicht, dann sollten sie eben, mußten sie zuhören, alles erfahren, von uns, von mir, alles und unverzüglich: Die tätowierte Zahl auf meinem Arm brannte wie eine Wunde.
(In: Primo Levi: Ist das ein Mensch?, Frankfurt 1961)

An diesem Morgen ist D. aufgebrochen, um das

Stadtviertel zu erkunden: hinter hohen Gittern die noblen Fassaden alter Mietshäuser und Villen, verwitterte Mauern, das zarte Gelbbraun eines Anstrichs, der längst hätte erneuert werden müssen, elegante Portale, bronzene Türklopfer, Mülltonnen, im Hintergrund ein paar uralte Bäume, die unerträgliche Schönheit, die Leichtigkeit des Alters – er ist die Via Giovanni Battista entlang gegangen – Battista? Welcher Battista? Er wird das Lexikon vergeblich bemühen – und ist schließlich stadteinwärts in die vierspurige Via Nomentara eingebogen, die an S. Agnese vorbei aus dem Zentrum Roms nach Nordosten führt, zum Monte Sacro und hinaus aus der Stadt. Er ist auf das mächtige, halb geöffnete Tor gestoßen, der Blick öffnet sich in den Park, mächtige Pinien, große weiße Haufenwolken über den uralten, hochgewachsenen Bäumen, die als Schattenrisse gegen den Himmel standen, die Schwalben flogen tief, er ist in den Park hineingegangen, unwiderstehlich angezogen von der dramatischen Szenerie: Gruppen hoher Palmen, deren im Frost abgestorbene gelbe Wedel aufrauschen im Wind, der steinerne Obelisk, die gelbe, erblindete und mißhandelte Front einer einst großartigen Renaissance-Villa. Die Wege ungepflegt, ungesäubert. Hinter den Kolonnaden der rückwärtigen Front des Hauses ein langer Holztisch, an dem Greise saßen wie die Apostel beim Abendmahl. Kinder lachend und schreiend auf Schaukeln, die an den Bäumen befestigt waren. Liebespaare still auf dem Rasen liegend oder stöhnend

und arbeitend im Gebüsch auf den künstlichen Hügeln, daneben der künstliche, ausgetrocknete See – D. blieb verzückt stehen: der Blick ging weit, vorbei an verrotteten Portalen, an Säulen bis zu den Häusermassen der Stadt, die den Park säumten, bis zu den Sabiner Bergen, ein ferner Schatten im Dunst.
Dann umkreiste er langsam das Gebäude, entzifferte verwitterte Inschriften, von einem Alessandro Torlonia war die Rede, der Name sagte ihm nichts. Auch sein „Reiseführer" verriet ihm nicht, auf welchem Boden er sich hier befand, doch meinte er, daß ihn sein absichtsloser Weg mitten in ein vergessenes, ein rätselhaftes Rom geführt hatte, das es nun zu erschließen galt: keine Touristenattraktion wie das Forum, das Kapitol, wie die Gärten der Villa Medici, sondern ein gleichsam geheimer Ort, an dem sich Alltag und Vergangenheit wunderbar mischten, seine eigene, ganz besondere Entdeckung an diesem 8. Mai – ein Datum, das er nie vergaß, das so fest in seinem Gedächtnis steckte wie kaum ein anderes außer dem eigenen Geburtstag. Der 9. Mai 1945, an dem der Zweite Weltkrieg in Europa zu Ende gegangen war unter dem Feuerwerk der Sieger, dem Entsetzen der Besiegten, dem Jubel der Befreiten.
Erst gegen Mittag, als die Sonne schon hoch stand, kehrte D. zurück. Als er sah, daß die Bibliothek geöffnet hatte, trat er ein, um die Bibliothekarin zu fragen, was sie über die Villa Torlonia wisse: man fragte sie gern, sie wußte viel.
Sie sah ihn an und lächelte:

Die Villa Torlonia? Da hat Mussolini residiert, mit seiner Geliebten. Mit Clara Petacci. Deswegen ist die Villa so heruntergekommen. Man will sie verfallen lassen.

Beklommen suchte D. seine Zimmer auf. So vieles gab es in Rom, Kirchen, Museen, historische Orte, aber ihn zog es, ohne daß er auch nur ahnte, welchen Spuren er folgte, in diese Villa, an diesem Tag. Er setzte sich an den Schreibsekretär und schrieb an Frau Krystyna Salomon einen Brief, in dem er ihr erklärte, er sähe sich als ehemaliger Offizier der Wehrmacht außerstande, ihr unbefangen zu begegnen. Auf Fragen, die sie ihm stellen könnte, wüßte er keine Antwort und wollte sie nicht mit seiner Anwesenheit beunruhigen, die ihr nicht angenehm sein könnte. Deshalb schlage er vor, daß man einander tunlichst meide, doch hoffe er, daß sie einen angenehmen Aufenthalt haben würde.

Schon einen Tag, nachdem D. den Brief an Krystyna Salomon in das Postfach gesteckt hat, kommen ihm Zweifel: zu dramatisch, diese Geste, zu anspruchsvoll. Er hätte die Dinge durchaus auf sich beruhen lassen können. Wenn es der Dame wirklich unangenehm gewesen wäre, ihm zu begegnen – gesetzt den Fall, sie hätte über ihn erfahren, was andere „seine Vergangenheit" nennen, – dann würde sie schon selbst Wege gefunden haben, darauf zu reagieren. So weit hat er sich selbst durchschaut, und er ist ungeduldig. Es treibt ihn in die Stadt, unter Menschen. Also: mit der Monatskarte in den Bus Nr. 62, Fahrt bis zur Ponte a Savoia, dann überquert er den Tiber – der Postkartenblick über die Engelsbrücke auf die Engelsburg! – und geht die Conziliazione entlang, die Prachtstraße, die geradenwegs auf den Petersplatz führt. Menschenmassen strömen der Kirche zu, deren Kuppel sich über dem riesigen Platz triumphierend ins Blaue hebt. Weshalb fällt D. gerade jetzt die Karfreitagsprozession im nächtlichen Calvi ein, die Bußprozession der „Catenati", der Sünder, deren Füße mit schweren Ketten gefesselt sind, in Kutten gehüllt, den Kopf mit einer Kapuze verdeckt, damit weder Nachbarn noch Polizisten erkennen, wer da das schwere Holzkreuz durch die Straßen schleppt, um sich von seiner Gewissensqual zu befreien. Nur der Priester, der sie schon Jahre im voraus auf die Liste setzt, sie schließlich zuläßt, zu jedem Karfreitag nicht mehr als zwei Büßer, kennt ihre Namen aus der Beichte. Calvi auf Korsika, das muß Ostern 1979 gewesen sein, vor sechs Jahren, und was ist seitdem alles geschehen! Heute ist Pfingstsonntag anno domini MCMLXXXV, für den Vatikan offenbar ein besonders bedeutsamer Tag. D. ist bei den Kolonnaden angekommen, immer neue Massen strömen auf den Platz, von den Schweizer Garden und Carabinieri aufmerksam kontrolliert und eingewiesen. Immer neue Busse rollen heran und entledigen sich eilig ihrer Menschenfracht, immer neue Schwesterntrachten, Ordenskleider, Sprachen, Kirchenbanner. D. sieht unter einer polnischen Fahne von nicht zu übersehender Länge eine offensichtlich bäuerliche Delegation. Geistliche, Ordensschwestern, auch zwei, drei Männer in der oberschlesischen Bergknappentracht, er registriert Libanesen und Amerikaner, Franzosen und Deutsche, jetzt gerade schieben sich in wallende, leuchtende Gewänder gehüllte, schwarze Männer und Frauen heran, nach dem Rhythmus ihrer großen Trommeln mit den Armen rudernd, auch sie fromme Pilger, mit nikkenden Köpfen und schwingenden Körpern, mit Elefantenstoßzähnen und Fliegenwedeln aus Straußenfedern, mit Gold und Prunk und rauhem Gesang, geführt von ihren geistlichen Hirten: D. kommt es vor, als stünde er am Fuße dieser Kolonnaden von Bernini im Mittelpunkt der Welt, mit dem Blick auf das Portal des Petersdoms, auf den Obelisken, den man vor vierhundert Jahren hier aufgerichtet hat, schon damals ein uralter Stein, der vor rund dreitausend Jahren bearbeitet, zurechtgeschnitten, in Ägypten aufgestellt worden war auf Befehl des Pharao und zu Ehren des Gottes Sonne: welche Bedeutung hat das alles. Und weshalb ergreift ihn, den Skeptiker, dieses Schauspiel, das ihn doch nicht das geringste angehen kann? Erst langsam erschließt sich ihm der Sinn der Zeremonie, deren Zeuge er ist: zwei Dutzend Bischöfe aus aller Welt, schon im Kardinalspurpur, werden, wie ein deutscher Fremdenführer seiner Gruppe lauthals erklärt, durch ein öffentliches Konsistorium in ihrer neuen Würde bestätigt. Von ferne sieht D. den Thron des Papstes, die beiden mächtigen Gobelins, die aus den Fenstern hängen, nun ziehen die Kirchenfürsten unter Orgelklang aus der Kirche und nehmen auf den Stühlen Platz. Schließlich erhebt sich einer nach dem anderen und holt sich gemessenen Schrittes bei einem Würdenträger, einer vorwiegend lila gekleideten Persönlichkeit, eine Urkunde wie ein Absolvent, und sie wallen alle in feierlichem Zug in die Kirche, aber dann ist der große Augenblick vorbei. D. schiebt sich durch die Menschen ins Freie: was jetzt? Vielleicht ein Eis auf der Piazza Navone, vielleicht ein Gang über den Campo di Fiori, vorbei am Denkmal des als Ketzer verbrannten Giordano Bruno, auf dessen Haupt und Schultern hungrige Tauben nach Futter Ausschau halten? Man wird sehen. In diesem Augenblick ist D. wohl glücklich zu nennen, nichts zählt für ihn als die Gegenwart.

In den letzten Nächten hat D. schlecht geschlafen: Träume, die ihn über Geleise irren ließen. Ankunft auf leeren Bahnhöfen, auf denen kein Zug mehr fuhr. Gepäckstücke, denen er nachjagte, ohne sie je zu erreichen. Rasendes Herzklopfen, Schweißausbrüche. Wieder und wieder hat er nach der Uhr gesehen, die Minuten, die Stunden sickerten zäh, er hat nach dem Buch gegriffen, das er seit Tagen las, die Sätze gelesen und das Buch wieder beiseite gelegt, ist aufgestanden und auf die Terrasse getreten, die Nachtkühle hat ihn erfrischt. Er lauschte dem leisen Brausen des Verkehrs, sah die Sterne zwischen den Wipfeln, die spitz in die Nacht ragten und sich dra-

matisch bewegten, dann hat er sich wieder ins Bett gelegt und das Licht gelöscht: kein Schlaf, ein unaufhörliches Mahlwerk quälender Gedanken: was ging ihn das an, was in Oswiecim geschehen war oder Sobibor? Er hat zur kämpfenden Truppe gehört, das war alles. Überfälle auf friedliche Länder? Nun gut, und wer hat 1939 Finnland überfallen? Wer stellte den russischen Panzerkommandanten zur Rede, der im November 1939 auf Lappeenranta vorgestoßen war? Kriege zwischen Indien und Pakistan, Irak und Iran, England und Argentinien – und keine Anklage wegen Verschwörung gegen den Frieden? Und wenn er also kein Verbrecher war, keiner, der Frauen und Kinder hatte erschießen und verscharren lassen, wenn er nicht beteiligt war an diesen Massenmorden, diesen wohl nicht bezweifelbaren alptraumhaften Vergasungen – woher dann sein Schuldgefühl?
Endlich dämmerte es, er erhob sich, rasierte sich und blickte hinaus in den Park: der Gärtner zog mit seinem Handkarren über den Kies, die beiden Hunde trotteten ihm schweifwedelnd nach, Schwalben schrillten niedrig über die Dächer, er hörte aus dem Atelierbau, der von Gebüsch verdeckt war, Gelächter, dort drüben bewohnte diese Frau Salomon ein Zimmer – unglaublich, daß sie nicht reagierte, nicht antwortete oder wenigstens eine kurze Nachricht gab, daß sie mit seinem Vorschlag einverstanden war, so in der Art: Vielen Dank, ich bin einverstanden. Das hätte genügt. Aber dieses stumme, bittere Schweigen, diese kalte Abfuhr? Das hatte er im

Grunde nicht für möglich gehalten: wieder also ein Tag, den er nutzen mußte, schließlich war man nicht alle Tage in Rom. Heute vielleicht die Katakomben? S. Kallisto oder S. Sebastiano – er erinnerte sich an die Szene in Fellinis Film, als aus dem Dunklen tief unter der Erde Fresken ins Licht der Scheinwerfer traten, die über ein Jahrtausend geschützt waren hinter uraltem Mauerwerk und im Anhauch der Luft wie Schatten vergingen. So war auch der Leib des etruskischen Fürsten in einem Augenblick zerfallen, als man den Tumulus geöffnet hatte – eben noch ein menschlicher Leichnam, geschmückt für das Jenseits, und eine Sekunde später, nach langem Schlaf, nichts als Staub. Wie sagte der Maler, den er gestern getroffen hatte? Was mich an der ganzen Renaissance und dem Barock so ärgert, das ist, daß man das alles ja nur zum Ruhm der Kirche gemacht hat. Eine einzige etruskische Tonplastik sagt mir mehr als all diese Sachen von Bernini oder Michelangelo.
Für wen arbeitet er denn, dieser Maler? Für Deutschland? Für die Leute, die seine Bilder kaufen? Für den Galeristen oder die verehrte Frau Gemahlin? Als ob die Frage, wer Nutznießer ist, von besonderem Interesse wäre. D. denkt an die Grabmäler römischer Ehepaare, an die monströsen Reste des Standbildes von Konstantin dem Großen – Kunst? Ihn reizen die abgeblaßten Fresken im Inneren der Erde, was immer sie bedeuten mögen. Er blättert in seinen Plänen und entschließt sich nun doch für die Katakomben S. Priscilla, wohl die älteste Katakombe Roms.

Ein Spaziergang durchs Quartiere Trieste also, bis er dort, wo die Häuser den Park der Villa Ada umgrenzen, unmittelbar an der Via Salaria, auf die Pforte des kleinen Klosters stößt: ein paar Leute warten schon, offenbar Engländer, auch Deutsche natürlich. D. gibt nicht zu erkennen, welcher Nationalität er angehört, die Deutschen diskutieren miteinander über die Ausdehnung der Katakomben und streifen D. mit einem Blick. Er wird seiner karierten Jacke wegen gelegentlich für einen Amerikaner gehalten, die Jacke stammt aber aus Mailand. Nun erscheint eine ältliche, winzige Nonne in einem roten Anorak, die einen riesigen Stab trägt und sich erkundigt, in welcher Sprache sie die Führung durchführen solle – Deutsch? Oder Inglese? Oder Français? Englisch, sagen die Leute, auch die Deutschen, gebildete, weltläufige Menschen und höflich überdies. Die Nonne neigt ihr Haupt, setzt ein sozusagen seliges Lächeln auf, wie man es hinter Klostermauern oft antrifft, zieht sich die rote Kapuze in die Stirn, dann stiefelt sie in mächtigen, schwarzen Galoschen voran. Der Weg in die Unterwelt beginnt.

Der Anruf kam nachmittags: eine leise Frauenstimme mit leicht slavischem Akzent. Wenn D. sich weigere, sie kennenzulernen, und sie meiden wolle, könne sie das nicht ändern. Sie wolle ihn auch nicht umstimmen. Aber sie selbst habe wenig Gelegenheit, jemanden zu sprechen, der damals auf der anderen Seite gestanden habe.

D. versichert, daß ja auch ihm an einem Gespräch läge. Er habe nur gemeint, daß dies alles vielleicht zu schwierig sei.
Nein, keine Befürchtungen. Ihr Wunsch sei es, sagte sie, mit ihm zu reden. Sie sei Schriftstellerin und wolle von ihm erfahren, was eigentlich damals – man könne so selten offen miteinander reden, aber wenn er nicht wolle? Längst ist D. zu diesem Gespräch entschlossen. Ihm wird bewußt, daß er im Grunde um sie geworben hat: er hat den ersten Zug getan und die Partie eröffnet, er hat im Grunde für unmöglich gehalten, daß sie nicht mit diesem Gegenzug antworten würde. Schweigen wäre ihm unversöhnlich, ja fast unverzeihlich erschienen, als sei er selbst das Opfer und nicht sie, die er mit seinem Brief bedrängt hat.
Was schlagen Sie vor? fragt er. Ich freue mich, daß Sie mit mir sprechen wollen.
Man verabredet die Zeit nach dem Abendessen, er soll zu ihr hinüber ins Kutscherhaus kommen, ein niedriges, weinumranktes Gebäude, in dem früher Gesinde wohnte, jetzt ist es als Gästehaus ausgebaut. D. legt den Hörer auf, er muß sich zu schaffen machen, um seine Spannung abzureagieren, er steht auf und gibt den Levkoien Wasser, deren zartes Lila und Rot sich in der Fensterscheibe spiegelt, sie strecken sich aus dieser Vase ins Licht wie in lautloser Qual, als spürten sie den Tod, ihr Duft füllt den Raum. Erst jetzt kommt ihm zu Bewußtsein, daß diese Krystyna Salomon ihren Namen nicht genannt und sofort zu sprechen angefangen hat: als ob auch sie unter

Druck stände. Begegnet sind sie sich nur einmal, die Gastgeber hatten zum Tee geladen: ein großer Kreis, ein eher konventionelles Gespräch, Frau Salomon, eine grauhaarige, sehr stille Frau, hatte wenig gesagt, einen Scherz gemacht, ihre Vergangenheit nicht einmal angedeutet, doch hatte dann D.s Nachbar, als sie am nächsten Tag miteinander über diese Teestunde sprachen, ein wenig mehr über sie erzählt. Diese Frau habe im Ghetto gelebt, sei in Auschwitz gewesen und Birkenau. Sie habe ihm gegenüber gesagt, erzählte der Nachbar, sie sei so froh, hier in Rom zu sein. Manchmal könne sie die Deutschen nicht mehr ertragen. Übrigens sei sie herzkrank. Jetzt lebe sie in Düsseldorf.

Abends, bei sinkendem Licht, geht D. hinüber zum alten Kutscherhaus, eine Flasche Rotwein unter dem Arm, wie er versprochen hat. Sie begrüßt ihn freundlich, eine mütterlich wirkende Dame, ein weißes gestricktes Tuch um die Schultern, in das sie sich fröstelnd hüllen wird. Sie hat einen runden Gartentisch unter eine Pinie gestellt und zwei Gläser geholt. Sie legt den Korkenzieher auf den Tisch, während sie D. aufmerksam mustert, der die Flasche entkorkt, noch herrscht eine kleine Verlegenheit, aber sie verfliegt schnell, nachdem sie einander zugetrunken haben.

Das Gespräch verläuft anfangs nicht anders, als es immer verläuft, wenn Menschen gleicher Gesellschaftsschicht Berührungspunkte suchen: woher er stamme, will sie wissen. Berlin. Von ihren Berliner Freunden erzählt sie, dann ist von der Schweiz die

Rede. Beide sind sie vor Jahren in Locarno gewesen, sie hat dort russische und polnische Emigranten getroffen, er erinnere sich, sagt er, schon aus den 30er Jahren an russische Emigranten im „Medwjed", in der „Troika", Lokalen am Wittenbergplatz, ihn habe auch in der Gefangenschaft das Russische, wenn es gut gesprochen war, immer fasziniert: eine klangvolle Sprache.
Er sei in Rußland gewesen, als Kriegsgefangener?
Ja, sagt D., vier Jahre, das ist ja nicht viel.
Und ich, sagte sie mit veränderter Stimme, war in Auschwitz.
Sie streift den losen Ärmel ihres Kleides hoch und zeigt ihm ihren linken Unterarm:
Hier, das ist meine Nummer.
D. starrt auf den blassen Frauenarm, er sieht eine solche Tätowierung zum ersten Mal.
Kann man da fragen: wie war es wirklich dort? Wie haben Menschen das überstehen können? Haben Sie die Rampe wirklich gesehen? Den Arzt Dr. Mengele? Das ist, als sage einer, er sei lebend durch die Hölle gegangen, und man fragt ihn, ob der Teufel denn wirklich Hörner hätte und einen Bocksfuß.
D. schweigt, und sie fragt ihn, wie es denn gewesen sei in Rußland, in den Lagern, sie will genau wissen, in welchen Gegenden er war, vielleicht sogar in Moskau? Und wie man ihn behandelt hätte?
Es bildet sich so etwas wie eine Vertrautheit, da sie ja beide wissen, was Hunger ist. Und was es heißt, zur Arbeit zu marschieren unter dem Geschrei der

Posten, dem Gebell der Hunde. Wie es ist in einer Baracke, wenn Hunderte von Menschen in Lumpen ihre Suppe löffeln, ihr Brot verzehren, sich nachts auf den Brettern wälzen, zugedeckt mit ihren Jacken – und zugleich weiß jeder von diesen beiden Menschen, daß es da eine abgrundtiefe Kluft gibt zwischen Auschwitz und dem Lager VIII in Wilna: die Kluft zwischen einem Lager, das der Vernichtung der „rassisch Minderwertigen" dient, und einem Lager für Kriegsgefangene, die man nicht einfach festhalten kann, die eines Tages in ihre Heimat entlassen werden müssen.

Kennen Sie Primo Levis Bücher, fragt sie. Dann wissen Sie ja, wie es war. Sie erzählt, wie sie als junges Mädchen in Lodz aufwuchs. Wie sie mit einundzwanzig Jahren bei Kriegsausbruch in Warschau war. Wie sie dort den Zusammenbruch Polens erlebt hat und schließlich ins Ghetto kam. Sie sei dann ausgebrochen, erzählt sie, und habe als Kurier gearbeitet, sei aber 1942 gefaßt worden und nach Auschwitz gekommen, zum Schluß dann nach Birkenau.

Es fällt ihr nicht leicht, zu sprechen. D. sieht, wie sie immer wieder tief atmet, so kämpfen Herzkranke mit Luftnot, er sieht ihr Gesicht, das Schmerz ausdrückt – nur wenn sie spricht, verliert sich dieser Ausdruck und weicht einer milden Lebhaftigkeit.

Birkenau also, das Wort ist gefallen: ein Wort, das jenseits dessen liegt, was man im Gespräch berühren kann.

Kennen Sie „Sophies Entscheidung", fragt sie. Es gab auch einen Film.
Nein, D. kennt weder Buch noch Film. Aber er erinnert sich an die Problematik: die in den USA mit einem Juden verheiratete Jüdin Sophie kann dem Mann, mit dem sie lebt, niemals erklären, mit welchem Preis sie ihr Überleben hat bezahlen müssen. Vor die Wahl gestellt, mit dem Kommandanten zu schlafen und so eines ihrer beiden Kinder zu retten oder mit beiden umzukommen, hat sie ein Kind geopfert, sich selbst mit dem anderen Kind gerettet – und den Preis bezahlt. Dichterische Freiheit: Eine zu unglaubhafte Konstruktion? Vielleicht, aber die Botschaft stimmt gewiß: wer überlebt, fühlt sich schuldig. Er hat mit einem Stück Seele bezahlt, mit einem Stück des Selbst. Eine Schlüsselgeschichte also, nichts, worüber man reden könnte. Schließlich fragt D., wie es denn bei der Befreiung gewesen sei – der Augenblick, als ihr klar geworden sei, daß jetzt alles zu Ende ist?
D. erfährt, sie sei aus Birkenau geflohen. Vielmehr habe sie sich bei dem Verlegungsmarsch, als die Russen schon nahe herangekommen waren, stundenlang versteckt, sei dann der Roten Armee entgegen gelaufen, auf Truppen gestoßen, Panzer und Infanterie. Man habe ihr befohlen, zurück ins Lager zu gehen. Das habe sie getan – achtzehn Kilometer weit sei sie zurückgelaufen.
D. erinnert sich an diesen Januar 1945, an die eisigen Ebenen, die verschneiten Wälder im Osten, eine

schlimme Szenerie. Und er weiß, wie schwer es ist, zu fliehen, wenn man nichts als ein Stück Brot in der Tasche hatte und auf dem Leib seine alte Uniform.
Ein leichter Wind rührt die Zweige der mächtigen Pinie. Der scharfe Duft erinnert an sommerliche Wälder, die unter der Mittagshitze brüten. Die Weinflasche ist fast geleert. Die von der Lampe über der Tür noch schwach beleuchtete Frau hüllt sich fröstelnd in ihr Tuch. Nebenan plärrt ein Radio italienische Schlager.
Wie haben Sie das geschafft, fragt D. Sie müssen dort in Ihrer Sträflingskleidung aufgefallen sein, unterwegs –?
Nein, sagt sie. Sie sei in der Effektenkammer tätig gewesen. Da hätte man an Kleidung alles haben können, was man haben wollte. Unmittelbar vor den Selektionen seien die Leute entkleidet worden.
D. schweigt. Er fragt nicht weiter. Es verschlägt ihm die Sprache: Sophies Entscheidung, Überleben in der Kleiderkammer.
Er muß etwas geäußert haben von seiner Schuld und Mitschuld. Sie zog das Tuch fester und bat ihn, sich den Rest einzuschenken. Sie wolle nicht mehr trinken. Dann sieht sie ihn an und sagt:
Halten Sie sich denn für einen Täter? Sie sprechen, als seien Sie ein Täter. Aber das sind doch ganz andere Leute. Zum Beispiel die Architekten, die diese Verbrennungskammern gebaut haben, ausgemessen für zwei Personen. Die Organisatoren von alledem – das sind Täter gewesen.

Etwas Wahnwitziges liegt in diesem Gespräch zwischen der ehemaligen KZ-Insassin und dem ehemaligen Offizer. Als ob das alles nur Hirngespinste eines Traumes seien, die bei Tageslicht schwinden müßten: hat er je an der Spitze von brüllenden Soldaten, eine Maschinenpistole in der Hand, die Höhe bei Gibelas gestürmt, mitten im Winter? Ist sie je in zerlumpter Kleidung durch das Niemandsland den Russen entgegen gestolpert? Sie solle ins Lager zurück, die Deutschen könnten zurückkommen. Dann sei sie verloren. Ist dieser ganze absurde Film die Wirklichkeit des Jahres 1945 gewesen – und jetzt sitzen sie an einem römischen Sommerabend unter dieser Pinie und sprechen miteinander wie Menschen?

Manchmal, sagt Krystyna Salomon, weiß man wirklich nicht mehr, wer Täter und wer Opfer ist.

Dann sprechen sie von Hölderlin, von dem Gedicht, das mit den Worten beginnt „Die Linien des Lebens sind verschieden". Und von den Punkten, an denen sich Lebenslinien kreuzen, in ungelenkem Sprachgebrauch „Zufall" genannt: Solche Zufälle hat jedes Leben aufzuweisen, aber nicht jeder nimmt sie wahr. D. sieht, daß seine Gesprächspartnerin ermüdet. Er erhebt sich, um sich zu verabschieden. Er ist bewegt: Wie soll er ihr zeigen, was er fühlt? Ihm ist, als sei etwas zum Ende gebracht, in eine Ordnung gekommen. Immer noch hört er die Stimme, die sagt: Halten Sie sich für einen Täter? Und er hört sich antworten: Nein. Aber wenn ich Ihnen gegenüber sitze, fühle ich mich als Täter.

Jetzt fühlt er sich erleichtert: Kein Freispruch, aber auch kein SCHULDIG. Die Freiheit ist ihm sicher. Sie wechseln noch einige belanglose Sätze, dann verabschiedet sich D. von Krystyna Salomon. Langsam, fast feierlich beugt er sich über ihre Hand: es gibt nichts mehr zu sagen. Nichts von Bedeutung.

Inhalt:

Rückblick im Hofgarten   7
Familienalbum 43
Polenreise 231
Begegnung in Rom 299

Originalausgabe des
Verlags an der ESTE, Buxtehude

© Verlag an der ESTE, Buxtehude 1989

Umschlagentwurf von Claus-J. Grube und Norbert Härtl

Schrift: Times und Holsatia

Gesamtherstellung: Ebner Ulm

Printed in Germany

ISBN 3-926616-95-4

Ebenfalls im
Verlag an der ESTE
erschienen:
Hannsferdinand Döbler
Exners Glück - Roman
192 Seiten,
in Leinen gebunden
mit Lesebändchen
ISBN 3-926616-96-2

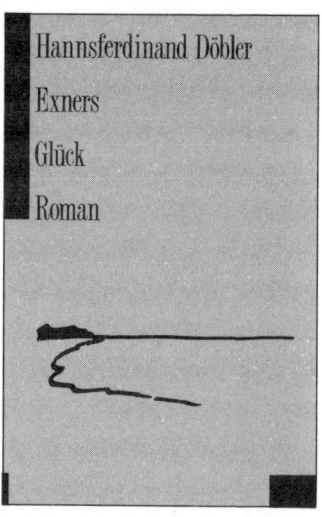

1962 - Exner, Abteilungsleiter in der Industrie, vertraut mit den Spielregeln des Managements, hat sich um einen hochdotierten Posten bei der Konkurrenz beworben. Er glaubt, seine Gesprächspartner von sich überzeugt zu haben. Mit Spannung erwartet er die endgültige Zusage, ohne zu merken, wie schon diese Erwartung sein Leben verändert. Blind für die Zeichen, die eine Katastrophe ankündigen, „managt" er sein berufliches und menschliches Scheitern.
Don Henrico ist aus Europa gekommen und hat in Südamerika ein Stück Land und eine Hütte erworben. Er will ein letztes Mal in seinem Leben den Traum von Freiheit und Glück verwirklichen. Ein Erdbeben schlägt seinen Traum buchstäblich in Trümmer. Wie Exner blind, blind für die verborgene Kultur der Indios, wird Don Henrico Zeuge eines Kultopfers, eines nächtlichen Kindermordes zur Beschwichtigung der Erde. Mit Mühe und Not rettet er das nackte Leben vor den Indios. In einer Missionsstation lebt er als Faktotum, bis ein weiteres Erdbeben ihm den Tod bringt - **2014**

Ob Exner und Don Henrico als Person identisch sind, ist eine beiläufige Frage. Die Dimension dieses Romans verweist auf ganz andere Zusammenhänge. Formal werden die beiden Erzähleben durch eine Folge von Zitaten miteinander verknüpft, die die spiegelbildlich zueinander stehenden Gestalten und Ereignisse deuten und in zeitlich und räumlich weite Zusammenhänge einbetten.